離島と法

伊豆諸島・小笠原諸島から
憲法問題を考える

榎澤幸広 著
Enosawa Yukihiro

法律文化社

目　次

序　章 ————————————————————————————— 1

  1．本書を読むにあたって　1

  2．本書の初出と構成　7

  3．謝　辞　11

第1章　伊豆大島独立構想と1946年暫定憲法 ————————— 14

  1．はじめに　14

  2．1946年1月29日 GHQ 覚書　16

  3．覚書を受けた上での伊豆諸島の反応　18

  4．伊豆大島憲法案　20

  5．伊豆大島憲法に与えたと思われる様々な影響　31

  6．結　語　45

第2章　地方自治法下の村民総会の具体的運営と問題点 ——— 52
——八丈小島・宇津木村の事例から

  1．はじめに　52

  2．地方自治法下の町村総会規定　55

  3．宇津木村の村民総会　57

  4．元・村民総会会長に聞く　68

  5．村民総会設立の出発点　75
    ——法制度なき村政（名主制度）はなぜ設けられたのか？

  6．結　語　82

第3章　公職選挙法8条への系譜と問題点 ————————— 90
——青ヶ島の事例をきっかけとして

  1．はじめに　90

2．公職選挙法 8 条と公職選挙法施行令　96

3．公職選挙法 8 条制定時の意図　97

4．公職選挙法 8 条へ至る系譜　100

5．戦前の伊豆諸島の島嶼制度と選挙権　105

6．結　語　109

第4章　「過疎－無人島化」から考える法・政策上の争点 —— 115
——八丈小島全島民引揚げ事例を参考にして

1．はじめに　115

2．無人島化とは　117

3．八丈小島が無人島化に至る経緯　120

4．なぜこのような無人島化が生じたのか　124
　　——『学校日誌　宇津木小中学校』から

5．八丈町議会で議論された八丈小島の事例　128

6．出張所廃止の件　130

7．当該地域出身議員の存在　136

8．結　語　149

第5章　小笠原村村政審議会の概要と問題点 —— 160
——小笠原諸島『復帰』後の小笠原村政に関する一考察

1．はじめに　160

2．村政審議会に関する法令とその制定経緯　162

3．条例等に描かれる村政審議会　170

4．様々な資料から読み取れる村政審議会　175

5．母島と村政審議会　189

6．五人委員会　194
　　——村政審議会との連続性と断絶性

7．当時の印象や評価　199

8．結　語　213

序　章

1．本書を読むにあたって

（1）離島に対するイメージ

　「離島」。この言葉を見て何を思い浮かべるだろうか。海賊たちの財宝が眠る島、エメラルドブルーの海、本土では見られないような派手な色をした動植物が存在する温暖な島、島焼酎を飲みながら島人たちと語らう宴、波の音をバックミュージックにしながら手を伸ばせばいくつもの星を掴むことができるかのような錯覚におちいる辺り一面の星空……。

　近年、インバウンドの影響もあり、離島観光も以前よりも更にブームになっているため、上記のようなイメージを浮かべる人もいるかもしれない。

　それでは日本にはどれ位の離島があるのかご存知だろうか？　本州、北海道、四国、九州、沖縄本島を除く6847の離島の内、418もの有人島が点在しており（2012年4月1日現在）、それぞれが独自の文化や歴史を各々形成してきたのである。例えば、宗教文化で言えば、伊豆諸島の青ヶ島の巫女（東京都）[1]、トカラ列島の悪石島の仮面神ボゼ（鹿児島県）、波照間島のミルク神（沖縄県）など容姿も誕生経緯も皆異なる神やそれに関わる者が存在したりもする。実は、離島という側面から列島全体を見渡すと日本は“多文化社会”であることを実感することができるし、もしかするとそのこともブームに拍車をかけているのかもしれない。

（2）離島の現実とイメージのギャップ

　しかし、言うまでもなくそれは“離島の一側面”を見ているに過ぎないと思

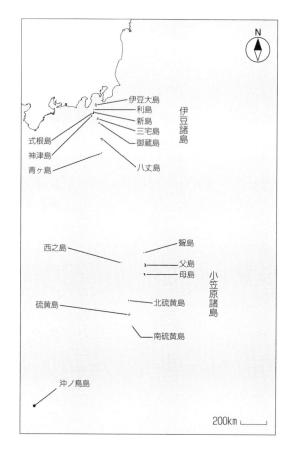

われる。

　例えば、小笠原村の一木重夫議員が2016年1月12日、ブログで訴えたように、小笠原諸島内の父島にある小笠原高校の生徒たちは大学受験をする場合、本土まで25時間半かかる船しか交通手段がないことや、その船が1年に1度のドック入りする時期に重なるため、船中泊も含め本土に24泊25日しなければならないという現実があった（現在は9泊10日になった）[2]。

　また、伊豆諸島最南端の青ヶ島に到着して真っ先に目につくのが、水資源に乏しいので天水（雨水）を確保するために山が真っ白にコンクリートで覆われた風景である。そして、大型船用に港湾が整備されていないことから、小型中型船の欠航率が多い時には2本に1本という問題もある。

　その他にも、様々な離島では医師や看護師が不足していたり、救急患者を本土に搬送するための手段確保に腐心したり……（本土と近い島では本土の病院へ救急患者が間に合わず亡くなったなどの理由から離島と本土を結ぶ架橋の議論もある）。

　このような事例に触れる度に、「本土の人間が当たり前のように考えてきた、生存権や教育を受ける権利などの基本的人権を実現する権利が離島民には確保されてきたといえるのだろうか？」[3]、「『離島』に対して本土側の人間はこ

のような現実を知ろうとしてきたのか？」、「そのような事情を知った本土側の
人間はそれらの現実に対して何か行動してきたのか？」という疑問が次々と湧
いてくるのである。

　ちなみに、実際、離島内の自治体で選出される首長や議員の多くが、インフ
ラ整備など離島民の権利実現のために力を発揮できる人々（すなわち、中央に請
願・陳情を繰り返し行いそれを一つでも実現できる者）として長年選出されてきた
という点も付け加えておく必要があるかもしれない。

（３）タイトルに込めた思い

　当初、本書のタイトルは『離島と憲法』の予定であった。というのも、上記
のような事例に触れる度に、「離島や離島民に憲法は適用されているのか」と
いう疑問が湧いたからである。

　本来、本土の人間であろうが離島に住む人間であろうが、言うまでもなく、
日本にいる全ての人間に基本的人権が保障されているはずである。このような
問いが頭を巡った時、新たな疑問が湧いた。「そもそも「日本国憲法」に言う
「日本国」って何なのだろうか？」。

　字句だけを見ていうなれば、"この憲法が適用される範囲は日本国である"
ということになる。しかし例えば、1945年9月2日に東京湾上の米国戦艦ミ
ズーリ号上で政府が降伏文書に署名して確定した敗戦以後、この日本国の地理
的意味は何度も歴史的に変遷してきた。本書で扱う伊豆諸島は1946年1月29日
～3月22日まで日本から行政分離されているし、やはり本書で扱う小笠原諸島
は1968年に日本に『復帰』するまで米軍統治下にあった。その他にも、1952年
トカラ列島、1953年奄美群島、1972年沖縄の『復帰』も該当する。何を言いた
いのかというと、この"日本国"の範囲が地理的にも法的にも歴史的にも政治
的にも、政治家や国民に本当に意識されてきたのかということである。そし
て、現在の地図上に描かれる日本が何事もなかったかのように、過去も未来も
変わらず続いてきた（あるいは続いていく）ものと考えてこなかったか。政治家
たちはそのような考えを背景にして、「単一民族国家」や「日本固有の領土」
という言葉で一括りにはしてこなかったのか。

　実際、それらの島民らの声は『復帰』を媒介にして、それ以後憲法に反映さ

れてきたのであろうか、それとも憲法制定時にそもそも普遍的なものとして組み込まれていたのか。それらの問いをも明らかにしようと思い，取り組んだのが、「第1章　伊豆大島独立構想と1946年暫定憲法」である[4]。

　しかし実際、様々な離島に調査に行くと、憲法上の不具合というよりも、その人権保障を充実させるべき下位規範の法令（法律や政令など）に問題があることに気づかされる。例えば、交通至難の離島というだけで憲法前文や15条で保障される島民の投票権が停止される事例があったり、『復帰』直後は離島復興を主としたため、憲法第8章で保障されるはずの住民の権利が著しく制限される事例があったりした（この点については、「第3章　公職選挙法8条への系譜と問題点——青ヶ島の事例をきっかけとして」や「第5章　小笠原村村政審議会の概要と問題点——小笠原諸島『復帰』後の小笠原村政に関する一考察」）。

　この点、戦前の地方制度として、納税や選挙面で制限をかけ、島民が"二級市民"として扱われる「島嶼町村制」（本土の「町村制」とは別の法）が設けられ、最小規模の離島のいくつかは、法適用番外地として、江戸時代にあった「名主制度」を再適用した地域も存在した（この地域の島民は、三級市民と位置づけられるかもしれない。ここの部分は1章〜4章が関わるが、特に2・3章）。

　なぜこのようなことが生じたのか？　戦前、役人らの中には現地訪問しないにもかかわらず、本土からの勝手な離島イメージ（辺境、貧しい、民度に欠けるなど）を持ち差別的な離島政策を行っていたという記録もある。本書が明らかにしたいのは、戦前のこのような考え方が戦後も継続され、投票権停止や住民の権利制限のような事例に繋がってきたのではないかという点にある。無論、これらを明らかにすることによって、現在の離島振興関連法などに基づいた離島振興政策の方向性が正しいかどうかを多少なりとも明らかにすることもできると考えたことによる。

　したがって、話は長くなってしまったが、当初の『離島と憲法』というタイトルから、離島に関わるあらゆる法（今回はその一部）が憲法によって位置づけられる島民の人権を保障するものになっているのかという問題意識に変化したため、『離島と法——伊豆諸島・小笠原諸島から憲法問題を考える』というタイトルに落ちつくことになった。

（4）本土長期居住者であり憲法学者である者が離島フィールドワークを行うことの意味

　離島研究に入るここ10年前以前は、子ども、女性、性的マイノリティ、先住民族や少数民族などマイノリティの人権について私は研究を進めてきた。その時にも、当事者の方々と研究会をしたり、個人的に親しくさせていただいたりもした。ある時、「当事者でないあなたがマイノリティの人権を研究する意味はあるのか？」という問いを発せられたことがあった。これが現在も持ち続ける課題であり、フィールドワークを行う意味である。ちゃんとした回答になるかわからないが、今の自分の想いをまとめると以下のようになる。当事者にしかわからない苦しみや悲しみ、それを理解することはできないかもしれないけど、よりリアルに近づけるためには、現場を知り、関係者から話を聞き、関わる資料を集めるしかないのである。そこから、かなりの部分で多数派であった私が多数派であることにより、少数派の犠牲の下にどのような恩恵を受けてきたのか自分自身を振り返るきっかけになると思われるし、さらに、多数派の人々にそれらを伝達することも可能になると思うのである。

　それでは、憲法学者として何ができるのであろうか。法学者は法解釈や判例研究を中心に行うものと一般的に考えられているが（無論、これが悪いわけではない）、悲しい様々な公害病の経験をふまえて“環境権”の考え方が誕生したように、そして、2011年3月の福島原発の事故を受けて、一定線量以上の放射線被曝が予想される地域の住民に認められるべき“避難する権利”が提唱され始めたように、さらに、高齢者や障害者らの移動・交通保障や地域の生活路線維持などもふまえ21世紀型の交通像も視野に入れる“交通権憲章”が交通権学会によって示されたように、現状分析と共に現場での声が聴き取られなかったら、このような具体的な人権の考え方は誕生しなかったはずである（現在、法的に認められているかどうかは別として）。

　実際、憲法22条が示す「居住移転の自由」というと自由権的な側面が従来強調されてきたが、例えば、障害者や高齢者の「交通権」を確保するにはバリアフリーなどの整備といった社会権的な側面も持たせないと実際に機能しないのである。このように、現場の声を聴きとることは、憲法上規定される人権保障の在り方を再検討させ再構成させることにも繋がるのである。

　この点、離島問題で現在一番防がなければならないと考えられていること

は、"過疎化"や"無人島化"である（現在の改正された離島振興法はこの点を主眼に置いている）。しかし、戦後に無人島化した離島は私の知る限りで60近くある。4章でふれる1969年の八丈小島全島民引揚げ事例もその一例だ。政府が公表した数十年後の人口減少率や過疎化率などの未来予測を行うことも無論大事だが、高度経済成長期の中、なぜ無人島化のような状況が生じてしまったのか、これらの離島に対する法・政策に失敗はなかったのか、彼らの声を聴き吸い上げる努力はしたのかなど丹念に過去の事例を検討することによって、例えば、先の交通権のように憲法22条の「居住移転の自由」を社会権的に再構成する方向性を打ち出し、今後このような事例に対する一筋の光を導出することもできるかもしれない。

（5）日本国憲法を踏まえた上での過去の離島事例をフィールドワークする意味

今回私が行ったフィールドワークの対象とする時代は現代の事例というよりも、主に1946年1月～1979年4月の間である。その理由は、今回取り扱うこの時代の5つの事例は憲法に関わる重大な事例であるにも関わらず、ほとんどの者が知らないところか、法学者らの研究論文も皆無に近かったためである。実際、2017年5月～9月位にかけて2章で扱う八丈小島の旧宇津木村で行われた「村民総会」についての取材が極度に集中した。理由は、高知県大川村村長が6月の議会にて万が一に備えて町村総会の調査研究を始めると宣言したことによるが、私のもの以外過去の事例を検証した業績がほぼ無かったからである。

このような事態が生じた場合、「村民総会」の先例を調べようと思っても厳しい側面がある。なぜならば、この先例は戦後地方自治法下では唯一といわれる事例であり、1951年4月～1955年3月までの事例だからだ。今回取り扱う5つの事例の関係者の中には既に鬼籍に入ってしまっている者も徐々に増えてきているし（関係者がほぼ存在しないと思われる事例もある）、それと同時に関連する資料も見当たらなくなってきている。上記のような経験からも、フィールドワークを行う意味があると考えるが、もう一点、多様な人々が差別を受けることなく自分自身の夢を実現するために幸福追求が認められる社会（共生社会）を実現するのが他ならぬ日本国憲法であると私自身理解しているという点もあげる必要がある。

序　章

　日本国憲法が制定されたそもそもの理由は、前文が示すように、「大日本帝国政府が引き起こした戦争の惨禍を二度と繰り返させないようにするため」である。さらに、公権力に虐げられてきた人々の人権獲得の闘いの痕跡も一文一文に示されている（特に、97条）。要するに、憲法とは公権力に虐げられてきた人々、マイノリティや弱者の声を拾い上げ、彼らの記憶を正式に記録化した文書であると私は考えるのである。無論、その中に離島民の声も含まれていると私は考える。したがって、離島民も含む様々なマイノリティの人々の声が法律や政策に反映されているのか否か、反映されているとすればどの程度かより具体的に把握する必要があるし、その上で、憲法が描く共生社会と現実社会のギャップを理解するには、できる限り現場に行くしかない。そうでなければ、彼らの声が憲法に反映されていたとしても大多数の人々にそれらが読み込まれなくなり、それに基づき法令も制定改廃される可能性が出てくるし、それを基に行動する政府機関の存在は結局強者の声を反映しやすくなる可能性をもつと思うからである。

　したがって、本書は各事例を憲法学的に理論的に考察するというよりは、その考察作業を行うための前提作業として、憲法から見た場合、歪と思われる離島に関わる法や政策事例が具体的にどういうものであったのかという事例解析に終始している点を付け加えておかなければならない（ただ、現存資料の不十分さから断片的な分析しかできていないものもある）。

2．本書の初出と構成

（1）初出一覧

　本書の初出を年代順に並べると以下の通りとなる。

①「地方自治法下の村民総会の具体的運営と問題点——八丈小島・宇津木村の事例から」（名古屋学院大学論集社会科学篇47巻3号（2011）、93—118頁）
②「公職選挙法8条への系譜と問題点——青ヶ島の事例をきっかけとして」（名古屋学院大学論集社会科学篇47巻3号（2011）、119—136頁）
③「伊豆大島独立構想と1946年暫定憲法」（名古屋学院大学論集社会科学篇49巻4号（2013）、125—150頁）

④「『過疎 - 無人島化』から考える法・政策上の争点——八丈小島全島民引揚げ事例を参考にして」（名古屋学院大学ディスカッションペーパー111号（2015）、5 —31頁）
⑤「小笠原村村政審議会の概要と問題点——小笠原諸島復帰後の小笠原村政に関する一考察」（名古屋学院大学ディスカッションペーパー115号（2016）、1 —81頁）

　本書はこれらの原稿を基に章によっては大幅な加筆修正をさせてもらった。ただし、調査を行った時点の問題意識を残すことも大事であるので、ここの部分に関しては、大幅な書き換えは行わなかった（特に、各章の「はじめに」の部分）。序章の問題意識と併せて（重なっているものもあるが）、検討してもらえると嬉しい。

（2）本書の構成と読み方

　本書の構成は、1946年～1979年の間に生じた事例を扱うため、読者の読みやすさを配慮して、時系列に合わせて章立てさせてもらった。相互に関係はするものの、各章はそれぞれ独立した個別事例となっているので、無論、どこから読んでもらっても構わない。以下、各章の概要を示すことにする。

第1章「伊豆大島独立構想と1946年暫定憲法」

　ここでは、伊豆諸島の伊豆大島で1946年3月頃に作成されたと思われる暫定憲法の制定過程とその背景を中心に検討している。戦後日本から切り離された地域としては、沖縄や小笠原諸島が有名であるが、伊豆諸島も1946年の2月から3月にかけて53日と短期間ながらも日本から行政分離された。これを機に、伊豆諸島の中で最も大きい伊豆大島では日本からの独立の動きが登場し、さらに、島民の権利保障、平和主義、島民主権などを示す直接民主主義的な独自の暫定憲法案も作成された。本章は、民衆からの憲法創造の歴史的事例の一つとして、日本国憲法との関連性も意識しながら、暫定憲法の制定過程やこの憲法制定に関わった者たちの分析を行っていくものである。

第2章「地方自治法下の村民総会の具体的運営と問題点——八丈小島・宇津木村の事例から」

本章は、戦後の地方自治法下において、1951年4月～1955年3月まで存在した、日本唯一といわれる事例であり、議会制度から住民参加型である村民総会に移行した八丈小島・宇津木村の事例について検討する。本研究を行う意義は、住民自治や直接民主制の重要性を訴える法学者が多数いること、それに併せて、憲法や地方自治法の研究者によるスイスの直接民主制やアメリカのタウンミーティングなど諸外国の研究が数多くなされてきたこと、その一方で、教科書レベルでは繰り返し「宇津木村」の名称が登場するものの、具体的内容を検討する研究は皆無であったことがあげられる。さらに、現実的問題に引き付けてみるならば、過疎化地域の増加に伴い、予算削減の関係から、自治体関係者や村議会議員の中には町村総会に関心を持つ者も増えてきているし、2005年には長野県王滝村議会にて議案が提出されていることから、宇津木村の事例は今後の自治体の制度設計に重要な役割を与えると考えられる。したがって、本章では、町村総会について規定する地方自治法94・95条の概要と系譜を考察し、東京都や伊豆諸島の八丈島に残存する資料から読み取れる宇津木村村民総会の輪郭を整理していく（元・村民総会会長からの聞き取り調査も含む）。

第3章「公職選挙法8条への系譜と問題点——青ヶ島の事例をきっかけとして」

本章では、伊豆諸島最南端の離島である青ヶ島島民が公職選挙法施行令147条に基づき、1956年の参院選まで国政と都政レベルの選挙権行使が停止されていた事例を分析する。政府がそのような制限を行った理由は、当該施行令147条に委任した公職選挙法8条「交通至難の島その他の地において、この法律の規定を適用し難い事項については、政令で特別の定をすることができる」という規定に基づき、海上交通や通信の整備がなされていないため選挙が実施困難と判断したからだという。そこで、本章ではまず事例の分析を行い、1890年衆議院議員選挙法にルーツを辿ることができる公職選挙法8条の規定の系譜を整理し、国民主権を基本原理とする憲法との整合性を考察する。ちなみに、現実的問題としては、この8条に基づき、現在も一部離島の選挙運営がなされていること、8条の規定の主語が「交通至難の島」のみならず「交通至難の島その

他の地」となっていることから、過度に過疎化した自治体もこの規定の対象になる可能性もあること（このような自治体は公共交通機関も徐々に廃止され道路改修などのインフラ整備も行われなくなることが多い）なども念頭に置いている。

第4章「『過疎－無人島化』から考える法・政策上の争点——八丈小島全島民引揚げ事例を参考にして」

本章では、第2章で扱った宇津木村を含む八丈小島を再び取り上げるが、ここでは1969年1～6月の間に全島民（91人）が引揚げ、無人島化してしまった事例を分析する（この時期、小島の二つの自治体は八丈島の自治体と既に合併しており、八丈町の一部になっている）。高度経済成長の時期に無人島化へ至った理由は、島民らの請願文によれば、①電気水道医療などの施設がなかったこと、②本土や本島に比し経済格差が顕著なこと、③若者の島離れが深刻であること、④住民の高齢化により本島との連絡も厳しくなってきたことなどをあげることができる。これらの請願に示される例は社会保障的な意味としての人権が関わる部分であるため、本章では、無人島化に至る経緯の分析を行い、昭和の大合併時に用いられた限時法である町村合併法や地方自治法などの法制度や政策が小規模離島に対し何らか配慮する規定などを設けていたのかどうか、合併後誕生した八丈町や都の政策を通じてこの無人島化を防ぐ手立てはなかったのか分析する。

第5章「小笠原村村政審議会の概要と問題点——小笠原諸島『復帰』後の小笠原村政に関する一考察」

ここでは、1968年に本土『復帰』し、新たに誕生した小笠原村機構とその村政（村長・村議選が初めて行われた1979年4月まで）について考察する（復帰を鍵かっこ付きにしているのは、当時の小笠原村が普通の自治体と同様の扱いを受けていないため、真の復帰と呼べるか疑問であるからである）。小笠原村の村政運営は、「小笠原諸島の復帰に伴う法令の適用の暫定措置等に関する法律」と「小笠原諸島の復帰に伴う村の設置及び現地における行政機関の設置等に関する政令」という二つの法令によって、国や都が管轄し、都が指定する村長職務執行者（＝東京都小笠原支庁長）、都の職員（＝小笠原村の職員）によって担われていた。ま

た、憲法や地方自治法に示される村議会は存在せず、村長職務執行者の諮問機関である村政審議会が上述の法令上位置づけられ存在した。ちなみに、議事機関ではない村政審議会の委員は毎年の選挙で選出されたが、このような村政審議会制度は現在に至るまで、秋田県大潟村とこの小笠原村の2例しかおそらく存在していない。

　したがって本章では、村政審議会の法制度上の枠組を考察した後、なぜこのような歪な村政機構を規定する法律が国会にて成立しその後10年以上にわたって実施されてきたのか検討していく。ちなみに、この問題を扱う現代的意義としては、北方領土問題があげられる。仮に北方領土が返還された場合、新たに自治体を設置した先例として1960—1970年代に行われた大潟村方式や小笠原村方式が適用される可能性が高い。このような場合、憲法95条が規定する、現在まであまり機能していない地方特別法に対する住民投票権をどのように機能活性化させるのかという問題意識に繋げるための事例解析でもある。

3．謝　辞

（1）謝辞1（敬称略、五十音順）

　本書を執筆する上で、数多くの方々に聞取りや資料収集なども含め大変お世話になった。本来であれば、調査時に了承を得ていることもあり、協力して下さった全ての方の氏名を記すことが礼儀であるし、本書の学術的正確性を裏付けることにもなる。さらに、その記載が、この研究に続く者の研究のきっかけになる可能性もあると考えられる。しかし、本書では、本文との関係でどうしても外すことのできない個人を除き、基本的には個人名は載せないことにする（掲載している個人名は過去の公職経験者であったり、先行研究で既に登場している者も多い）。理由は、公表されている初出論文を見た一部メディアが大量にその個人の家に押し寄せたり過熱取材をした例が過去にあったからである。

　記載されていない方、以下に記載された方も含め、本書を通じてお礼を言わせていただきたいと思う。

　青ヶ島村役場、秋田県議会事務局、秋田県立公文書館、池田満、石原敏子、岩瀬雄

介、ウィルタ協会、大潟村干拓博物館、大潟村議会事務局、大潟村公民館、大潟村役場、大川村議会事務局、大川村役場、大島町郷土資料館、大島町役場、王滝村議会事務局、大平京子、大矢内生気、小笠原愛作、小笠原高等学校、小笠原自然文化研究所、小笠原支庁、小笠原支庁母島出張所、小笠原ビジターセンター、小笠原村議会事務局、小笠原村教育委員会、小笠原村役場、小笠原村役場母島支所、おぢかアイランドツーリズム、小値賀町議会事務局、小値賀町役場、小値賀町歴史民俗資料館、角田実、菊池政邦夫妻、国立公文書館、笹本直衛、島の旅社、菅田正昭、種子島観光協会、地域福祉センター父島図書室、父島観光協会、東京都公文書館、鳥羽市役所企画財政課企画経営室、南海タイムス社、日本離島センター、延島冬生、箱根町役場、母島観光協会、母島小中学校、母島村民会館図書室、八丈町議会事務局、八丈町教育委員会、八丈島ふるさと塾、八丈島歴史民俗資料館、八丈町役場、樋口秀司、藤井工房、藤井伸、山田一蔵

（２）謝辞２

　本書は、『リアル憲法学』、『沈黙する人権』と過去にも何度もお世話になった法律文化社の編集者・掛川直之さんの提案と叱咤激励がなければ実現することはなかった。また、掛川さんが退職された後、引き継いで下さった杉原仁美さんもこの原稿執筆時期、体調を崩し本来の締切り日より遅れがちであった私に対し辛抱強く編集に関わって下さった。さらに、法学であまり用いられないフィールドワーク手法に関心を持ち初出論文執筆時からいつも励ましてくれた小西英央さんの存在（掛川さんもだが）も忘れてはならない。この三者、そして本書の出版を決めて下さった法律文化社には本当に感謝しても感謝しきれない。本書において改めてお礼を述べさせていただきたいと思う。

（３）謝辞３

　さらに、本書に関わる調査・執筆を行うにあたり忘れてはならないのは、家族や同僚の存在である。資料収集を手伝ってくれた父・征夫、母・廣子、姉・康子。私の離島研究に興味を持って下さり、重要な指摘をして下さった小林甲一学長を始めとする名古屋学院大学の教職員の方々。いくつもの離島調査を一緒に行いそれぞれの専攻分野に基づき議論を交わし研鑽し合った名古屋学院大学産業・地域システム研究会のメンバーである秋山太郎先生、飯島滋明先生、木船久雄先生、児島完二先生、佐々木健吾先生、菅原晃樹先生、十名直喜先

序　章

生。本書において、改めてお礼を述べさせていただきたいと思う。

※本書を読むにあたっての注意書き

① 本文で人の名前を使用する時、文章の読みやすさを配慮して、著書や論文などの資料の場合は敬称を略させていただいている。それに対し、聞取り調査の内容を記載した場合には、文章の読みやすさに加え、読者が聞き取りをした相手という点を理解しやすくするという意味も含め、敬称に「氏」を付けている。

② ホームページ等のネット情報を引用している場合の最終確認は、年月日が書いてあるものを除いて、全て「2017年11月25日最終確認のもの」である。

③ 年の表示は基本的には西暦年を使用しているが、必要と思われる場合には西暦年と和歴年を併用している（特に、長期的な期間を調査対象にした4章と5章）。

［注］

1) 「伊豆七島」という名称が長い間使用されているが、これは大島・利島・神津島・新島・三宅島・御蔵島・八丈島を指す。しかし、式根島・八丈小島・青ヶ島にも歴史的に長く生活者がいる（八丈小島は現在無人島）。この呼称はこれらの有人島及びそこで生活する住民を排除する呼称であり、島嶼間にも差別化をもたらす名称であると考えられる。このような呼称が、例えば、1956年7月までの青ヶ島島民から選挙権を事実上剥奪する考えにつながっていたのではないかとも考えられる。この呼称問題については、菅田正昭「伊豆七島と伊豆諸島」『でいらほん通信』〈http://deirahon.com/sub/KAZ/KA04.html〉。本書では、資料引用の際、「伊豆七島」を使用しているものはそのまま引用するが、上記のような理由から、原則、"伊豆諸島"の名称を使用する。

2) 小笠原村議会議員一木重夫の政治日記ブログの2016年1月12日付記事〈https://blogs.yahoo.co.jp/ichikishigeo_07/69079449.html〉。

3) 本土では当たり前の状況のことを「空気や水のように思っている」と言うが、これは離島によっては適しない言葉と思われる。

4) このような視点については、榎澤幸広「記憶の記録化と人権──各々の世界の中心からみえるさまざまな憲法観を考えるために」石埼学・遠藤比呂通編『沈黙する人権』（法律文化社・2012）。

5) 河崎健一郎ほか『避難する権利、それぞれの選択』（岩波書店・2012）、57頁。

6) 交通権学会のホームページ〈http://www.kotsuken.jp/charter/preamble.html〉。

第1章　伊豆大島独立構想と1946年暫定憲法

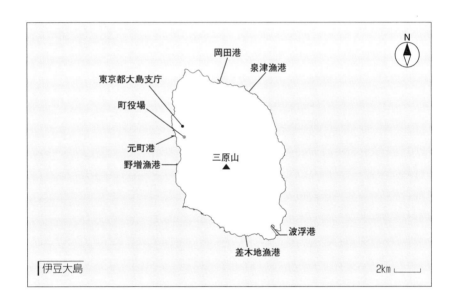

1．はじめに

　日本国憲法の内容や憲法制定過程を研究する時、その当時の各政党や団体が作成した憲法案や民間の憲法案を比較検討対象にすることは重要である。日本国憲法の内容やその関係性をより深く探ることができるからだ。例えば、民間草案である鈴木安蔵や高野岩三郎ら憲法研究会が作成した案はGHQ案にも影響を与えたといわれている。また、それらを知ることは近代立憲主義型憲法の系譜にある現行日本国憲法、そしてその基本原理の萌芽がいつから民衆の手にあったのかを知る指標にもなる。

第1章　伊豆大島独立構想と1946年暫定憲法

　これに対して、「日本国民は自らの手で憲法を作ったことがない、だから新しい憲法を作るべきだ」と主張する見解がよくあるが、自由民権運動を通じて、そして日本国憲法制定過程時にも、民間で数多くの憲法案が作成されたにもかかわらず、その存在を知りながらもそれを時の政府側が反映どころか参考にしてこなかったという歴史もある。これらの民間草案を研究することはこのような歴史的経緯を知ることにも繋がる。

　しかし、それと同時に、当時の人々がどのような憲法観を持っていたのかを理解することも重要であると考えられる。それぞれの憲法観は、作成者の生活世界や精神世界を反映した上で形作られていく。例えば、南樺太の先住民族で少数民族であるウィルタやニブヒなどの北方少数民族の中には、戦争の影響を受けて、戦後北海道に移住した人たちがいる。その中には、大国間の戦争の犠牲になって死んでいった仲間たちのため、そして自らの文化を守るため、ウィルタとして生きることの大切さを訴えた。関係者からの聞き取りの成果もふまえた上で、[2]彼らの憲法観を私なりに整理すると、（ウィルタはトナカイと共に移動生活をするため）国境に捉われない徹底的な移動の自由、民族的な土地使用権、公的謝罪や戦後補償を受ける権利、ウィルタ文化を維持発展する権利、同族との文化交流権、ウィルタ民族であることを理由に差別を受けない権利、ウィルタ語を使用する権利、イルガ（紋様）などの民族的な知的所有権など、現行日本国憲法に規定される人権と重なる部分もあるが、ほとんど見る事ができない権利を読み取ることができる。私は、大日本帝国時に時の政府によって差別や迫害を受けてきた人々の声（例えば、アイヌ民族やハンセン病者の憲法観）や戦後日本から切り離されて憲法制定過程に参加することすらままならなかった人々の声（例えば、沖縄や奄美の人々の憲法観。より細かく言えば各島・地域の憲法観）を探ることによって、それらの声も含めた上で日本国憲法を再構成する必要もあると考える。[3]

　このような考えに基づいて今回は、私がフィールドワーク対象地にしている東京都の伊豆諸島内の伊豆大島で1946年1月下旬〜3月22日の間に作成されたといわれる伊豆大島暫定憲法（正式名称は「大島大誓言」。以後、大島憲法とする）について考察してみたいと思う。伊豆大島は、東京・竹芝桟橋から南に約120km、三原山、椿油、都はるみの「アンコ椿は恋の花」や川端康成の『伊豆

15

の踊子』で有名な島である。伊豆諸島中最も北に位置する島であり、他の島々に比べて人口数も多いし土地面積も広い。1946年1月当時の伊豆大島の人口は約11000人で六つの村（岡田村、元村、泉津村、野増村、差木地村、波浮港村）から成り立っていたが、島政の中心は港のある元村であったらしい（現在は全て合併し大島町）。

　この大島憲法は、元々噂はあったし若干の記録は存在していたようだが、原本はなかった[4]。大島の教員で文化財保護委員であった藤井伸が現物資料を発見したのをきっかけにその詳細が明らかになり[5]、それを1997年に朝日新聞がスクープしている[6]。興味深いのは、その議論した島民たちの中に法の専門家がほとんどいなかったというのである。古関彰一は、「……思わぬ危機に直面したとき、自分たちがどう生きていくかを模索し、持てる知恵と知識のすべてを生かして「憲法」をつくろうとしたことは、すごい。法律は必要とする人が作る、それは専門家でなくてもできるのだ、ということを見せてくれる。自分たちが何とかしないとダメだ、という必死な気持ちと、自分たちで何でもできるという解放感があったのだろう」と朝日新聞でコメントし、この偉業の素晴らしさを讃えている[7]。古関が言うように、持てる知恵と知識のすべてを生かして憲法を作ったのは間違いない。だが、誰がリーダーシップを発揮したのか、そして、どのような思想を持った者たちが大島憲法を作ろうとしたのかという疑問点が真っ先に出てくる。

　そこで本章は、第一に、大島憲法が制定されるきっかけになった「1946年1月29日GHQ覚書」を紹介し、第二に、それを受けた伊豆諸島の島民たちの反応を紹介する。そして第三に、話を伊豆大島に限定し、大島憲法制定の経緯、その内容と思想的影響を検討していこうと考える。

2．1946年1月29日GHQ覚書

　大島憲法が制定されるきっかけは、1946年1月29日GHQ覚書にある。そして、この覚書について紹介するためには、話をポツダム宣言にまで遡る必要がある[8]。

　まずポツダム宣言の8項を見てみると、「カイロ宣言ノ条項ハ履行セラルヘ

第1章 伊豆大島独立構想と1946年暫定憲法

ク又日本国ノ主権ハ本州、北海道、九州及四国並ニ吾等ノ決定スル諸小島ニ局
限セラルヘシ」と規定している。カイロ宣言とは、日本に対して、ルーズベル
ト米大統領、蒋介石中国国民政府主席とチャーチル英首相が1943年11月22日か
らエジプトのカイロで三者会談を行い出した声明である。この声明が発せられ
た目的は、①日本が1914年の第一次世界大戦開始以来奪い占領した太平洋の一
切の島々を剥奪すること、②満州、台湾や澎湖島のような日本国が清国人から
盗んだ一切の地域を中華民国に返還すること、③さらに、日本国が暴力や貪欲
によって略取した他の一切の地域より駆逐されるべきこと、④三大国は朝鮮の
人民の奴隷状態に留意し、いずれ朝鮮を自由で独立した状態にするよう決意し
たということにある。これを受けた上で、ポツダム宣言8項は日本の主権の及
ぶ範囲を「本州、北海道、九州、四国と連合国軍の決定する小さな島々」に限
定したわけである。この範囲は1952年のサンフランシスコ講和条約2条によっ
て具体的に示されるが、それ以前に事実上米軍統治下に置かれた地域も多々
あったし、この講和条約2条へと方向付けたと思われるGHQ覚書（SCAPIN
第677号）が1946年1月29日に出されていることなども忘れてはならないであろ
う。

　この覚書の正式名称は、「日本からの一定の外辺地域の政治的行政的分離」
であるが、ここでは日本政府が行政権を行使できる地理的範囲が示された。ま
ず"政府が行政権を行使できる日本領域"が、「日本の四つの主要な島（北海
道、本州、四国、九州）と、対馬諸島、北緯30度以北の琉球（南西）諸島（口之島
を除く）を含む約千の隣接する小島を含むもの」と定義された（3項）。それに
対して、"日本領域から除外される地域（政府が行政権を行使できない領域）"と
して、「(a)鬱陵島、竹島、済州島 (b)北緯30度以南の琉球（南西）列島（口之島を
含む）、伊豆、南方、小笠原、硫黄群島、及び大東群島、沖ノ鳥島、南鳥島、
中ノ鳥島を含むその他の外辺の太平洋諸島 (c)千島列島、歯舞群島（水晶、勇
留、秋勇留、志発、多楽島を含む）、色丹島」（3項）があげられている。そして、
"特に除外される地域"として、「(a)1914年の世界大戦開始以来、日本が委任統
治その他の方法で、奪取又は占領した全ての太平洋諸島 (b)満州、台湾、澎湖
列島 (c)朝鮮 (d)樺太」が定義づけられている（4項）。

　この覚書は「ポツダム宣言8項にある諸島嶼の最終的決定に関し、連合国側

17

の政策を示唆するものと解してはならない」（6項）とされているが、サンフランシスコ講和条約2条の叩き台としてかなり重要な根拠となったことは間違いない。ただ、その除外地域の範囲が若干広い。これらの地域は明治以降大日本帝国の版図に加えられた地域が中心に示されているが、長らく日本の版図でありながら、時の政権、特に明治政府が島の現状に"無関心"であり法的にも排除してきた伊豆諸島もこの覚書では位置づけられているのであった（実際にこの点についてアメリカ側が意識していたかどうかは不明である）。

3．覚書を受けた上での伊豆諸島の反応

それでは、1946年1月29日～3月22日までの53日間と、他の地域（例えば、沖縄や奄美など）に比べれば短い期間であったが、この覚書を受けた伊豆諸島の島民たちの反応はどうであったのだろうか。『伊豆諸島東京移管百年史上巻』を見てみると、以下のような記述が見受けられる[9]。

　　東京湾の目の前にあるといっても、海を隔てて、一切の通信・交通が断絶した状態におかれた伊豆諸島の混乱は目にあまるものがある。
　　たまたま日本占領＝東京占領という形で行われ、占領軍の関心の中心が"東京"という中枢地域に限られていたために、伊豆諸島はその直接の影響の外におかれた。それだけに不安による混乱は避け難い状態にあった。
　　事実上の"音信不通"も二ヶ月足らずではあったが、同年四月十日に行われた戦後初の総選挙の施行区域から除外され、……投票用紙の輸送が差し止められたり（結局、投票は滑り込みで間に合った）、新円への切り替えが内地より一ヶ月以上遅れるなど、伊豆七島七万島民の生活にも大きな影響があった。

内地でも、例えば都民が大島に渡ろうとすると、目的、期間を記した区町村発行の証明書が必要とされ、それがさらに司令部の許可を求めるという状態だったので事実上「海外渡航」並みの扱いだった。

この資料の引用部分からは主に伊豆諸島外部からの視点が描かれている。この点、伊豆諸島内部の様子が各島の郷土資料には描かれているが、反応は様々であった。

第 1 章　伊豆大島独立構想と1946年暫定憲法

　『式根島開島百年史』では「……終戦直後、伊豆諸島は米軍の信託委任統治下になるとの話が噂され、村民を心配させたが、それも噂だけで終わった。……」という記述があるが、そこから式根島では噂だけに止まり詳細な情報がおそらく届いていない様子が伺える。それに対して、『利島村史通史編』では以下のような記述がある。

　　　……ここに利島村に対する日本の行政権は一時停止され、本土との通信が制限された。
　　　この思いもよらない事態に対し、伊豆諸島では日本「分離」からの除外を要請する運動が盛り上がった。その結果、日本政府も再三交渉を行い、ついに三月二二日、伊豆諸島は日本に含まれるという修正覚書がなり、戦後最大の危機をからくも免れることができた。

　このように情報がかなり届いていたと思われる利島では分離反対運動が繰り広げられたのである。
　また、八丈島では詳細な情報が届いていたようである。八丈島で発行している南海タイムスの記事（1946年2月23日）を見てみると、「……この日本領域の範囲外の諸島中『伊豆南方』とあるは本島を包含するものなりや否や、不明なるまゝ全島民に一大ショックを與え、全神經を集注して後報を待侘びた」と覚書を受けた後の八丈島の様子が描かれている。そして、アメリカの信託統治下に入ったり、あるいは主体性のなくなった日本の離島として存在するよりも独立をと考えた一部の者たちによって独立運動が高まっていったという。しかし、「まもなくこの独立運動も、冒険心のない一部の島民に一笑にふされたばかりか、主張した人は変わり者扱いをされ、話は終わってしまった」そうである。
　三宅島に関しては、浅沼悦太郎の『三宅島歴史年表　附　伊豆諸島（第四版）』の中で、「（1946年の）一月末日より三月末日まで日本政府との行政分離す」と記載された後、括弧書きで「（委員制島治施行準備……」と書かれており、おそらくこれも独立の話が関わっていると思われる。
　ただ、『神津島村史』を見ると、時系列の異なる記述が出てくる。以下の引用は、疎開先に向かっていたが疎開が中止になり伊東（静岡県）で足止めを

19

食っていた島民たちと、島に連れ戻すために神津島から追いかけてきた島民たちが、1945年8月16日に伊東で交わした議論である。[16)]

　「ポツダム宣言を受諾したことによって、伊豆七島は本土と分離され、連合国の信託委任統治下に置かれることになったので、もう日本国ではなくなったんだから、そんな中へ帰っても、また直ぐ追い出されることになるかもしれない。まして進駐軍が直ぐ上陸して来るところへ、婦女子を帰すことは絶対反対である。それどころか、近く厚木飛行場に占領軍が進駐してくることが決まったので、伊東周辺では、女、子供は何をされるか判らないと、みんな山奥に逃げ込む準備をしているそうだ。我々も早く女、子供の疎開先を探すべきだ」
　このように、強硬な意見が疎開者側から強く出された。……長い時間をかけ、根気よく説得した結果、漸くみんなが納得したので、……八月一九日にいち早く引き揚げることができた。

　先にも提示したように、伊豆諸島の行政権が分離されるという話が出るのは、翌年1月末の話である。だから、この時点でこのような議論が飛び出しているのは、あくまでも先例などをふまえた上での島民たちの想像であるともいえる。しかし、アメリカの公文書館などでは次から次へと当時の資料が発掘されているため、もしかすると、例えばアメリカ側から上記のようなことが内々に神津島島民たちに伝えられていた可能性があるかもしれない。この点は今後の検討課題としたい。
　以上の内容を整理してみると、GHQ覚書を受けた伊豆大島以外の伊豆諸島の島々の反応は、①噂程度に止まった島（式根島）、②混乱の中、日本への復帰を求める島（利島）、③混乱の中、島の独立論が登場した島（八丈島、三宅島）と三点に整理することができる。[17)]

4．伊豆大島憲法案

（1）伊豆大島の状況
　それでは、本章が検討対象にする伊豆大島はどうだったのだろうか。伊豆大島の歴史や社会を知る上でのバイブルともいわれる立木猛治の『伊豆大島志考』に以下のような記述がある。[18)]

第1章　伊豆大島独立構想と1946年暫定憲法

　終戦以前から生活物資はますます乏しくなり、食糧、繊維製品、建築資材などはも
ちろん、すべての必需品は厳格な配給制度を採ったけれども、到底必要量の半ばにも
及ばず、ために生活に喘ぎ疲れた国民のうちには心身ともに虚脱状態に陥り、栄養失
調にかかって死亡する者も少なくなかった。一方正直者が馬鹿を見たのもこの頃で、
何らかの地位にあった者はこれを利用して闇と称する非合法取引を行い、文字通り世
は弱肉強食の状を呈し、道義は全く地を払ったといっても過言ではなかった。大島で
もこれは全く同様で、農家に肥料なく漁船は動力油が手に入らず、家畜は飼料の配給
途絶とともに早期に売却処分したので、乳も肉もなく、山中に「ハックリ」と称する
草根を探し掘って食べたのもこの頃のことであったが、幸いにして死者の出る程では
なかった。ただし正直者が馬鹿を見たことには変りはない。この頃の新聞雑誌に、
「政治経済は混迷に陥り人心は虚脱状態を呈し」と、この一様の表現は当時の社会状
態を遺憾なくいいつくしている。大島もこの例外ではなく、一万の守備隊が復員帰還
後の村々は、民家は毀たれ耕地は荒廃に帰し、樹林は容赦なく伐り倒されて、残され
たものとしては、山頂から海岸に至るまで蜘蛛の巣のように掘られた待避壕と、茫々
たる飛行場の草原だけであった。杜甫の詩に「国破在山河　城春草木深」とあるが、
この時初めてその実感を知らされた。

大島には水田がないため、物資を本土に頼る必要があったという。例えば、
当時の状況の一例として、海水を煮立て塩を採り本土で米と交換したそうだ。
　それではこのような状況下において、先の覚書を受けた島民たちはどう反応
したのであろうか。[19]

　……元村村長には同二一年一月柳瀬善之助氏が就職した。この時さなきだに戦い疲
れたわが大島に、降って湧いたような事件が突発した。……こともあろうに東京都下
伊豆大島は、一朝にして日本国の帰属から分離して祖国を喪ってしまったのである。
次に掲げた記録は、後世の島民は噴飯ものと見誤るかも知れないが、当時大島では取
り敢えず支庁長を初め各村村長が、今や外国となった日本政府や東京都庁と連絡を取
り、元村では各層各階の代表者を召集して役場楼上に一世の大会議を開いた。不肖も
その末席にあったのでその記憶によれば、参会者はいずれも沈痛の想を心中に秘め、
拳で涙を押し拭い乍ら数時間にわたり真剣に熟議を遂げた。……

　立木の文章から、伊豆大島の島民たちによる混乱の様子が見て取れるが、こ
の大会議こそが大島独立、そして大島憲法作成へと方向づける現場だったので
ある。

（2）大島独立構想の流れ

　それでは、大島憲法制定に至る流れを簡単に整理してみることにしよう。GHQ 大島駐屯隊長ライト大尉が、1946年2月21日、元村（現・東京都大島町元町）村長柳瀬善之助に大島の日本からの行政分離を通達している。その際、柳瀬は GHQ が直接統治ではなく監督を行うなどの内容の言伝を以下のメモ（「島嶼行政ニ関スル件」）として書き留めている。[21]

　　本日（廿一日）ライト大尉（大島駐屯隊長）の談に依れば
　（一）島嶼は今後本国政府の指揮監督を受くることなく支庁長警察署長独自の行政を
　　　　執行す。
　（二）内務省より返還を受けたる物資は全部島内の民生に充つるものとす。
　（三）既存法令は現存せしめ逐次細目を決定す。
　（四）当分の間米側の行政機関は特別に設置せず、駐屯隊長は日本政政（ママ）機関
　　　　に対し命令することなく単に監督す。
　（五）警察官の日本刀は其儘警察署長保管のこと。
　（六）発電用重油不足の場合ビーコン用のものを融通す。

　これ（特に、（一）と（四））を受けて、柳瀬が元村の有力者たちの人名を書き上げた『大島元村有志人名簿①』が作成される（1946年2月21日〜3月前半。前・元村長、農漁業会、商工消費組合、宗教関係などの人名が記載）。[22] もう一つ別の『大島元村有志人名簿②』があるが、①に比べ人名は絞られている（新たに書き加えられた名もある）。

　そして、各村の前村長、元村長と現職の村長などが参加した大島六ヶ村連合村長会が2月末頃開催され、そこでは「島民を打って一丸とした強力な団体の活動に俟たなければ、新大島の建設は具現せられない」ということで意見が一致し、その団体を生み出す産婆役になることが確認されている。[23]

　3月1日、大島支庁、各村長や金融機関等の人々による合同協議会が開催され、「……大島の最高政治会議、又は自治運用協議会、或は元の六ヶ村組合会的なもの、と云ふやうなものとして、島内在住民の総意により民主主義の諸施策を自治的に行ひ、この過渡期及び将来に処して島民生活の安定をはかり、世界の平和に寄与すべし」という、村長会と同様の申し合わせ決定がなされた。[24]

第1章　伊豆大島独立構想と1946年暫定憲法

ただ、その内容は、①民主的な自治、②島民生活の安定、③世界平和への寄与というキーワードが用いられており、より具体的なものとなっている。

　3月3日、両会合での議論成果を受けて、団体を創設するための準備委員会の準備委員選出会議が開催された。ここで主催者（おそらく柳瀬善之助）が挨拶を行うが、その内容（準備委員選出会議主催者の挨拶文草稿に記載）は、(1)現状分析、(2)現状の認識、(3)自主独立の決意、(4)基本構想策定の手順、(5)準備委員の選出の5点である。[25]

　「(1)現状分析」では、覚書により、行政分離がなされたはずが、未だ完全分離されず、米側の軍政も布かれていないこと、現存法令が存続し効力があり、行政が行われていることが示されている。「(2)現状の認識」では、衆議院議員選挙の停止や金融緊急措置等における除外例などの措置が講ぜられてきており、政府の行政権行使は縮小されやがて完全に分離するであろうこと、そしてその後アメリカの軍政下に属することになるだろうことが判断されることが示されている。「(4)基本構想策定の手順」は、①大島六ヶ村連合村長会の協議結果、②合同協議会の協議内容、③準備委員会の設置について、「(5)準備委員の選出」は各村委員として直ちに村長の他三名を選出してほしいというものである。

　「(3)自主独立の決意」は、柳瀬が独立を決意するに至った理由が示されており、どのような大島を作っていくかが示されている。無論、これはライト大尉の通達（GHQの直接統治下ではなく監督下に入るなど）をきっかけとしていると思われるし、「(2)の現状の認識」内で「……政府の行政行使権は漸次縮小されやがて完全に分離し、米の軍政下に属することになるか、或はこれら除外例の法令等をまたず突然軍政下になるであらうといふことが、これまでの推移によってほぼ判断されてきたのであります」[26]と述べている部分が独立構想の直接の根拠になると考えられる。しかし、(3)の内容が後述の大島憲法の内容と関連性を持つものであるため、全文を以下に示すことにする。[27]

　　私共は敗戦の苦杯をなめ、今日またこの行政権分離といふ事態に当面し、昨日の考えは今日は通用しないといふような誠に目まぐるしい日々を送るといふ、謂はば新大島への過渡期に際してゐるのであります。この状況下に置かれた私共島民は、直ちに

23

敢然起って更正の道に邁進する態勢を整へなければ、亡国の民となるよりほかありません。故に私共はこの敗戦や行政権分離により当然受くべき苦難はこれを甘んじて受けると同時に、民意のあるところを結集し、米軍の意図に積極的に協力し、民意を主張し、理想郷大島の建設に奮闘し、楽しい私共の生活を獲得しなければならないことは、皆様も御同感のことと信じます。

　理想郷大島を建設するためには、昨日の考えは今日通用しないという過渡期に接している現在、亡国の民にならないようにするために、民意を結集し、米軍の意図に積極的に協力する必要があるというのである。この"米軍の意図"が具体的に何を意図しているかはわからないが、総合して考えるならば、民意を強調している点からポツダム宣言をふまえた大島建設などが念頭に置かれていたかもしれない[28]。

　その後、準備委員が選出され（元村では３月３日に雨宮政次郎と高田森吉の二名が選出され、残り一名は後日）、大島六ヶ村による準備委員会が発足し協議を進行していくことになる（第１回予定が３月７日[29]）。事前の準備はあったかもしれないが、おそらく選出から第１回会合までの間に、一連の動きの中心的な役割を果たした元村内で「大島自治運営委員会準備会元村起草委員会原案」が作成されている[30]。３月７日の協議では、大島自治会議の具体的憲章制定の提案もあったが、この委員会が設立準備を目的として組織されていることから、運営に関する詳細な取り決めは、情勢が慌ただしく厳しいものであるが、後日早急に選挙を行い、大島自治会委員が行うべきものであることとしている[31]。

　ほぼ同時期に、『大島島民会（仮称）設立趣意書・大島島民会規約』が作成され（２月25日[32]）、発企人ら関係者が集合し、委員を選出し（２月26・27日）、委員会が開催されているが（２月28日）、設立趣旨書の最後の方に「発企人　村ニ於テ適当ト認ムルモノ若干ヲ選ビ名前ヲ記ス」、「創立委員　村長外五人」（二重取り消し線の部分は"三"に変更されている）という記載がある。この"村"や"村長"が個別の村を指すのか、六か村それぞれを指すのか不明であるが、柳瀬村長のそれ以外の発言などにも照らし合わせると、元村で出された案のようにも思われる。確定的なことは言えないが、内容的にも準備委員会時に登場するその他の案や後述の暫定憲法にも類似する内容があるため、その中途の案のようにも思われる[33]。

第1章　伊豆大島独立構想と1946年暫定憲法

　そして大島憲章作成までの暫定的な政治形態を規定した暫定憲法として、大島大誓言がおそらく3月のどこかで出されたのではないかと思われる。そのための運営委員会の選挙が3月下旬に予定されていたが、3月22日、GHQにより伊豆諸島を日本本土へ復帰させる行政分離解除の指令が発せられた結果、大島は本土復帰することになる。

（3）その他の動き

　『もとむら5号』（1946年3月25日）には、「大島自治会議、大島民主聯盟、大島勤労大衆聯盟など結成されて大島の政界にはかに活氣ついて来た」という記述がある。後二者以外にも青年会、各種の消費組合、元村農民組合などの団体も結成され活動を展開している。元村内外の情報を掲載したり、村民投稿型でもある『もとむら』には、農業会の民主化の記事（4号）や村民覚醒を具体的に提示する森田幸太郎「昨年と今年」（5号）なども掲載されているが、ここでは最も記事が多かった「大島民主聯盟」と「大島勤労大衆聯盟」についてふれることにする。「大島勤労大衆聯盟」については、『もとむら3号』に以下の記事が載っている。[34]

　大島勤労大衆聯盟　高木久太郎
　　　面をあげろ
　戦争中、東條暴政の先き棒をかつぎ、軍官僚とぐるになつて大衆に重壓を加へた島の指導者共面をあげろ。いくら厚顔鉄面皮のお前達でも少しは此の敗戦の責任を感ずるか。のどもと過ぎて熱さを忘れ二度と甘い汁を吸ふなどと云ふ太い考を出すな。
　　　提　議
　近く施行される村會の改選に當りては各候補者共一堂に会して夫の政見発表立会演説会を開催し、各候補者の抱懐せる政見を卒直に披瀝し村民の前に公約せよ。
　右民主体制確立のため必ず実行されんことを提議す。

　高木の発言を整理するならば、①東條政権に対する批判、②その片棒を担いだ島の指導者らに対する批判、③民主体制確立（村民による権力者に対する監視の実現）のため、村会選挙における各候補者の政権公約の必要性を訴えてい

25

る。

　「大島民主聯盟」も「大島勤労大衆聯盟」のように、「村の民主化を速やかに実現せしめよ！」をスローガンに２月28日結成式が行われ、雨宮政次郎が委員長、鈴木三郎など四名が委員となっている。雨宮政次郎は「大島民主聯盟の発足に就て」と銘打った記事において、発足理由として、①ある部類の人たちが、この民主革命の最中において“敗戦”ではなく、故意に対等感の響きを持つ“終戦”という言葉を使用したり、自らの敗戦責任を正当化するためにやはり“終戦”という言葉を使用していること、②敗戦と同時にその所有権は国民の手に帰すべきである官品の横領が不良将校や下士官によって開始されたこと、③村衆がそれに抗しないことをいいことに、島のあらゆる指導的機関が之を助長したこと、④村当局や農業会の独断的施策への不信等に対して一人一人の抗弁が何等の有効なる手段ではないため組織化する必要があったこと、などをあげている。そこで聯盟の綱領冒頭に「島嶼の民主革命促進」を掲げ、日本国家の民主体制確立には地方村落体の民主化以外にないともしている。さらに、自治的民主的な村衆の組織力によってのみ解決し明朗なる民主導義が確立することができること、今後は村衆の当然の権利義務である拒否権や建言権の大幅な行使によってあらゆる部面の民主化に努力すること、島と村との民主化に努力しようとするいかなる人の入会をも受け入れる極めてデモクラチックな組織であることなどが掲げられている。

（４）大島島民会についての若干の考察

　これらの流れの中で、「『大島暫定憲法』の原案を作る際の作成方針メモ（性格をはっきりする、目的を定める、事業を行ふ、組織をつくる、会計を決める）」やいくつかの統治機構案が資料として残っているが、ここでは「大島々民会（仮称）設立趣旨書」の内容を確認しておく必要がある。詳細な内容が示されており、後の大島憲法の理念が具体的に著されていると考えられるからである。内容は以前からの流れを受けていると考えられるが、①「軍国主義の跳梁」や「誤れる指導方針」が悲惨な結果を招いたこと、②そしてわれわれもそれを日本の真の使命だと過信した結果が大島の現在の状況にも繋がっていること、③理想の平和郷を建設し世界平和の一端に貢献すること、④米国軍に協力するに

しても、各人が勝手な行動をすることによって自治能力なき住民とみなされるので、一丸となり一糸乱れず民主主義の精神に則り自らを律し生活の向上を図ること、⑤米国軍と協力して世界平和建設に力を尽くせば必ず文明国人として取り扱われ、理想郷新大島の建設が日ならずして達成され米国軍と共に楽しい生活ができることなど、より詳細に示されている。

この点、藤井は、「設立趣旨書」に「支配者ノ意図ニ従ヒ之ニ積極的ニ協力シ」や「米国軍ト共ニ楽シイ生活ガ出来ルコトニナルノハ火ヲ見ルヨリ明デアリマス」等の表現が記されていること、そして民主的な議会規則（大島島民会規約）が短期間で成立したことは、ある程度GHQの指導があったことを加味する必要があろうと述べている。[39]この点をふまえると、確かに、「大島々民会規約（案）」にもGHQとの関わりがあったであろう規定が見受けられる。大島在住民で組織される大島々民会は、その存在目的が「民主々義ノ精神ニ則リ大島在住民ノ総意ニヨリ左ノ目的ノタメ之ニ関係スル事業ヲ遂行スルモノトス」（4条）と示されているが、その目的を達成するための事業内容が五つあげられている。「米国軍ニ積極的ノ協力ヲナス」（1号）、「住民ノ生活向上ノタメ各種施策」（2号）、「住民総意ヲ支配者ニ上通スル事」（3号）、「会員ノ強固ナル一致ヲ企図シ六ヶ村ノ合村促進ニ関スル施策」（4号）、「其他必要ナル事項」（5号）である。この部分の中で、藤井があげていた点と共通するのが、1号と3号である。憲法研究会や共産党が大なり小なりGHQと関わりがあったように、やはり何らかの形でGHQとの相互交流があったとみるべきが正しいかもしれない。

（5）大島憲法の内容

それでは、大島憲法はどのような内容なのだろうか。まずその原文を見てみることにしよう。

本島曠古ノ激変ニ会シ其ノ秩序ヲ維持シ進ンデ島勢ノ振起ヲ図ルニハ基本法則タル大島憲章ヲ制定スルヲ以テ第一義ト思料スルモ此ノ事タル多分ニ慎重ナル態度ト高邁練達ナル思考ヲ要シ焦慮軽挙ハ厳ニ戒メザル可カラズ
然モ一方状勢ハ一刻ノ逡巡ヲ許サズ仍テ不敢取島民総意ノ一大誓言ヲ提ゲテ事態匡

救ノ一端ヲ把握シ之ニ依テ制立セル議会ニ依ッテ憲章制定事業ノ完遂ヲ期スルヲ以テ時宜ヲ得タル処置ト信ズ
仍テ左記提案ス

大島大誓言

吾等島民ハ現下ノ状勢ニ深ク省察シ島ノ更生島民ノ安寧幸福ノ確保増進ニ向ッテ一糸乱レザル巨歩ヲ踏ミ出サムトス
吾等ハ敢テ正視ス、吾等ハ敢テ甘受ス、吾等ハ敢テ断行ス
仍テ旺盛ナル道義ノ心ニ徹シ万邦和平ノ一端ヲ負荷シ茲ニ島民相互厳ニ誓フ

一、近ク大島憲章ヲ制定スベシ
一、暫定処置トシテ左記ノ政治形態ヲ採用シ即時議員ノ選挙ヲ行フベシ
一、当分ノ間現在ノ諸機関ハ之ヲ認ム

記 「採案左記」

大島政治形態

第一章 統治権

一、大島ノ統治権ハ島民ニ在リ
二、議員選挙有資格ノ二割以上ノ要求ニヨリ議会ノ解散及執政府ノ不信認ヲ議員選挙有資格者□投票ニ付スル事ヲ得
　　此ノ場合及議会若ハ執政ヨリ発セラレタル賛否投票ハ総テ多数決制ヲ採用ス

第二章 議会

三、島民ノ総意ヲ凝集表示スル為メ大島議会ヲ設置ス
四、議会ハ一切ノ立法権ヲ掌握シ行政ヲ監督ス
五、議員ノ任期、三ヶ年
六、議員ノ選挙方法ハ衆議院議員選挙法ノ主意ヲ採用ス
七、選挙ノ区域ハ各村別トシ人口五百名ニ対シ一名ノ割合ヲ以テ議員ヲ選出ス
　　人口五百名未満ノ場合ハ二百五十名以下ハ切下ゲ全以上ハ切上ゲ計算トス
八、議会ハ議長之ヲ招集ス
九、議長副議長ハ議員ノ互選ニヨル
一〇、議会ニ於ケル議員ノ言論ハ議会外ニ於テ責ヲ負ハズ

第1章　伊豆大島独立構想と1946年暫定憲法

一一、議会ハ随時執政員ノ出席ヲ求メ質問シ得ル事
一二、各村長ハ議員ノ資格ヲ有シ議会ノ解散ニ依リ喪失セズ
一三、議会ハ必要ト認ムルトキハ島民ヲ招致シ其ノ意見ヲ聴取シ得ル事
一四、議会ハ執政府ノ不信任ニ関シ有権者ノ投票ヲ要請スルコトヲ得

第三章　執政

一五、島民ノ総意ヲ施行シ島務一切ヲ処理スル為メ四名ヨリ成ル執政ヲ設置ス
一六、執政ハ連帯責任トシ島務一切ニ付其ノ責ニ任ズ「任期ハ三ヶ年」
一七、任期ハ三ケ年
一八、執政長ハ執政ノ互選ニヨリ定ム
一九、執政長ハ島ノ首長トシテ内外ニ対シ島ヲ代表ス
二〇、執政ハ議会之ヲ推薦シ議員選挙有資格者ノ賛否投票ニ依リ選任ス
二一、執政ハ議会ニ対シ予算決算案及其ノ他ノ議案ヲ提出シ其ノ審議ヲ求ムベシ
二二、執政ハ議長ノ許可ヲ得タル上意見書ヲ議会ニ提出シ其ノ説明ヲ為シ同意ヲ求
　　ムル事ヲ得
二三、執政ハ議会ノ解散ニ関シ有権者ノ投票ヲ要請スル事ヲ得

「欠ケテル点ハ司法権」
（「　」内は後の書き込み）

　大島独立構想、そしてそれを受けた大島憲法の射程が他の伊豆諸島の島々や
小笠原諸島も含めた上でのものであったかどうかはこの時点では不明である
が、その存在目的は“島ノ更生島民ノ安寧幸福ノ確保増進（前文）”にあり、
ここの部分が日本国憲法の人権規定（例えば、幸福追求権や社会権規定）にも類
似しており、彼らの人権思想が読み取れる部分かもしれない。
　大島憲法の構成は、3章23条から成る。その憲法の内容は、前述したように
日本国憲法に類する部分もあるが、1）統治機構主体の条文構成であること（第
2章「議会」と第3章「執政」）、2）ただし、司法権の規定はないこと（人権規定
と同様、後日追加されるか、憲法（大島憲章）にて示されたと考えられる）、3）島民
を主権者として位置づける統治体制（第1章「統治権」）、4）民主主義を理念と
し、直接民主主義的な要素を盛り込んでいること（2・14・20・23条）、5）これ
は万邦和平の一端を担うことを島民相互に誓うものであること（前文）、6）近

日中に大島憲章を制定すると述べているので暫定的性格のものであること、と特徴を主に六点あげることができる。

　特に、直接民主主義的な規定として、島民が島の中心として位置づけられており、有権者2割以上の要求で議会解散や執政不信任に対して有権者による賛否投票に付することができること（2条）、執政は議会が推薦し有権者の賛否投票で選任すること（20条）、議会による執政府不信任に対しても、執政による議会解散に対しても有権者による賛否投票を要請することができるという形になっている（14条と23条）。20条の執政の部分において、議会が推薦する者が議員なのかそれ以外なのか、はたまた両者なのか不明であるが、選任の仕方が「執政は議会が推薦」するという点で、一見、日本国憲法の議院内閣制型に近づくように見受けられる。ただ、その推薦された者は島民たちの投票により選ばれる内容になっており、他の部分にも見受けられるように、直接的な島民監視にかなり重きを置いていることを考えるならば、どちらかというと現行地方自治法に近いかもしれない。

　また、日本国憲法に通ずる平和主義の考え方が示されている部分、そして島民主権と平和主義が結びつけられている点も興味深い（前文）。ただし、この内容が示す方向性は不明である。大島憲法には軍隊規定がないこと、そして「挨拶文」に示されていた軍国主義に対する否定と島民自身が軍国主義に乗っかってしまったことに対する反省は、日本国憲法前文と9条に示される"徹底的な平和主義"の方向性に近い。しかし、大島憲法の元になっている様々な文書で記される米軍の意図に積極的に協力するという内容が結果として日米安保条約などに見られる同盟強化の方向性に繋がるとも考えられなくはない（1946年当時であることを考えれば、米軍側にしても前者の立場と考えられるが……）。

　更に細かく見ていくならば、例えば、議員の免責特権（10条）や国政調査権（11・13条）など現行日本国憲法に類する部分もあるが、各村長が議員資格を持つこと、そして議会を解散しても彼らはその資格を喪失しないこと（12条）も大島憲法独自の内容といえる。また、執政長が島の代表としての役割をすることを明確に位置づけている点も興味深い（19条）。

第1章　伊豆大島独立構想と1946年暫定憲法

5．伊豆大島憲法に与えたと思われる様々な影響

（1）ひな型の存在？

　それでは、大島憲法はどのような思想を受けて制定されたのだろうか。先述したように、現行日本国憲法に類する部分もあるし、独自の規定も存在するからである。

　この点、やはり藤井の指摘のようにGHQの意向をふまえた可能性は否定できない。仮に直接的な関与がなかったとしても、元村村長であった柳瀬は本土の新聞社との関係もあるため、ポツダム宣言の情報位は少なくとも入手していると考えられるからである。

　また、古関彰一は「第一条の『統治権は島民にあり』は、主権ではなく統治権を問題にした点では、権利のとらえ方としては明治憲法的な考えを残している。明治憲法第一条は『大日本帝国は万世一系の天皇之を統治す』だった」と述べている。確かに、大日本帝国憲法との関係性を考えることも重要である。この点、関連性があるかどうかは別にしても、1945年12月26日に公表され、同日日本政府に提出され、非公式にGHQに提出され、GHQ草案にも影響を与えたといわれる『憲法改正要綱（憲法研究会）』の1条が「日本国ノ統治権ハ日本国民ヨリ発ス」となっており、時代状況のせいか、言葉遣いが類するだけともいえる。言葉遣いはともかく、両者の意味合い的には国民主権原理（大島憲法は島民主権原理）に基づくことはある程度共通するといえよう。ただし、憲法研究会案が日本国憲法に類する国民主権下の象徴天皇制規定をいくつか定めている点はその規定のない大島憲法と全く異なるということも念頭に置いておく必要がある。

　この点、フリーライターの岡村青が大島憲法のモデルになるひな型が存在したかという問いかけを大島憲法の研究家である角田實にしている。この質問に対し、角田は「いや、なかったと思います。というのは当時大島と本土とを結ぶ連絡網は絶たれてましたし、本土は本土で自前の憲法草案を急いでましたから。したがって大島憲法は独自に考えられたといっていいでしょう」と述べている。

31

しかしこれに対して異なる証言もある。例えば、元町長の鈴木三郎は "この日本でなくなったことは、何で知りましたか？" という町広報の取材に対し、「新聞やラジオで。新聞を読んでいた人は知っていたと思うよ」と述べている。[43] 大島よりも離れた八丈島の新聞社『南海タイムス社』も超短波通信を使い本土の新聞社などに問い合わせを行っており、伊豆諸島の信託統治問題についてそれを記事にしている。[44] 角田と同じ大島憲法の研究家でもある藤井伸氏も戦後直後はまだ子どもだったが、新聞が大島に届いていたことを覚えていると述べていた。

　あくまで私自身の分析であるが、両者の見解の相違は、どちらかが正しいというよりも、参照モデルもあったとも考えられるし、独自の部分もあったと捉えられるのでないだろうか。GHQ覚書登場以前に刷られた新聞には、共産党案（1945年11月）や憲法研究会案（1945年12月）など様々な憲法案などが公表されているからである。[45]

（２）ひな型作成に関わったといわれる三人

　大島独立構想にてメインの活動をしていたのは、繰り返し登場する柳瀬善之助であり、これに関連する文書や大島憲法の原案を練った者も彼といわれている。彼は色々な人の意見を聞いた上で原案を執筆したそうだ。先のいくつかの会合でその内容が練られた様子も既に紹介したとおりである。

　しかし実は、これらの案作成に関わった主要重要人物は、「大島民主聯盟」と「大島勤労大衆聯盟」の紹介で既に登場しているが、幼馴染でもある親友の高木久太郎と大工の雨宮政次郎であるといわれる。ここでは、この三人に焦点を絞り、彼らの経歴や発言などから大島憲法との関連性を探っていこうと思う。

1）　雨宮政次郎について

　それでは、雨宮政次郎とはどのような人物なのであろうか。大島二中の生徒たちが、1999年、大西正二に行った聞き取り調査では以下のようなやりとりが見られる。[46] 大西正二とは、柳瀬が元村の有力者を書き連ねた『大島元村有志人名簿①』に記載されている人物である。

第 1 章　伊豆大島独立構想と1946年暫定憲法

当時、波浮で教師をしていた大西正二さん

Q　大西さんは大島が独立する事を知っていたのですか？

A　うすうすは知っていました。でも元村以外の、波浮や他の村の人達はほとんど
　知っている人はいなかったと思います。元村の人も一部の人を除いては関わって
　いなかった。私はたまたま知り合いの人がいてその人が教えてくれたので知って
　いたんです。ところであなたたちは柳瀬善之助さんがすべて大島憲章（ママ）を
　つくったと思っているのでしょう？

Q　はい？

A　実はそうじゃないんだよ。

Q　どういうことですか？！

A　実は……（ためらいつつ）共産党のある人が大島憲章（ママ）をつくって柳瀬
　善之助さんとともに大島をつくっていこうとした、というのが真相なんだ。

全　そうだったんですか。（それはいい事を聞いたなー。豆発見だ！）

大　これ以上はしゃべれないよ。

　このやりとりは、生徒たちが大西との聞き取りの様子を彼の顔の表情なども
含めて詳細に再現し、今までヴェールに包まれていた内容が明らかにされる過
程が描かれており、豆発見どころか大発見であると思われる部分である。ここ
の大西発言では"共産党のある人"と氏名が伏せられているが、フリーライ
ターの岡村が大西に行った聞き取りでは、分離独立を歓迎しようとする人がい
たという話の中でははっきり雨宮の名前が出てくる。[47]

　　雨宮政次郎という人でした。職業は大工さんでしたがバリバリの共産党員でした。で
　も党員にありがちな尊大さや傲慢さはまったくない、かえって謙虚な人でしたね。そ
　の彼が『大島がたいへんなことになりそうだぞ……面白くなりそうだから見てろ
　よ』って、しきりに言っていたのを今でも覚えてますよ……大島憲法は雨宮さんに負
　うところが大きかったと思います。憲法を作ろうってのには生半可な知識じゃできな
　い。組織力、政治的経験も必要。雨宮さんにはそういうものがあった。

　確かに雨宮の名前は、『大島元村有志人名簿①』と『準備委員会人名簿』に
も出てくるし、大島で調査を行いたくさんの資料を持ち帰り雨宮政次郎につい
て短編小説を書いた松田解子の作品にも赤旗や共産党という言葉が出てくる。[48]
雨宮自身の思想が大島憲法に深く関わっているとすれば、彼の発言や著作で彼

33

の思想を検討できるとよいのだが、残念ながらその記録はほとんどない。私の知る限りで大きく扱っているのは、既にふれた『もとむら』の記事以外では、松田の小説、日本共産党大島支部発行の『島のひろば』（2005年8月7日）、『島の新聞』の「續　人物月旦」（1930年3月26日）の三つである[49]。

　まず、松田の小説を整理してみよう。それによると、雨宮は1906年2月20日に元村に生まれた。小学校卒業後、東京へ大工の見習（主に、家大工）に行き、それから22、3歳の頃大島に戻り大工の仕事をしていたそうだが、仕事は真面目で青年団の団長もやるなど人望もあったようだ。雨宮が大工の仕事を話し合う「大工同志会」を作った時も元村の大工が皆入ったそうである。親孝行でもあった。幼少の頃、貧困や差別の日々を経験したこと、ある人物との出会いからレーニン、マルクス、赤旗などを読み始めたこと、自分の現状（親方に屈する大工という一職人）や国や東京府主導の公共事業の行い方などをこれらの書物と結びつけ搾取構造と位置づけたことなどがふれられている。天皇行幸のため、役場員が、上陸する道路の補修や掃除を有償ではなく無償の勤労奉仕で青年団に行わせようとしたが、団長の雨宮にならって青年団員も出渋ったという（労働者に対する正当な賃金保障の問題）。また、元村に、全協（日本労働組合全国協議会）加盟の土建労組の支部を作ったり、学習会や講演会を行い、島の実情と赤旗の重要部分を組み入れた機関紙も発行し配布していたという（おそらく1930年代）[50]。そして、敗戦後の雨宮も変わらず、「……自分の自転車にも、党と元村細胞の名を書きいれて、明けても暮れてもの活動にはいっていた」という[51]。

　雨宮の戦前の活動で有名なのは、①高い電灯量の値下げ、②日本の満州撤退を大島で訴えたことである。まず①について、『島のひろば』の内容を整理してみることにする。1932年、大島の電力会社がうちつづく欠損による経営難を理由に電灯料の引き上げを提起したのに対し、村民らは電灯料金3割値下げなどの要求事項を掲げる運動を展開しており、雨宮らも島民の生活擁護の立場から先頭に立って活動していたという（料金は東京の2倍強だった）[52]。

　次に②について。日本共産党以外の政党や団体、マスコミが1931年から始まる中国への侵略戦争に賛成であったのに対し、日本共産党は戦争に反対していたが、雨宮らも同様の反対運動を展開していたという。しかし、治安維持法に

第1章　伊豆大島独立構想と1946年暫定憲法

基づく戦争反対勢力の大弾圧が行われ、雨宮らも1933年11月、検挙された。[53]

　さらに、反戦ビラ活動について、松田の作品には、雨宮（27歳）が1932年、「……二十二億の軍事予算反対。その金でおれたちにもっと仕事を、もっと賃金を、……飢餓と圧迫の戦争絶対反対、天皇制の警察的軍事的テロ反対……」とビラの中身を暗誦する光景が描かれている。[54]

　以上の内容を整理すると、大西が指摘するように、雨宮はバリバリの共産党員であり、日本共産党が発行する『赤旗』や関連書籍をふまえ、島の実情をミックスした上で運動を展開していたことが理解できる。

　1919年にコミンテルンが創立され、労働運動が世界中で生じる流れの中、1922年に日本共産党が創設されている。その時、『日本共産党綱領草案』が作られ、さらに、『日本人民解放連盟綱領草案』（1944年３月）、『日本共産党綱領』（1944年９月）、『人民に訴ふ』（1945年10月）、『憲法の骨子』（1945年11月）などの文書が登場する。雨宮の思想形成時と日本共産党の歩みはほぼ一緒であるし、雨宮は少なくとも『赤旗』などを通じて、これらの文書にふれていたことは彼の行動を見ても間違いないだろう。大島憲法に天皇制や二院制の記述がないことももしかすると、これらの文書の影響を受けているかもしれない。

　ここでは、『憲法の骨子』の七項目を見てみよう。

一、主権は人民にあり
二、民主議会は主権を管理す　民主議会は18歳以上の選挙権、被選挙権の基礎に立つ、民主議会は政府を構成する人々を選挙する
三、政府は民主議会に責任を負ふ　議会の決定を遂行しないか、又は其の遂行が不十分であるか、或は曲げた場合、其他不正の行為があるものに対しては即時やめさせる
四、民主議会の議員は人民に責任を負ふ、選挙者に対して報告をなさず其他不誠実、不正の行為ありたる者は即時やめさせる
五、人民は政治的、経済的、社会的に自由であり、且つ議会及び政府を監視し批判する自由を確保する
六、人民の生活権、労働権、教育される権利を具体的設備を以て保障す
七、階級的並に民族的差別の根本的撤廃

大島憲法と類似性が見られるのは、六と七以外である（ただ、前文に示される
島民の生活保障を社会権的に捉えることも可能であるので、六と七も関係あるかもしれ
ない）。例えば、一は「大島ノ統治権ハ島民ニ在リ」（１条）、二の"民主議会は
主権を管理す"の部分は、「島民ノ総意ヲ凝集表示スル為メ大島議会ヲ設置ス」
（３条）との類似性が見られよう。次に、二の"民主議会は18歳以上の選挙
権、被選挙権の基礎に立つ"の部分。この点については、大島憲法には「議員
選挙有資格者」（２条）というキーワードが出て来るだけでその具体的な内容
は示されていないが選挙権や選挙制度を意識していたことは理解できる。ま
た、被選挙権についても具体的な内容は示されていないが、「議員ノ選挙方法
ハ衆議院議員選挙法ノ主意ヲ採用ス」（６条）と示されているので、選挙権
者・被選挙権者双方とも同法の規定にならうという意味にもとれる。ただし、
「大島自治運営委員会準備会元村起草委員会原案」の中に"選挙民資格"とし
て"満二十才以上ノ男女ヲ以テ資格ヲナス"としている部分、"被選挙者資格"
として"被選挙者資格ハ選挙民資格者ノ中二十五才以上の者ヲ以テ資格者トナ
ス"と書かれている部分がある。そして、その後の部分は結果として二重線で
消されているが、選挙民資格として"第二次選挙ニ於テハ満十八才以上ニ引キ
下グ"（被選挙者資格は満二十歳以上）と書かれており、ここに類似性を導き出す
ことも可能かもしれない。

　さらに、二の"民主議会は政府を構成する人々を選挙する"は、「執政ハ議
会之ヲ推薦シ議員選挙有資格者ノ賛否投票ニ依リ選任ス」（20条）、そして、三
の"政府は民主議会に責任を負ふ"、四の"民主議会の議員は人民に責任を負
ふ"、五の人民による政府や議会監視は、大島憲法の権力分立の採用や徹底的
な直接民主主義方法の採用に反映されているように思われる。

　それでは最後に、『島の新聞』に掲載されている唯一と思われる雨宮の記事
（1930年３月26日）を紹介することにしたい。[55]

　　現元村青年團副團長、即ち一介の船大工にしてガンヂーを説きムツソリーニをかじ
　　る、又求學の士か。こひねがはくは小策を弄する事なきを取り柄と。附言＝聖火山荘
　　主人の折紙付の代物

第1章　伊豆大島独立構想と1946年暫定憲法

　1930年の記事なので、検挙される3年前であり、大島憲法が作成される16年後までに更なる思想形成がなされていると考えられるが、この時点で既に、ガンジーを説いているという。この時期はガンジーが"塩の行進"を行っている時期（3月12日〜4月6日）なのでここまで押えていたかどうかはわからないが、南アフリカで確立したサティヤグラハ運動（非暴力不服従運動）、そしてそれを展開したインドでの活躍は認識していたと思われる。ガンジーの精神哲学もそうであろうが、暴力ではなくビラ配りや講演会など言論での戦いを繰り広げるための様々な手法をガンジーからも参考にしていたと推測される。また、ファシズムで有名なムッソリーニをかじっていたという点も興味深いが、この記述だけでは、彼のどの部分を参照研究していたのかの詳細は不明である。とにかく、以上の記述から幅広い読書量であったことが伺える。

　さらに、この記事からもう一点注目すべきことは"附言＝聖火山荘主人の折紙付の代物"という部分である。雨宮は聖火山荘（御神火茶屋）の建築を任されるほどそこの主人に信頼されていたようだが、この"聖火山荘主人"こそが高木久太郎である。

2)　高木久太郎について

　それでは、高木久太郎とはどのような人物なのだろうか。高木久太郎の人物紹介は『島の新聞』と『伊豆大島人物風土記』に示されているので、そのまま引用することにしたい。まず『島の新聞』（1929年8月26日）には、「人物デッサン（元村の巻）　高木久太郎……御神火茶屋主人……」と紹介されている。[56]

　　彼は終始熱の人である、武拾五歳の若年で村會に立つた彼。東京時代、シベリヤ時代、大阪時代等々波瀾重疊、短的な得意より失意のドン底へ。徹頭徹尾ロマンチストの彼。生一本、粗野温情。中學生的純情。
　　彼の熱は温熱である！
　　ロー屋の燈火のもと、生涯の央ばを過くる彼が、夜をこめてぶ然として語る懐古談を聞くものは、眞、人の世の嘆きを知るものと言わねばならぬ
　　彼に金を持たせて、思ひ切り仕事をさせて見たい。
　　彼は終始一等俳優の運命を持つて生れて來た男だ。決して二流以下に落ちる男ではない。今、聖火山荘に神の道に精進すると云ふ彼、其の多幸を祈つて止まず。

37

この記述からわかることは、25歳の時点で村会の議員になっていること、多難な人生を送っていること、そして神の道に精進しているということである。この点をふまえて、『伊豆大島人物風土記』の紹介を見てみることにしよう。[57]

　　御神火茶屋（元町）。故人。三　山（ママ）観光業の元祖であり、御神火茶屋経営者として独自な存在を続けた氏は昭和三〇年一一月狭心症のため急去した。65才。元村キリスト教会で告別式を行つた。郷土人には珍らしく波瀾の多い生涯を送り、クリスチヤンとなり救世軍と共に「一寸待て。もう一度考え直せ」の立札を三原山火口に立て三原山自殺ブームの防止につくし、御神火茶屋の経営に敢斗し、晩年の氏はテレビのある三原銀座の開拓に専念した。氏は生前、七転八起その越えてきた人生は文字通り苦難の道であつた。幾度振り出しに戻つたか知れない。株もやつた、女も買つた、酒も飲んだ――そして失意の氏は遂に故郷の山で死を選んだ。死の為の登山であつた。今生の見納めに外輪山から故郷の村を眺めて天を仰いでは泣き、地に伏しては涙をしぼつた。いかに人生のきづなのむづかしきことよ。幾朝か三原山の砂漠に太陽が上り伊豆の海に夕陽が落ちた。その魂の消えかからうとする一瞬、氏は不思議なインスピレーションに打たれた。「よしもう一度、世のために生きよう」其所にキリストえの道があつた。小さな小屋を営んで砂漠の炎天を行く人に水を恵み、自殺の人達に救いの道を説いた。ここに「御神火茶屋」の出発があつた。好漢今や亡く、長子勲氏、氏のなきあとの経営に当り益々盛業中。

　この『伊豆大島人物風土記』が刊行されたのが1957年だから、戦後の高木久太郎に該当する部分の記述もあるが、"七転八起"や"苦難の道"という言葉が示すように、ここの記述からもやはり多難な人生を送ってきたことが理解できる。さらに、彼自身が失意の内に三原山での自殺を試みようとしたとのことまでふれられている。そして、この多難な人生、自殺の試みが神の道への精進や御神火茶屋の創設にも繋がったというのである。彼は終始三原山での自殺を食い止めるための活動をしていた点もこの流れの一つである。そして、世のために尽くしてきたという点も同様である。

　実は、高木が世のために生きようとする部分は、先述の『もとむら』の提議も含め、政治領域に対しても示されていると思われる。例えば、彼は1933年時、『島の新聞』の「山荘一家言」というコーナーを持っており、時の権力に対し痛烈な苦言を呈しており、そこから、島民主権的な大島憲法に繋がる言動が見受けられるのである。いくつかピックアップしてみることにしよう。

第1章　伊豆大島独立構想と1946年暫定憲法

（3月26日）
「惡助役、醜市議、不良吏の東京市、東京都編入も考へものだ」
「上司を畏れて民衆を忘れたとき。村長の墓場行きも近づく。」
（4月16日）
「『愛とは歡心を買ふことにあらず』爲政者も指導者も天を仰いで眼を開け。」
（5月6日）
「村會とは議員各自の個性を發揮する處に非ず。村民大衆の總意を反映するが眼目
いゝか判つたか」
「村會にひきすられる村長。村會を引きずる村長。」
「支廳に引きずられる村長。之を引きずつて行く村長。」
「村稅を多類に納める者が村政に參與する優趣の者ではない。村は株式會社ではな
い。いゝか判つたか。」
「一村民としての參興権は金ではなく人である。」
「天を畏るゝの政治。之れ以上強力にして公平なるものなし。」

　取り上げた部分は、一言で言うならば、どれも生の国家権力に対する懐疑的
思考が見受けられる発言である。村会と村長との関係、支庁と村長の関係など
様々なレベルにおける権力間の癒着が生じた結果、民衆を無視し、本来の政治
や行政の意味とは乖離している現状が生じていると言っているのであろう。例
えば、村会が村民大衆の総意を反映する場だという高木の言い分は、大島憲法
３条の「島民ノ総意ヲ凝集表示スル為メ大島議会ヲ設置ス」に繋がるであろう
（他にも、15条）。もしかすると、このような発言は、彼が25歳で村会議員に
なった経験も反映されているのかもしれない。これらの発言を整理してみる
と、国民主権や島民主権（制限選挙に対する批判や一人一票の大切さも含む）、地方
自治、権力分立の考え方が読み取れるのである。
　次に、二つの発言を見てみよう。

（4月16日）
「助成金、補助金とり。昔から役人の七僻。やがて醜政黨侵入の前提。」
（5月6日）
「一にも補助、二にも補助、一本立ちのできぬ事業なら一層やめつちまへ。」

　これらの部分は今に当てはめるならば、補助金欲しさに中央の言いなりにな

り村の自立性を損なう恐れがある問題をこの時点で喝破している部分と見られる。権力の腐敗とも読み取れる。こういった問題点を指摘してる点が後の独立論へと繋がったかもしれない。

　さらに、二つの発言を見てみることにしよう。

（４月16日）
　「お國では草根木皮で餓死をまぬかる。大島の事どころでは御座るまい」
　「拓殖政治行はれんとす。『搾取常習者』の毒牙にかゝるな。大島は植民地にあらず」

　先の部分にも通じる部分であるが、ここは弱者やマイノリティ存在として伊豆大島を位置づけている部分である。利用するだけ利用され、本土に何かあれば簡単に見捨てられるという大島の歴史を短くうまくまとめている。この搾取構造の見解は雨宮の考えにも通ずるかもしれない。

　最後に、以下のような発言もあったので見てみることにしたい。

（５月16日）
　「若しも之の火口の飛び込みが、華族様や、重役様や、政黨屋さんのお子供様達と假定したら。如何なるダンベ。」
　「今時の新聞なんてものに、期待する者の方がどうかして居る。」

　一番目の発言は、"火口の飛び込み"、要するに、三原山への相次ぐ一般人による飛び込み自殺を示しており、おそらく世間がこのことに対して無関心であることへの怒りや悲しみが示されていると思われる。仮にこれが華族や政治家の子どもならそうではないのにと、当時の貴族制度や不平等社会に対する憤りとも読み取ることができる。そしてこれは、法の下の平等を含む人権思想を示している部分とも読み取れるかもしれない。高木は無教会派で内村鑑三の弟子でもあったという。仮に、人権規定が設けられていれば、そこに彼の思想が多分に入っていたかもしれない。

　また、この後の文章では国民のために権力監視を主とし情報提供するはずの

第1章　伊豆大島独立構想と1946年暫定憲法

メディア（憲法上の言葉で言えば、国民の知る権利に奉仕するために報道の自由が与えられた報道機関）が本来の役割を果たしていないと現メディアに対する批判をしている部分である。

　このように、「山荘一家言」から読み取れることは、①島民中心の政治の重要性（島民主権）、②統治機構の担い手は島民に資する存在であること、③伊豆大島の自立性を損なう国や都の補助金に対する疑問、④人間は生まれながらにして平等な存在であること（人権の考え方）、⑤本来の役割を果たさないメディアに対する不満（"表現の自由"や"報道の自由"との関係）、である。このような内容は大島憲法や関連文書内で至る所に見られる内容である（特に①と②）。

3)　柳瀬善之助について

　高木久太郎と柳瀬善之助は子ども時代からの付き合いで親友同士であったという。したがって、その筋から柳瀬が雨宮と関わることも必然であったとも考えられる。

　ところで、『島の新聞』内でも高木久太郎が柳瀬を評価している記述が見受けられる。「島の新聞合評會」（1929年10月16日）では、高木が隣村の男性二人と島の新聞を評価するために鼎談を行うコーナーが掲載されている。そこで高木は「マア島の新聞の値打は例の唇寒さ[58]。俺はあれ以外に讀んだ事はない。書く者もエライが書かせる柳瀬もエライよ」と述べている部分がある（ここでは、柳瀬が政友会系で、この時期編集一切を委ねられた那智西之助が無産党系ということも記されており、『島の新聞社』も同一思想者の集まりではないことが読み取れ興味深い）。このような発言から、高木は、中央の新聞に対しては懐疑的な念を抱いていたが、親友が関わる『島の新聞』に対しては一定の評価をしていたと思われる。だからこそ、苦言を呈する「山荘一家言」や「島の新聞合評會」などにも積極的に参加し、新聞面を通じても、柳瀬と共に伊豆大島をより良き方向に盛り上げていこうとする姿勢が見られるのである。

　それでは柳瀬善之助とはどのような人物なのであろうか。『伊豆大島人物風土記』では、柳瀬について以下のように記載している[59]。

　大島教育委員長。氏は明治二三年元村の生れ、新島（元村）高等小学校卒業。更に

41

東京府立農林学校に入り卒業後、母校に残り一〇年間教鞭をとり、又南多摩郡技手として二年間八王子に勤務し大正九年飯郷久方振に、飯郷した氏をまづ驚かしたことは、船便欠航のため東京中央紙が、ひどい時には一尺もたまつて配達されることであつた。これではいけない。到底、島の文化の発展は望めない、氏が飯郷後第一に決意したのはこの郷土新聞の発刊であつた。大正一三年島の新聞社を創立し、始めてマリノー型印刷機を大島に入れ印刷業経営の傍ら、タブロイド型郷土新聞を発行し、幾多財の政的犠牲を払いつゝ、昭和二十年迄刊行を継続する。大島文化向上に貢献した功績実に大。昭和八年読売新聞社が現大臣正力松太郎氏社長の頃社の全力をあげ大島観光宣伝に尽力しゴンドラを火口より降下した頃の読売通信員であり、観光と新聞とを結んだ大島観光の恩人。終戦の後のてんやわんや時代に氏のたくみな垢抜けた外交と高い政治力により元村港をレールに乗せ、都の中央に忦きかけた氏の手腕はめざましいものがあつた。元村港築港へのかくれた立役者と心ある人々から言われる所以である。

　尚又、陸稲平山種（南多摩郡七尾村平山）を初めて移入し、農会試作を依頼したが、多収穫と日照りに強い同品種栽培は全島に拡つた。忘れられない氏の業績である。村長、助役等歴任し、合村促進協議会長、合村後は監査委員、三一年新教育委員会委員長となる。伊豆諸島椿油工業協同組合業務を擔当す。

　この資料から柳瀬の多大な業績を読み取ることができるが、高木と同様、大島観光に尽力した人ということがわかる。それはひとえに"大島文化の発展のため"であった。1890年生まれであるため、大島憲法制定時は50代半ばであったこともわかる。話は遡り、帰郷後、『島の新聞社』を作った理由も大島文化の発展のためであるが、この点について彼が意図したのは、島内での情報流通の重要性を実感し情報インフラを整備することであった。実際、『島の新聞』の記事内容は、戦争で新聞統制が行われるまでは基本的に島民の生活、彼らの生活権利基盤を確立するために必要なインフラ整備、東京府や国への陳情の話、島民の声が中心に示されていたのである。

　それでは、大島文化の発展とは具体的にどういうことであろうか。彼が『島の新聞』を創刊する時（1924年12月26日）に、「創刊に際して」と題し以下のように述べている。

　　「島の新聞」は、島を結合して一家のやうな交き合ひを爲ちしめ、相互の力に依つてお互を善導し啓發して、風俗を淳厚にし幸福の生活に到達させたい目的を以て生れ

第1章　伊豆大島独立構想と1946年暫定憲法

出たのであります「島の新聞」は如上の目的を達するために紙上に記載する事項は島の出來事を主眼とするのであります。「島の新聞」は種種のことを批評し又主張をするが、併し自ら特種の主義主張を以て立つのではありません、島全體を中心としてこれに種種なる材料を提供する、換言すれば民衆と民衆との間に立つて仲介をなす機關であり、又島廳村役場學校其他諸團體の當局と村民との間に立つて仲つぎする機關であります。然しながら無論「島の新聞」は決して當局のみの機關でありません、私共は島の人達の利益とする所に向つて進むのであつて其の利益に反するものならば、如何なるものであらうとも私共の眼中にはないのであります。さらばとてまた誤りたる民衆の味方でもなく、只正義の道に從つて進むものであります　不肖を始め「島の新聞」に從事するものは勿論過ちもありませう。だが責任の重大なるを思へば出來るだけ誤りなきを努めて居りますが此責任を果すには私共のみの努力では出來ません、先輩諸兄有志諸君讀者諸君の援助により相より相助けなければ私共はこの「島の新聞」の天職を全ふすることが出來ません、即ち島をよりよく進めて行くことが不可能となります、目的が達せられぬのであります。私どもは出來るだけの努力を以つて奮鬪するつもりであります　どうか私どもの立場に同情されて島文化發達の爲めに切に御後援をお願ひします。

このような趣旨内容は、その後も繰り返し登場し受け継がれていくが、『島の新聞』創刊の目的は、経済社会教育など様々な領域での島嶼開発、それを実現するための伊豆諸島の島々間の連携、その結果もたらされる幸福の生活を実現することにあるという。[60]

　さらに、ここの部分で記されていることは、本来のメディアの役割についてである。島全体のために様々な情報提供をしていくこと、そのために村民間、公的機関と村民との間に立つ媒介項としての存在であることも示している。しかし、『島の新聞』は何よりも"島の人達の利益とする所に向って進むもの"であるから、単なる公的機関の広報紙でもないし、誤りたる民衆の味方でもないというのである。そのためにも、皆の協力が必要であり、それが島文化発達に繋がると考えており、島民参加型であることも位置づけている。

　大島憲法制定過程にこの部分を結びつけて考えるならば、島民のために島嶼文化を発展させ幸福の生活を実現するという趣旨は、大島憲法の主目的であり、前文や挨拶文でも類似の言葉が出てくる。

　ただ、戦争時、『島の新聞』の目的が変わってきていることにもふれておく必要があろう。例えば、『島の新聞』（1942年3月1日）の「再刊の辭」では、

43

「本紙の使命は一言に之を要約すれば、新聞報國にあるのであるが、我等はその重點を國民組織の基底とする部落會、隣組の健全なる發達を促し、特に經濟生活刷新に置き、然うして聖業完成のため大東亜戦争を勝抜くべきを誓ひ再刊更生の辭とし、愛読者諸君とともにこの重大時局における決意をより鞏固ならしめんとするものである」（下線部筆者）と記している。それまでずっと続いてきた島嶼開発や島民の幸福という、島や島民中心の視点から、一億総進軍などの言葉も使用され、軍国主義的な意味合いを多分に含ませた“新聞報国”という内容に趣旨が変わっているのである。

　戦時中の国家による新聞統制から柳瀬自身も思想転向をせざるをえなかったのかもしれない。実際、『島の新聞』に対しても検閲の目は厳しく、「天皇「陛下」を「陸下」と誤って印刷した」ことにより、一ヶ月の休刊処分を受けたという。そして、この休刊処分明けの最初の新聞記事がおそらく先の“再刊の辭”であると思われる。実は、この本来の趣旨変更を余儀なくされたこと（あるいは望んで行ったこと）が行政分離の話が起きた時に、柳瀬に独立論を決意させる一理由だったかもしれない。「大島々民会（仮称）設立趣旨書」内にて、「軍国主義の跳梁」や「誤れる指導方針」が悲惨な結果を招いたこと、そして我々がそれを日本の真の使命と過信したという部分は、正に『島の新聞』の存在目的変更に対する悔悟の念とも読めるからである。だから、雨宮の主張を受け入れたり、アメリカ軍に対する積極的な協力を謳ったこともこの経緯をふまえれば納得がいく。私は、『島の新聞』の元々の趣旨が大島憲法では“島民主権”として位置づけられ、『島の新聞』の趣旨転向に対する反省が大島憲法の“平和主義”の位置づけを生み出し、更にはこの二つの基本原理を相互に関連づける前文や挨拶文の文章に繋がったのではないかと推測している。

　他にも私が注目したいのは、伊豆大島で目指された憲法観は“自治能力”がある島民による民主主義的な独立国家構想であったという点だ。「大島々民会（仮称）設立趣意書」では、「各人勝手ノ行動ヲ採レバ自治能力ナキ住民トシテ南洋原住土人同様ノ取扱ヒヲ受ケルニ至ルノハ必然デアリマス」と書かれていた（二重線の部分は後に削除）。また、「自ラヲ律シテ生活ノ向上ヲ計リ外米国軍ト協力シテ世界平和建設ニ力ヲ尽シタラナラバ文明国人トシテ取扱ハレ……」ともある。この部分から推測できることは、伊豆諸島の人々は、明治政府から

長年、あらゆる面において劣っており、自治能力無き民として扱われてきたという歴史である。江戸時代に問題あるとされ明治政府によって一旦廃止された名主制度が伊豆諸島ではその後復活し長らく法域外に置かれてきた。そして、名主制度廃止後（八丈小島など一部の島では戦後まで継続）も、通常の地方制度（町村制）とは異なり、税金面や選挙面で差を設けられた島嶼町村制が実施されてきた。柳瀬が帰郷後、『島の新聞社』を設立したのも、本土との文化格差や情報格差にあったはずである。したがって、この独立構想は、行政権分離が直接的な契機であるが、明治以来の国家法制度に対する歴史批判的な複線も何らかあると私自身は推測している。

6. 結 語

　以上、大島憲法制定へと至る流れとその思想的系譜を検討してきた。藤井伸氏は、大島の歴史を理解するには、江戸時代と明治時代との関係性を理解すること、そして大島内の各地域の歴史（例えば、山間地域と港湾地域との関係）もふまえることが重要だと述べていた。こういった点も含めて、大島憲法やその制定過程を踏まえていくと、その過程、そして言葉一つ一つに複雑な意味が込められていると考えられる。

　そして、その意味を考えることは、大島憲法に規定されていない人権規定の存在にも想像力を膨らませるものに繋がる。例えば、雨宮の見解が反映されれば、1946年6月28日に公表された日本共産党の『日本人民共和国憲法草案』のような社会権を基調とし自由権をも社会権的に捉え直す人権構成になっていたかもしれない。また、高木の見解が反映されれば、キリスト教的な人権思想（もしかすると、合衆国憲法の修正条項やフランス人権宣言のようなもの）も組み込まれたかもしれない。そして、柳瀬も含む三人に共通していることが、島の現状に対する想いであることから、それを踏まえた上での権利規定、例えば、海に囲まれ山林の多い伊豆大島なら漁業権、森林権、環境権なども書き込まれたり、水資源を主に天水や海水に依存している点からも食糧や水に対する権利なども書き込まれていたかもしれない。

　このように想像が膨らむ一方、調べれば調べる程、解明できない部分が多々

あった。私がこの件について調査を始めた2008年時点は既に関係者がほとんど鬼籍に入ってしまっており、資料もそれほど多く残っていなかったからだ。この点から、角田實、藤井伸、大島二中の生徒たち、朝日新聞、岡村青の功績は大きいといえる。私はこれらの資料を中心に聞き取りを行い、本章を構成してきた。ただ、本章はあくまでも可能性を検討したにすぎない。特に、柳瀬、高木、雨宮の三人が関与したのは間違いないものの、三人の思想と大島憲法の各条文毎の関連性について、現時点で確定的証拠が出てきているわけではない。そのため本章では、"推測"、"類似性"や"可能性"などの言葉を頻繁に使用させていただいた。

　しかし、戦後50年以上を経て、1997年、大島憲法制定に直に関わった世代の次世代である藤井伸によって大島憲法の諸資料が発見されたように、まだまだ大島内外で陽の目を見ない埋もれている資料があるとも考えられる。実際、郷土史家の古橋研一が、行政権分離当時の柳瀬が発行した広報『もとむら』を近年発見したことにより、当時の島内の動向がより明確になった。本章もこの点をふまえて2013年に書いた論文（序章の初出一覧に記載）を再構成しているがそれでもなお、仮説に過ぎない部分が多々あるため、資料発掘を引き続き行い、より確定的な全貌を今後明らかにしていきたいと考える。

［注］
1）　1945年11月5日に有識者によって結成された民間の研究会。元東京大学教授の高野岩三郎、評論家の室伏高信、元東京大学教授の森戸辰男、市井の憲法史研究家の鈴木安蔵らから成り、諸外国の憲法研究を十分行った上で、特にワイマール憲法やソ連憲法を参考にして草案作成がされている。竹前栄治・岡部史信〔竹前栄治監修〕『憲法制定史日本国憲法検証1945—2000資料と論点第一巻』（小学館・2000）、132—133頁。
2）　榎澤幸広・弦巻宏史「ウィルタとは何か？──弦巻宏史先生の講演記録から彼らの憲法観を考えるために」名古屋学院大学論集（社会科学篇）48巻3号（2012）、79—118頁：榎澤幸広・川村信子・弦巻宏史「オーラル・ヒストリー──ウィルタ・北川アイ子の生涯」名古屋学院大学総合研究所ディスカッションペーパー92号。
3）　榎澤幸広「記憶の記録化と人権──各々の世界の中心からみえるさまざまな憲法観を考えるために」石埼学・遠藤比呂通編『沈黙する人権』（法律文化社・2012）、197—228頁。
4）　立木猛治『伊豆大島志考（第三版）』（伊豆大島志考刊行会・1973）に数頁（415—417頁）記載がある位である。
5）　この点については、岡村青「幻の平和憲法『大島大誓言』の背景を探る──五十三日

間の「大島共和国」独立構想」望星2000年10月号に詳しい。

6) 1997年1月7日付朝日新聞。私が大学院生当時、この記事を見た友人が興奮して話題にしていたのを今でもはっきりと覚えている。

7) 1997年1月7日付朝日新聞。

8) 百瀬孝〔伊藤隆監修〕『史料検証 日本の領土』（河出書房新社・2010）を参照。

9) 伊豆諸島東京移管百年史編さん委員会『伊豆諸島東京移管百年史 上巻』（ぎょうせい・1981）、758―759頁。

10) 式根島開島百年を記念する会編『式根島開島百年史』（ぎょうせい・1987）、204―206頁。

11) 利島村編『利島村史 通史編』（ぎょうせい・1996）、628―629頁。

12) 八丈島には1931年創刊から現在まで続く新聞『南海タイムス』があるため、ここの新聞記者がこまめに本土の新聞社などと連絡をとりそれを記事化していた。この問題に対する記事は、1946年2月13日（「八丈島は何うなる」の見出し）～4月3日（「信託統治解除さる 伊豆諸島、行政権回復」の見出し）までほぼ毎回トップ記事であった。

13) 八丈島の独立運動については、伊川公司『茄子の樹』（新風舎・2002）、300頁と伊川公司「八丈島のエピソード――八丈島の独立運動」海と離島4号（1983）、36頁。
　　また伊豆諸島ではないが、現在の沖縄県八重山諸島で戦後生じた自治政府（通称・八重山共和国）について詳細な検討をしている桝田武宗『八重山共和国――八日間の夢』（筑摩書房・1990）もある。

14) 伊川・前掲注13）『茄子の樹』、300頁。

15) 浅沼悦太郎『三宅島歴史年表 附 伊豆諸島（第四版）』（明光社・1981）、84頁。この点、史実かどうか不明であるが、三宅島の独立論を物語風に記述する桑原秀雄『島ものがたり――「三宅島」現代民話創作集』（白楽・1992）がある。162頁には以下のような記述がある。「陛下のお言葉によって、どうやらこの戦いは終わった。そこでわしはよくよく考えてみた。しかし、これから日本がどうなるのかさっぱりわからん。内地がどうなっているのかも、想像してみるしかない。そこで考えたんだが、いいか、これから話すことは他言無用、ぜひとも秘密にしておいてもらわねばならない。三宅島はこの際、独立すべきだと思うのだ。そうすれば、日本の国籍は失うが、米国の支配を受けなくてすむはずだ。そうしたうえで、祖国日本とも米国その他の諸外国とも、共存共栄を基本とした外交を展開していけばいいと思うのだ（大原国造談）」

16) 神津島村史編纂委員会『神津島村史』（ぎょうせい・1998）、384―385頁。

17) 新島や御蔵島についても調べたが、私の知る限り関連記述は見当たらなかった。
　　また、『青ヶ島島史』では、この当時を記述する部分が「11 青ヶ島武装解除の模様」と「12 終戦後の状況、電信業務始まる」である（GHQ覚書と時期が直接重なるのは12）。前者の部分は敗戦後、アメリカ軍が青ヶ島に上陸する話が示されている。後者の部分では、「昭和二十一年、この島の世帯数九十四戸、人口三百八十六人。支庁長交替（川原安正就任）。二月二十七日ベヨネーズ列岩の西方海上に火山島が出現した。青ヶ島からは夜間に噴火が遠望されたが、昼は噴煙が見られるだけだったという。島の多くの人々は新しい島ができればいいと考えたらしい。六月奥山治が村長に当選した」と記述されている。小林亥一『青ヶ島島史』（青ヶ島村役場・1980）、528頁。あくまでも推測の域を出ないが、これらの記述から青ヶ島には行政分離の話が届いていない可能性もあ

るかもしれない。

18) 立木・前掲注4）414—415頁。

19) 立木・前掲注4）415頁。

20) 大島町史編さん委員会編『東京都大島町史　資料編』（ぎょうせい・2001）、452頁では、1946年1月21日だが、もう一方の大島町史編さん委員会編『東京都大島町史　通史編』（ぎょうせい・2000）、351頁では、1946年2月21日となっている。柳瀬メモには「本日（廿一日）」という記述しかないが、覚書が出されたのが1月29日であるし、その後の様々な政策との関連性など時系列的に考えれば2月21日が正しいと考えられる。ただし、ほんの数日で膨大な資料を作り会合を重ねることは可能だったのかという点もふまえる必要があろう（仮にそうだとすると、1ヶ月前後でこれらの大作業をしたことになる）。この点、『南海タイムス』の記事順を確認することも重要であろう。GHQ覚書紹介（2月13日付記事）に始まり「八丈島・信託統治に決定か」（2月23日付記事）、「信託統治問題　伊豆奄美両大島の状況」という見出しの記事内にライト大尉の覚書が紹介（3月3日）という順番である。

　　立木・前掲注4）417頁は「同年二月二一日、大島駐屯隊長米軍大尉ライト氏より」という記述があり、415頁にも柳瀬村長が「二一年二月二日以来、大島は日本政府の行政から分離されたものと解し」と述べていることから、2月2日の時点では確定的な証拠を掴んでいるようには見受けられない。元村役場（発行人は柳瀬）が発行する『もとむら2号』（1946年2月25日）にも暫定的に各行政機関がライト大尉の監督下に入ったと記されている。その記事には日付が示されていないが、『もとむら』は5の日に発行されているため、普通に考えれば1号は2月15日発行と考えられるため、それ以降の話とも推断できる（ただし、1号は発見されていない）。

　　伊豆大島と八丈島では約200kmの距離があるため、交通手段、ライト大尉の上陸日程や島側からの連絡手段などによって日程に差はあるかもしれない。だが、伊豆大島は東京から一番近いため、まずGHQ覚書の話がいち早く伝わり（例えば1月末〜2月上旬）、それを受けて柳瀬を始めとする主要人物らが既に大島独立論に向けて動き出しており、後日、ライト大尉の言伝を書き留めた柳瀬メモはそれを補完するものになったにすぎないという仮説も成り立つかもしれない。しかし本章では、『東京都大島町史　資料編』の当該部分の作者が、大島憲法を含むこれらの資料の第一発見者でありそれを整理編纂した伊豆大島憲法研究の第一人者でもある藤井伸であるため（当時の大島の状況も経験しよく知っている点も含む）、新たに発見された『もとむら』に示されているもの以外は、藤井の記述にならい、大島独立構想の流れを整理することにする。

21) 大島町史編さん委員会編・前掲注20)『東京都大島町史　資料編』、455頁。

22) 大島町史編さん委員会編・前掲注20)『東京都大島町史　資料編』、452、455頁は、「1946年1月21日〜2月前半ころ」となっているが、原文は日付が見当たらないこと、「7日午前十時　委員氏名　（計33人）」と3月7日の第1回準備委員会のことと思われる内容が書かれていることから、「1946年2月21日〜3月前半」に変更させてもらった。

23) 大島町史編さん委員会編・前掲注20)『東京都大島町史　資料編』、456頁。

24) 『もとむら3号』（1946年3月5日）、1頁。大島町史編さん委員会編・前掲注20)『東京都大島町史　資料編』、456頁。

25) 『もとむら3号』（1946年3月5日）、1頁。

第1章　伊豆大島独立構想と1946年暫定憲法

26)　大島町史編さん委員会編・前掲注20)『東京都大島町史　資料編』、456頁。

27)　大島町史編さん委員会編・前掲注20)『東京都大島町史　資料編』、456頁。

28)　例えば、ポツダム宣言10項「吾等は、日本人を民族として奴隷化せんとし、又は国民として滅亡せしめんとするの意図を有するものに非ざるも、吾等の俘虜を虐待せる者を含む一切の戦争犯罪人に対しては、厳重なる処罰を加へらるべし。日本国政府は、日本国国民の間に於ける民主主義的傾向の復活強化に対する一切の障礙を除去すべし。言論、宗教及思想の自由並に基本的人権の尊重は、確立せらるべし」と規定していることに着想を得ていたかもしれない。

29)　『もとむら3号』(1946年3月5日)、1頁。

30)　大島町史編さん委員会編・前掲注20)『東京都大島町史　資料編』、458頁は2月末〜3月中旬と位置づけるが、『もとむら4号』(1946年3月15日)、1頁は、名称は「大島自治会議」とし、その決定機構の概要を示した元村委員案が採択されたことが記載されているため、本文の日付が正しいと思われる。

31)　『もとむら4号』(1946年3月15日)、1頁。『もとむら5号』(1946年3月25日)、1頁では、大島自治会議員選挙についての記述があるため、おそらく行政権分離解除の連絡が届いてなかったと思われる。

32)　こちらは設立趣旨書原文に、「昭和二十一年二月二十五日」という記載がある。

33)　この点については、『もとむら』には記述がない。ただ、創立委員が村長外委員3名とあるし、「大島々民会(仮称)」という書き方も、『もとむら3号』に示される「大島自治運営会(仮称)」と類似しており、準備委員会で検討されている会の名称のことを指しているようにも思われるし、誰かの案のようにも思われる。

34)　『もとむら3号』、2頁。また、『もとむら5号』、2頁にも「山羊を飼へ」という記事が載っている。

35)　1回目のタイトルは「民生共榮會の発足に就て(1)」であったが(『もとむら2号』、2頁)、「島情勢の新たなる発展に即應するため、会稱に政治色を明瞭に象徴する必要を認めたので、結成式を挈機として「民生共栄会」と云ふ新睦会的会稱を揚棄し前期の如く改稱した」ことから、2回目以降のタイトルは「大島民主聯盟の発足に就て」になっている(『もとむら3号』、2頁)。

36)　『もとむら2号』、2頁。

37)　『もとむら3号』、2頁。

38)　『もとむら5号』、2頁。

39)　大島町史編さん委員会編・前掲注20)『東京都大島町史　資料編』、454頁。

40)　この点、「この堂々たる「大島憲章案」が、他五か村にどう受けとめられていたか、占領軍との関係をいかに考えていたのか、なぜに伊豆七島、小笠原島をひっくるめて考えないで、大島だけ独立できるものと考えたのか、種々疑問の残る「独立騒ぎ」であった」といくつかの疑問点を提示する文献として、伊豆諸島東京移管百年史編さん委員会編『伊豆諸島東京移管百年史　下巻』(ぎょうせい・1981)、69頁。ただ、柳瀬善之助が伊豆大島に帰郷し、大正末期、『島の新聞社』を立ち上げた理由が、伊豆諸島全体を見据えた島嶼開発であるため、この独立構想においても、他の島との関係は射程に入っていたと思われる(後掲5.(2)3))。

41)　1997年1月7日付朝日新聞。

49

42） 岡村・前掲注5）69頁。

43） 「53日間大島は日本国でなかった！」広報おおしま364号（1997）、13頁。

44） 例えば、前掲注20）・1946年2月23日付南海タイムス記事。

45） 大島町立図書館には戦前発行の法律書が何冊も所蔵されており、これらの書物を参考にしたのではという疑問が浮かんだが、1965年の10大ニュースにもなった1月11日の元町大火によって図書館も焼失している。図書館に確認したところ、それ以前に所蔵されていた書物や目録も焼失してしまい、どのような本が存在していたか不明であるという。現在所蔵されている戦前発行の法律書はその多くが町民による寄贈であるそうだ（寄贈者の中には無論、大島憲法制定時の関係者もいる）。ただし、これらの町民が制定過程時にそれらの法律書を参考にしていたという線が全く無くなったというわけではない。

46） 小口なつき・白井歩・高橋真由美「大島憲章」大島二中第17回地域研究（1999）、16—17頁。

47） 岡村・前掲注5）68頁。この引用文の後、「藤井伸もそれを否定しない」と書かれている。

48） 松田解子「大工の政さんとそのあとつぎたち」『またあらぬ日々に』（新日本出版社・1973）、271—321頁。

49） 今後、松田解子が集めた資料や記録ノートが閲覧可能であれば、そこから雨宮政次郎の思想が理解できるかもしれない。また、大島憲法に直接関係する話ではないので邪道な方法かもしれないが、彼は戦後元村議員であったから、議事録発言などからも多少なりとも彼の思想的系譜を読み取ることができるかもしれない。

50） 『島のひろば』では、機関紙名が「火をふく」で、松田解子の作品では「友の会機関紙」と書かれている。松田・前掲注48）312頁。

51） 松田・前掲注48）300頁。

52） 『島のひろば』433号（2005）では、病気療養で1928年、差木地に居を構えた小山時夫の活動がメインとして詳細に描かれている。松田解子が1929年差木地小学校の産休代替教員として赴任した時以降、小山と親交があったことも記されている。

53） 松田解子の作品でも、「それから二ヶ月そこらで当時の元村署と警視庁に寝込みをおそわれ、一週間後多喜二虐殺の築地署へまわされた」（300頁）と書いてある。多喜二とは『蟹工船』作者の小林多喜二のこと。

54） 松田・前掲注48）315頁。

55） このような書き方をしているのには理由がある。本章は、『島の新聞』をまとめた伊豆大島志考刊行会による『伊豆大島の新聞』（伊豆大島志考刊行会・1985）を参考にしている。ただ、この資料は発行された『島の新聞』を全て掲載しているわけではない。大島の歴史において『島の新聞』の重要性を感じた刊行会のメンバーが各家庭や島に残っていた『島の新聞』を収集し冊子にしたものだからである。

56） 1929年9月26日付島の新聞には、「『人物デッサン』のモデルを募集致します。島の新聞社編輯部宛に、人名と住所希望等を書いて送つて下さい。布望——例へば『××方面より見た誰々』と云ふ風にです」と書かれており、このコーナーも含めて新聞記事が読者参加型であることがわかる。

57） 『伊豆大島人物風土記』（伊豆大島人物風土記刊行会・1957）、48頁。

第 1 章　伊豆大島独立構想と1946年暫定憲法

58)　いくつかの記事を読む限り、島や時事問題などについての読者投稿型の批評コラムの
　　コーナーと思われる。

59)　前掲注57)『伊豆大島人物風土記』30頁。

60)　またこの内容は、1959年 2 月15日に再刊した『島の新聞』の後継紙『大島新報』の
　　"発刊のことば"でも受け継がれている。「新聞と申しましても、島における政治・経
　　済・産業・文化・教育等の解説的記事が主になることと思います。同時に広く皆様にも
　　ご執筆を願い、また投稿していただき中立にして建設的な紙面をつくり正しい世論を形
　　成して、いささかなりとも島の発展向上に寄与いたしたいと念願しております。」

61)　岡村・前掲注 5) 67—68頁。

62)　ただし、"新聞報國"という言葉は、1940年 6 月15日付島の新聞でも使用されてい
　　る。しかし、メインは島嶼開発が使命と記されている。「……かくしてこそ、やがて島
　　嶼開發の使命を達し、小ながら新聞報國の念願が成就せらるゝのであります……」。ま
　　た、1945年 1 月 1 日付島の新聞では、「創刊滿廿年」と題して、島の新聞の使命は"島
　　嶼開発"として創刊され、二十周年を迎えることができたが、現在の戦局から、国民が
　　負う使命達成のために各々の機能を最大限に発揮し敵の撃滅に挺身しなければならない
　　ため、「徒らに過去を顧みて感慨に耽つてゐゐ（ママ）べきではない。この時、さらに
　　百倍の勇氣を奮い起し、筆硯を新らたにし興へられた使命の完遂に進軍しなければなら
　　ない。突貫しなければならない」と述べ、軍国主義的な"新聞報國"の重要性を以前よ
　　りも色濃く述べている。

51

第2章　地方自治法下の村民総会の具体的運営と問題点
　　　——八丈小島・宇津木村の事例から

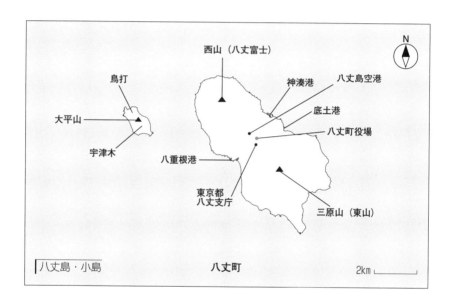

1．はじめに

　本章は、戦後地方自治法制定下において、東京都の八丈小島に存在した宇津木村の村民総会の輪郭を解明することにある。
　村民総会を設ける際にその法根拠規定にあたるのが地方自治法94・95条である。地方自治法94条は「町村は、条例で、第89条の規定にかかわらず、議会を置かず、選挙権を有する者の総会を設けることができる」とし、95条は「前条の規定による町村総会に関しては、町村の議会に関する規定を準用する」と規定する。すなわち、前者の規定は地方議会を設置する代わりに有権者から成り

第2章　地方自治法下の村民総会の具体的運営と問題点

立つ町村総会設置の規定、そして後者の規定は当該総会のおおまかな運営について規定している。

　この規定に基づき実施された町村総会の事例としては、本章で検討する東京都の伊豆諸島の中にある八丈島の属島として位置づけられている八丈小島の宇津木村（八丈小島は現在無人島であり、この地域は現・八丈町）の事例が現在までもおそらくただ一つ存在しただけである（宇津木村で使用された正式名称は「村民総会」）。ちなみに、戦前の町村制下も含めるならば、神奈川県の芦之湯村（現・箱根町）において、「公民総会」が存在していた。[1]

　前者は、1951年4月1日から始まったが、その後国が推進する昭和の大合併の流れに伴い、1955年4月1日に八丈町が誕生し、宇津木村は廃村になりそれと同時に村民総会はなくなっている。

　後者は、箱根町教育史編纂委員会が編集した『箱根町教育史』によれば、尋常小学校設置などをめぐり1891年10月5日に公民総会が開設されたことが示されている。[2]開始時期を正確に知る資料は現在のところ入手できていないが、法制度として公民総会の規定を初めて設けた1888年制定の町村制が実施されてからまもなくのことであることから、この法制度を前提にしていることが理解できる。この総会は現存する記録から見て少なくとも1945年までは実施されてきた。[3]

　この他、いくつかの町村において検討がなされた例があったり、議員の見解としてブログ等で町村総会の提案がなされることはあるが、どれも宇津木村以降実現はしていない。[4]

　私は10年近く前、初めて伊豆諸島を家族で訪問したことをきっかけに、伊豆諸島の歴史と憲法の問題が深く絡むことについて関心をもったが、伊豆諸島に関するどのテーマを選択しても、あまりにも情報量が少なく何から手をつけてよいのかわからないままであり、手探りの状態で今回の原稿も書いている。このような問題はどこにあるのだろうか。

　まず始めに、法研究者の無関心。たいていの憲法学や地方自治法の概説書に、町村総会の重要性は書いてあるにもかかわらず、そしてそれを体現した事例として宇津木村が唯一あると記述されているにもかかわらず[5]、これを検討した論文が全く存在しないのである。しかし逆転現象とでもいうか、それに対し

て、諸外国のタウンミーティングの例は数多く検討されているのである。

　憲法学界の通説では、この地方自治法の規定に示される町村総会は、憲法違反どころか、通常の議会に比べ有権者全参加型であることから、憲法に示される地方自治の本旨により高い程度において適合的な内容であるともいえるし、いっそう強い程度において住民の意思を代表する機関であると捉えられている[6]。それにもかかわらず、この事例がどのような条例に基づいて具体的に組織化され運営されてきたのか検討されてこなかったのである。

　次に、無論全員とはいわないが、島に携わる人たちによる自らの島の近現代史に対するまなざしの低さである。伊豆諸島のそれぞれの島誌や町村誌を見る限りにおいて、大部分が昭和以前の歴史についての記述に多くが割かれている。がしかし、昭和以降の記述、特に戦前戦後の記述が少ないものが多い。これは今回の宇津木村の村民総会の事例も同様であり、先の文献にはほとんど記述がなく[7]、1955年の合併において宇津木村から八丈町に引き継がれた資料もほとんど残っていない。ある職員の方は「日本で唯一の事例だったんですよね。資料が残っていないのは本当にもったいないことでした」と言っていた。このような例は結果として、隣島（今回は八丈小島）に対する無関心を示しているともいえる[8]。さらに、日本国憲法体制下になった直後の資料があまり残っていないということは、現在の島々の町村のなりたちを無視していることにはならないだろうか（自分の島に対する無関心）。

　以上、二つの理由から、宇津木村の村民総会について検討しようと考えるが、実はこれらの無関心は、離島に対する長年来の政府の無関心にあるのではないかとも考えられる。江戸時代において、江戸と伊豆諸島のつながりは重要な存在になるが、明治以降においては、たびたび所管が変わる状態であった。東京に落ち着いた後も、繰り返し繰り返し静岡県への移管が中央で議論され島内の有力者たちが陳情に行くという事態が繰り返し行われた。

　そのようにお荷物的に島嶼を見切る政策は他にも、中央の町村制とは区別する、村長を選挙で選ばせず知事に任免させたり一定の選挙権行使を制限することなどを制度化した"島嶼町村制"という形で差別的な地方制度が実施されてきた。私は、伊豆諸島の問題を考える際、この差別的な制度史を念頭に置いた上で戦後法制度史を検討しなければならないと考える。

第2章　地方自治法下の村民総会の具体的運営と問題点

　これらの点をふまえて、以下の流れを簡単に示したいと考える。2節（2.の部分（以下、同様））では、法レベルで規定される"町村総会"について検討する。3節では現在入手できている資料を基に、宇津木村村民総会の輪郭を明らかにしたい。[9] 4節では、元・村民総会会長との対談記録を整理した上で彼のオーラル・ヒストリーを提示する。5節では、3・4節で提示される、村民総会設立根拠を中心に、宇津木村の地方制度が歴史的にどう設定され位置づけられてきたのか考察していきたいと考える。

2．地方自治法下の町村総会規定

　ここでは地方自治法に規定される町村総会、そして、この規定の系譜を辿り整理していきたいと考える。

（1）地方自治法下の町村総会

　"町村"では、条例を設ければ、議会の代わりに、有権者から成る町村総会を設けることができる（94条）。このことから、①"市"はその対象から外れること、②"町村"であれば規模に関係なく条例を設け町村総会を設けることが可能であること、[10] ③議会の場合、地方議会議員の被選挙権における年齢要件が満25年以上であるのに対し（19条1項・公職選挙法10条1項5号）、18歳以上であれば町村総会の構成員になれること、が理解できる。

　具体的な内容は、町村の議会に関する規定を準用するとされている（95条）。したがって、議会が議決できる事件や予算の増額修正などの権限（96〜100条の2）、招集や会期（101〜102条）、議長と副議長（103〜108条）、委員会（109〜111条）、会議（112〜123条）、請願（124〜125条）、紀律（129〜133条）、懲罰（134〜137条）、議会の事務局及び事務局長、書記長、書記その他の職員（138条）等の規定が準用されると考えられる。

　しかし、有権者が皆総会の構成員になることをふまえるならば、市町村議会の議員定数（91条）、議員任期（93条）や議員の選挙、議会の解散等は準用されないであろう。

55

（２）当該規定への系譜[11]

　地方自治法下の町村総会の規定をより深く理解するために、当該規定へ至る系譜を辿っていく必要があると考える。この点、明治以降初めて、町村総会の系譜にあたる規定がなされたのは、以下の町村制（1888）の31条と51条においてである。

31条
　小町村ニ於テハ郡参事会ノ議決ヲ経町村条例ノ規定ニ依リ町村会ヲ設ケス選挙権ヲ有スル町村公民ノ総会ヲ以テ之ニ充ツルコトヲ得

51条
　第三十二条ヨリ第四十九条ニ至ルノ規定ハ之ヲ町村総会ニ適用ス

　この規定から、郡参事会の議決した町村条例により町村会の代わりに町村総会の設置が可能となった。小町村の基準は法文上不明であるがこれは、郡参事会の判断によるものとされた。そして、町村会の職務権限等の規定は町村総会にも適用されることが示されている。

　その後、1911年に改正された町村制38条により、①条例は不必要になり、②郡長が府県知事の許可を得て町村総会を設けること、そして、③その適用対象は小町村だけでなく特別の事情ある町村にまで拡大した。[12]

　1926年に改正された町村制では、地方官官制が全部改正されたことにより郡長が廃止されたので、府県知事が設置することになった。[13]

　その後、1946年第一次地方制度改革において町村制が改正される際、特別の事情がある町村自らが条例にて、公民制度の廃止に伴い選挙権を有する者からなる町村総会を設置できることとなった。[14]

　そして、地方自治法改正の政府原案では、「95条　特別の事情がある町村においては、条例で第89条の規定にかかわらず、議会を置かず、選挙権を有する者の総会を設けることができる。２項　町村総会に関しては、町村の議会に関する規定を準用する」と規定されている。この点、種々の議論が出たが、最終的に「特別の事情のある町村」だけではなくて「それ以外の町村」も町村総会

第2章　地方自治法下の村民総会の具体的運営と問題点

を設置できる現行法の規定になっている。

3．宇津木村の村民総会

　以上、地方自治法レベルに示される町村総会について、法条文の解釈、そして法制定の背景を検討してきた。それでは、宇津木村の村民総会は具体的にどのように設立されどう運営されてきたのであろうか。

　ここでは、国立公文書館、東京都立公文書館、八丈町役場議会事務局、八丈島歴史民俗資料館、八丈町立図書館、南海タイムス社、笹本直衛元八丈町長、東京都立図書館、国立国会図書館から入手した資料をもとに、宇津木村民総会の輪郭を明らかにしていきたいと考える。

（1）宇津木村の機構[16]

　まず宇津木村の機構を把握することで、村民総会の位置づけを明確にしたいと考える。

　『東京市町村合併史』内の1955年合併前の宇津木村役場機構図によると、宇津木村では、村民総会、村長代理書記、監査委員会、教育委員会、選挙管理委員会の機構が存在した。

　それによれば、議決機関としての村民総会は地方自治法94条に基づき設置され、会長（菊池政邦）・副会長（菊池忍）が運営していた。

　執行機関としての村長代理書記（菊池隆盛）の下には庶務係が一人いて、厚生係、統計係、衛生係、戸籍係、産業係、土木係、学事係をすべて兼務していた。ちなみに、本図では村長についての記述がないが、1954年の庶務書類がまとめられている『昭和二十九年（第1号）庶務一般書類（宇津木村役場）』内の「職員調査票」には、村長の職務が記載されている。ここには、"地方自治法161条3項に基づき、村条例をもって助役を置かず"と書かれており、村長は助役と収入役（地方自治法168条2項）を兼務していたという記載もある。

　教育委員会は委員長（菊池政邦）の下に教育長代理（菊池隆盛）が置かれている。選挙管理委員会は委員長（菊池光）を中心に活動している。監査委員に関しては、『昭和二十九年（第1号）庶務一般書類（宇津木村役場）』の中の「地方

57

制度運営状況等に関する調査について（回答）」（宇庶第11号昭和29年2月25日）において、「三 監査委員を設置している町村の調（昭和29年2月1日現在）」の備考欄に、"監査委員は村長が兼ねている"と記載されている。

ここで関心を引くのは、一人の人間が複数の職務をこなしていることである。例えば、村民総会会長を務めている菊池政邦は教育委員会委員長も務めている。また、村長が一人で行う職務範囲が広範囲であることもあげられる。

（2）村民総会設置理由

それでは、議会の代わりに村民総会が設置された理由は何なのだろうか。八丈島の内容を中心に記事として扱う新聞紙『南海タイムス』の1951年4月8日付記事によれば、"①最近になって村会議員（定員4名）や村民の転出が目立って多くなったこと、②村会議員の改選を目前にして議員の適任者も少なくなってきていること、③この際改選するよりも地方自治法94条によって議会をおかず、村民総会を設置し選挙権を有する村民が会議を開き村條例を採決したり村政を運営する方がよいではないかという世論を徴し検討した結果であること"、の三点がその理由としてあげられている。[17]

この記事を見る限り、①の議員も含む村民数の減少を主たる理由として②と③の理由につながっているように見受けられる。

『昭和28年3月市町村台帳（東京都八丈島八丈町）』によれば、1947年10月1日から1951年3月31日までの議員の法定定員数が12人（条例定員数6名）とされている。この点、1935年10月2日付国勢調査では114人（19戸男55人女59人）いた村民も、地方自治法施行時（1947年10月1日）の臨時国勢調査では72人（15戸男40人女32人）、村民総会制に移る半年前（1950年10月1日）の国勢調査では、1935年の国勢調査時の約半数である66人（29戸男37人女29人（この資料の脇に44人と書かれているがおそらく有権者数と考えられる））と年々減少傾向にある。[18]確かにこれだけの減少率を考えると、議員の適任者もそうそう見つかるものではないと考えられる。したがってこれらの資料は、南海タイムスに掲げられている理由を裏付ける資料となると考えられる。

ただし、この"適任者"の意味を議員の資質として捉えることもできるかもしれない。この点については、後述の総会会長に対する聞き取り調査以降の所

第2章　地方自治法下の村民総会の具体的運営と問題点

で再度ふれることにする。

（3）根拠条例

　次に検討すべきは、村民総会を設置する根拠になる条例の存在である。地方
自治法94条は、条例に基づいて町村総会を設置することをうたっているからで
ある。八丈島・八丈小島の村々の代表が集まり合併を協議する参考資料にする
ために各村から合併促進協議会に提出された資料の中に、宇津木村の「条例目
録（昭和29年1月1日現在調）」と「規則目録（昭和29年1月1日現在調）」があ
る。そこには、地方自治法施行から7～8年間にわたり制定・施行された宇津
木村の条例・規則・規程の名称が記載されている。

　その中で村民総会に関係する名称のものは二つある。一つ目は、"宇津木村
民総会定例会條例"でありこれは1951年4月1日に施行適用されている。制定
の理由欄には、「議会制を廃して総会制となる」と書かれている。二つ目が、
"宇津木村民総会々議規則"でありこれは1951年4月1日に公布されている。
そこに記された当該規則の制定理由欄にはやはり「議会制を廃し総会制とな
る」と記されている。

　しかし現時点において、これらの条文やその内容を示すものは、八丈支庁に
も八丈町役場にも確認してみたところ保管されていないとのことであった。

　先の資料に話は戻るが、この条例と規則以外に、五つの条例と二つの規程の
名称が記載されている。これもあわせて紹介したい。

　まず条例であるが、①宇津木村有給職員給料額及旅費額支給條例、②職員の
報酬額及び費用弁償額支給條例、③職員の分限に関する條例、④職員の懲戒処
分及び効果に関する條例、⑤職員欠格事項に関する條例の5つが存在したよう
である。やはりそれぞれの内容は示されておらず、それ以外に記載されている
事柄は、①②の施行年月日・公布年月日とも1947年10月1日であり、①の制定
の理由欄には「町村制施行による」との記載がなされている。そして③④⑤の
公布年月日は1953年11月1日である。③④⑤の公布年月日の時期は村民総会設
立よりも後であるため、これらはおそらく村民総会によるものと考えられる。

　規程は二つあり、①職員退職手当支給規程と②庶務規程である。双方とも、
公布年月日・施行適用年月日・制定の理由が記載されておらず白紙のため、こ

59

れらについては具体的な内容はこれ以上はわからない。

（4）総会の構成員

　様々な資料を見る限り、総会の構成員は、①会長、②副会長、③会員から構成されていることがわかる（会長と副会長の“会長”部分は議会の「議長」に該当する）。

　1）　会　長

『昭和二十九年（第1号）庶務一般書類（宇津木村役場）』内の「職員調査票」の「調査票(2)（昭和27年1月1日～29年9月1日現在まで）」によれば、“歴代議長”は、A．菊池昇（在任期間1年4ヶ月）、B．菊池正（在任期間4ヶ月）、C．菊池政邦（在任期間1ヶ年）と記されている。計算してみると、A．は1953（昭和28）年4月まで、B．は1953年5月～8月、C．は1953年9月～ということになる。

　しかし、『昭和28年3月市町村台帳（東京都八丈島八丈町）』を見ると、“歴代議長”が若干異なっている。村議会の議長であった菊池由之助が総会制に移行したことを理由に、1951年3月31日に退職し、初代総会会長として、菊池昇が就任している（1951年4月1日～1953年9月12日）。二代目が菊池政邦（1953年9月13日～11月20日）、三代目が菊池正（1953年11月21日）、四代目は氏名記載なし（1955年3月31日）となっている。三代目は、就任日が記載されているが終了日が不明であり、逆に、四代目は就任日が不明で終了日が記載されている。

　二つの資料の歴代会長名は異なっているが、『昭和28年3月市町村台帳』の氏名記載のない四代目は、後述の会議録を見てもその他の資料を見ても、菊池政邦で間違いないと考えられる。[20]

　任期については、議長・副議長であればその任期は議員の任期となるが（地方自治法103条2項）、会員には任期がないので不明である。ただし、これらの資料を見る限り、在任期間は最短が約2ヶ月で最長が約2年5ヶ月位である。この点、役場に保管されている『昭和28年3月市町村台帳』の「東京都八丈島宇津木村」の表紙部分において、鉛筆の手書きで“会長・副会長任期？”と書かれていることから、宇津木村の資料を引き継いだ八丈町役場も任期を把握して

いなかったと考えられる。

また、『昭和30年度　総務局　総務67』内所収の「特別職（昭和30年3月1日現在）」によれば、村民総会会長の任期満了年月日が1957年9月12日となっている。この通りだとすれば、先の「職員調査票」の「調査票(2)」に照らし合わせて計算してみると、会長任期は4年ということになる。ただし、この任期は、宇津木村の条例によるものなのか、合併協議の結果出されたものなのか、あるいは、地方自治法を参考にされたものなのかはわからない。

2）　副会長

先の「職員調査票」の「調査票(2)」によれば、"歴代副議長"は、A．菊池行雄（在任期間1年4ヶ月）、B．菊池実（在任期間6ヶ月）、C．菊池正（10ヶ月）とされている。これも計算してみると、A．は1953年4月まで、B．は1953年5〜10月、C．は1953年11月〜となっている。

これに対して、『昭和28年3月市町村台帳』は、議会制の副議長である菊池昇が組合長に就任したためこれに代わり、1951年4月1日から、菊池行雄が就任したと記されている。しかしこれ以上の記述はない。

また、先の「特別職（昭和30年3月1日現在）」によれば、副会長の任期満了年月日が1957年11月20日となっている。この通りだとすれば、先の「職員調査票」の「調査票(2)」に照らし合わせて計算してみると、副会長任期も4年ということになる。ただしこちらも条例などによるものなのかどうかはわからない。

3）　会　員

『昭和三十一年度庶務書類　八丈町役場総務課』の中の「第8表A　合併前後における職員数の増減調」の「合併直前の宇津木」では、合計33人中、会員24名、教育委員会4名、選挙管理委員会3名、三役1名、一般職員（吏員）1名となっている。

また、『昭和二十九年庶務書類綴No.3　宇津木村役場』内の調査票(2)の「2．職員数調（昭和29年9月1日現在）」の注意書きとして、"特別職"の「実員」は本村は総会制であるので選挙権を有する者全部の数である。その内村長

１名、教委４名、選管３名　総会々員（有権者）32名でその内職員は左の通り
である。村総会々長１名副会長１名である。"と書かれている。
　前者の資料では、役職についてない会員数が提示され、後者の資料では、役
職についている会員も含めた上での会員数が提示されていると考えられる。

（５）総会構成員の給与

　『昭和30年度　総務局　総務67』内所収の「特別職（昭和30年３月１日現在）」
によれば、村民総会会長の年棒は1955年３月１日現在、1500円、副会長は1000
円であった。ちなみに、大賀郷村議会議長の年棒は6600円、副議長は3300円、
八丈村議会議長は年棒４万円、副議長は３万5000円であった。この点、『昭和
二十九年庶務書類綴 No. 3　宇津木村役場』内の「㈢ 特別職の職員の給与に
関する調」では、1954年５月１日現在、月額給与は、総会会長が125円、副会
長が100円となっている。計算してみると、会長は年額1500円、副会長は1200
円となるので、先の資料とほぼ同じ額である。副会長の給与額が異なるのは、
村の年度予算をふまえて、給与額が変更されていると考えられるが、この開き
の理由が具体的に何かは不明である。ちなみに、教育委員会458円、選挙管理
委員会292円、三役１万4400円、一般職員（吏員）が１万1880円である（それぞ
れ月棒）。
　会員の給与については、『昭和三十一年度庶務書類　八丈町役場総務課』内
の「第８表Ｂ 合併前後における給与総額（月額）の増減調」の「合併直前の宇
津木」に記されており、それによれば、合併直前の全会員（24人）[21]の給与総額
（月額）[22]は1059円である。ちなみに、大賀郷村の全議員（14人）は２万5900円、
八丈村の全議員（26人）は６万6250円である。細かい分析はしていないが、給
与額の差だけを見てみると、村民総会の方が安上がりであることがわかる。ま
た、『昭和二十九年庶務書類綴 No. 3　宇津木村役場』内の「㈢ 特別職の職員
の給与に関する調」にも会員給与が記されているが、会員34名分合計が850円
と書かれている。その脇に"25円"と書かれ二重線で消された跡があるがこれ
は会員一人あたりの月額給与と思われる（この会員欄のはじに、「当村は村民総会
制で有権者は全部会員である」と書かれている）。さらに、『昭和28年３月市町村台
帳』によれば、会員4800円と書かれている。今までの流れからするとこれはお

第2章 地方自治法下の村民総会の具体的運営と問題点

そらく全会員給与の年総額と思われる。

これらの資料から理解できることは、年度毎に会員の給与にばらつきがあることである。したがって、こちらも村の予算額を踏まえた上で年度毎に会員の給与額に変更が加えられていたのではないかと思われる。

（6）総会費

『昭和30年度　総務局　総務67』内所収の「五．財政(3)予算額調　歳出」によれば、宇津木村の総会費は2万7000円である。ちなみに、大賀郷村は80万1000円、八丈村は191万5000円である。こちらも細かい分析はしていないが、給与額の差と同様、その差だけを見た場合、村民総会の方が安上がりであることがわかる。

（7）議案内容

議案内容は、法的には地方自治法95条の準用規定により96条以下の議会の権限規定に従って検討されていると考えられるが、具体的に資料として残っているものを以下提示することにしたい。

1）職員の給与

各職員の給与が実際の総会にどの程度諮られたのかは具体的資料がないため不明である。ただし、協議会に提出された『庶務書類』内の「職員調査票」の村長菊池俊彦の備考欄に、「~~村長棒給は総会の議を経てその都度定める（給与條令）~~」と書かれている。文字だけを見ると、村長の給料は、給与條令（おそらく、宇津木村有給職員給料額及旅費額支給條例を指すと考えられる）の規定に従って、その度に総会にかけられた重要議題の一つと読み取れる。しかし、その上に二重線が引かれていることは何を意味しているのか現在のところ不明である。

2）教育委員会委員の選任

1953年5月24日付南海タイムス記事によれば、宇津木村では、1952年10月全国一斉に行われた教育委員選挙・それ以後の選挙にも立候補者がいなかった。[23]そのため、1953年5月30日に教育委員会法70条1項に基づき再選挙を行うこと

63

になった。結果、2人無投票当選（4年委員）[24]、更に再選挙を行い1人（2年委員として菊池政邦（25））、残りの1人は村民総会から選出という流れになった[25]。

　この記事から、教育委員会委員も村民総会から選出された例があったことが理解できる。ただしこの流れの中で、問題も生じたようである。これは、1954年1月21日、東京都八丈支庁神原秀男が宇津木村長・宇津木村教育委員長宛に送った、「村民総会選出による教育委員会委員について（通知）」（八総収第216号）という通知から理解することができる[26]。内容は、「貴村民総会から選出の教育委員会委員1名が現在欠員であるが、同委員を総会から選出することについて、疑義が生じ照会中のところ東京都選挙管理委員会事務局長から下記のとおり、文部省初等中等教育局長との質疑応答について回答があったので御了知の上至急選出方処置願います」というものである。

　その中での質疑応答は、「宇津木村においても教育委員会法第7条第3項の規定による教育委員会委員を総会から選挙すべきであるか」、そして「総会において選挙すべきであると解するならば、その被選挙資格は選挙権を有する者であり、任期は総会の決定によるものと解してよいか」という二つの問いに対してどちらも「お見込みのとおりと解する」という回答がなされている。

3)　配給獲得

　1952年8月31日付南海タイムス記事によると、「米よこせと村民總会　宇津木村長の行動不可解」というタイトルの記事があった[27]。

　　小島宇津木村に八月分主食配給がなく54名の村民は總会を開き、配給獲得の爲、菊池行雄氏外六名を代表として主食卸中央食糧協組八丈島出張所へ交渉に渡島して来たが中央食糧では一月から約五ヶ月分の未拂代金（約七萬圓）を支拂わない限り出せないと斷られ支廳に陳情したが、解決されず事情が複雑で配給米をめぐって成行は注目されている。

さらに、村民代表のコメントが載っているのでこれも引用したい[28]。

　　村民は既に代金を小賣店舗（菊池友江）に納入しているが、小賣店主菊池友江さん夫光氏（村長）が前金を受けとり、中央食糧に支拂はないで上京約半年に至るも帰村

第2章　地方自治法下の村民総会の具体的運営と問題点

しないので解決されず、村民總会の決議で妻友江さんと弟二人が光氏帰村要求に上京
したが、應ぜず両人は村民の方が心配で帰って来た、村民は前分は光村長の帰り次第
解決するから八月分だけ村民が責任持つ故渡して欲しいと交渉したがゝ入れられな
かつた。

　この記事から、村民総会において、"A．配給獲得のため議論し、そして代
表交渉者を選出し八丈島に送ること"、"B．上京したまま戻ってこない村長に
対する帰村要求の決議"、を行ったことがわかる[29]。

4）合併について

　合併するか否かも村民総会にかけられている。具体的な内容は後述の二つの
会議録に譲るが、1953年11月8日付南海タイムスの記事に関連すると思われる
記事があったので紹介したい[30]。この記事では、小島は合併にしきりに大反対
し、その理由として、"A．村議選出も困難"、"B．村会への出席も困難"、
"C．結局八丈本島のまま子扱いになるおそれがある"、と合併を反対する理由
が三点あげられていた。ここでは村民総会ではなく小島と書かれているので、
鳥打村も含み宇津木村だけに限定される記事ではないが、唯一残っていると思
われる1955年合併を審議する二つの会議録でも村民総会に諮られているので、
この時点でもおそらく村民総会に諮られ、その結果を鳥打村側と協議した結果
が、記事に示されていると推測される。

（8）会員に対する懲罰

　『昭和29年（第1号）庶務一般書類（宇津木村役場）』内の「地方制度運営状況
等に関する調査について（回答）」（宇庶第11號昭和29年2月25日）の中の「一．議
員の懲罰に関する調」では、地方自治法施行から1953年12月31日まで"該当者
なし"としている。すなわち、1947年からの村民総会以前の議会制も村民総会
以後（1953年まで）も該当者がいないということである。

（9）二つの会議録

　ここでは、現時点で入手できている宇津木村民総会の二つの会議録を分析[31]

65

し、この総会の具体的進行がどのように行われたのかを把握したいと考える。二つの会議録とは、1955年3月23日とその一週間後の3月30日に行われた村民総会を記録化したものである。議事内容は、宇津木村、大賀郷村と八丈村（1954年10月1日に合併し誕生）との合併に関するものである。以下では、それぞれの会議録をわけて整理していきたいと考える。

1）　1955年3月23日会議録

A．招集場所

宇津木村役場内

B．出席会員

氏名の前に会員番号が与えられている15名の会員（例えば、1番○○、5番□△など）、そして会長（菊池政邦）と副会長（菊池正）の合計17名が、今総会の出席会員である。

C．欠席会員

13名の欠席会員がいるが、一人以外は氏名も会員番号も略されている。

D．会議事件

今総会で諮られた会議事件は5つである。

一．村の廃置分合に関する処分並に町制施行に関する処分申請について

二．議員の任期定数の特例を定めることについて

三．農業委員会委員の任期定数の特例を定めることについて

四．教育委員会委員の任期定数の特例について

五．財産処分の協議について

E．会議事件説明のための出席者

地方自治法121条に基づき会議事件説明のため村長（菊池俊彦）が招致されている。

F．書記

書記は菊池隆盛が務めている。

G．会議の流れ

まず、会長による会議の宣告が行われ（午前10時50分）、読会を省略した上で審議に移行する旨が告げられている。次に、当初の合併計画である八丈

一島一村の合併が実現する事に対する村長の喜びのあいさつ、そして、当村の如き弱小村はこの機会をのがすことなくこの合併がつつがなく終了する様会員の皆の協力が必要であるとの村長による説明。続いて、一号から順に審議・議決が行われている。審議は会長の会議指揮の下、議案毎に会員による発言がなされ、議決は異議がないか否かあるいは原案賛成か否かという形で行われている。今回の審議で発言した会員は、六人いるが（全会員による「異議なし」や「原案賛成」は除く）、その中でも13番・15番・副会長の発言数が圧倒的に多い。会員の発言数19の内、全会員の「異議なし」と「原案賛成」が５、13番が３、15番が５、副会長が３、５番・12番・21番がそれぞれ１である。発言内容は、基本的に賛成であるが、宇津木村の事情を踏まえた上での後の合併関係村との協議が必要との意見が多い。例えば、議員の任期定数の特例を定める件について、合併関係村との協議で検討してもらえればよいが、当村には定数もないから無理だという意見。また、財産処分の協議について、収入方法の道なき宇津木村において、村有の海区岩付サイミ丈での採集を従来通り行わせてもらえなければ死活問題になるという意見。五つの議案を審議議決後、会長が会議録署名人を二名指名推薦し議決を採っている。異議がなかったため、副会長と15番が署名人になり、午前11時57分、総会閉会が会長によって宣告される。

2) 1955年3月30日会議録

A. 招集場所

宇津木村役場内（場所は前回と同じ）

B. 出席会員

13名の会員、そして会長と副会長の合計15名が、今総会の出席会員である。今回は前回出席者の内、三名が参加せず。逆に、前回欠席者の中の一人が参加。

C. 欠席会員

13名の欠席会員がいるがここでも一人以外は氏名も会員番号も略されている。

D. 会議事件

一．新町建設計画を定める件

E．会議事件説明のための出席者

地方自治法121条に基づき会議事件説明のため村長職務代理書記（菊池隆盛）が招致されている。

F．書記

書記は、前回出席会員の一人であった菊池忍が今回は会員としてではなく臨時書記を務めている。

G．会議の流れ

まず、会長による会議の宣告が行われ（午後7時10分）、読会を省略した上で審議に移行する旨が告げられている。次に、協議会において審議提出した新町五ヵ年建設計画に対し都知事の意見があったことからそれを考慮に入れた上での審議をお願いする旨の村長職務代理書記による説明が行われている。続いて、審議・議決が行われている。審議はここでも会長の会議指揮の下、議案に対し、会員による発言がなされ、議決は異議がないか否かあるいは原案賛成か否かという形で行われている。今回の審議で発言した会員は7人おり（発言数7）、それぞれ一つずつ発言している。発言内容は、意見を提示している者もあるが全員が賛成意見である。審議議決後、会長が会議録署名人を二名指名推薦し議決を採っている。異議がなかったため、12番と22番が署名人になり、午後9時40分、総会閉会が会長によって宣告される。

4．元・村民総会会長に聞く

　以上、残存している資料から村民総会の輪郭を把握してみた。このことから、村民総会設立理由、歴代会長・副会長や彼らの給与、いくつかの議事内容、総会の具体的進行など断片的に把握できた。しかし、具体的に不明な点はまだまだ多い。例えば、読会のこと、傍聴者の存在、会員の具体的な召集方法、上記以外の議事内容、会場内のより具体的な議論状況など。そこで関係者に話を聞くことで、これらの内容を補足し、あるいは異なる点を明確にしたいと考える。

第2章　地方自治法下の村民総会の具体的運営と問題点

　以下は、宇津木村民総会最後の会長であった菊池政邦氏から聞き取りを行っ
たオーラル・ヒストリーの記録である[32]。この聞き取りの記録は、2010年4月29
日午後1時から約三時間にわたり、菊池政邦氏の自宅で、私が同氏から村民総
会の話を聞かせていただいたものである（政邦氏の奥様も参加[33]）。会話内容は、
宇津木村の話だけでなく廃村後の政邦氏の人生や最近の八丈町・八丈支庁の話
に至るまで多岐に及んだ。以下示す内容は、それらの中から村民総会及びそれ
に関係する部分を整理抜粋している。

（1）総会の手続について（―は筆者、会長は菊池政邦氏）

―　　八丈島各村合併促進協議会に提出した「条例・規則目録」の中に宇津木
　　村民総会定例会条例と宇津木村民総会会議規則が記入されていました。この
　　条例や規則の原本か何かを持っていますか？　なければその内容を覚えてま
　　すか？

会長　　持っていないですね。内容はどうだったかな。

―　　この二つがあるとかなり宇津木村民総会の輪郭が見えてきたと思うので
　　すが。1955年の合併によって、宇津木村から資料を引き継いだはずの八丈町
　　役場にも現在これらの資料が残っていないようです。覚えている範囲で構い
　　ませんので、いくつか質問に答えて頂けたらと思います。総会は一年でどれ
　　くらいの割合、開催されていたのでしょうか？

会長　　年二回ほどかな。

―　　一回あたりの開催時間はどれ位ですか？

会長　　1時間位だったかな？　総会の会議録にもそれ位って書いてなかっ
　　た？

―　　そうですね。二つの記録では、1～2時間位ですね。通常の総会以外に
　　臨時会の開催などはあったのですか？　会員の要望とかで。

会長　　したことないな。

―　　総会開催は誰がしたのですか？

会長　　村長が通達したんですよ。

―　　会員の召集方法は、召集状を出すとかの方法ですか？

会長　　そんなことはしていないな。一軒一軒歩いて伝えにいったよ。そんな

69

に戸数も多くないから。二十分位かな。

――　会場はどこですか？　選挙や行事があると小学校が使われていたようで³⁴⁾すが、総会も小学校ですか？　校舎が中学校と一緒の。

会長　そうですね。小学校ですね。私が会長やっている時に他でやった覚えはないな。

――　総会の会員は誰がなったのですか？　村長とかもそうですか？

会長　有権者がなったね。村長もそう。人数が少なかったからね。

――　定足数はどれ位ですか？　例えば、合併の可否について記録されている二つの会議録では、17対13、15対14となっていますけど、どちらも過半数は超えています（”対”で挟んだ数字の部分は前者が出席数、後者が欠席数）。やはり過半数が条件ですか？

会長　そんなことはないですね。過半数を超えていなくても開催しましたよ。定足数は関係なかったと思うけど。

――　会員ではない人、例えば、未成年者は総会を傍聴できたのですか？　総会における傍聴人規則があったのか、あるいは、先の村民総会会議規則に書いてあるのかわかりませんが。

会長　実際の総会において傍聴はなかったね。

――　傍聴自体を認めていなかったのですか？

会長　認めていなかったわけではないですよ。

――　会長はどのように決まったのですか？

会長　総会でお前がやれと推されて、総会に諮られて決まったのですよ。

――　会長の任期はどれ位ですか？　条例で定められていたのですか？

会長　条例では任期を定めていなかったはず。

――　色々なことが総会で議論されていたと思うのですが、総会への議案は誰が提出していたのですか？

会長　やったことないな。総会を開催して、その中で案を練ってそれらを整理して決めていきましたよ。

――　読会は行いましたか？　二つの会議録では「読会を省略し直に審議に移る」というくだりがあるのですが。

会長　あまりやった覚えがないな。

第2章　地方自治法下の村民総会の具体的運営と問題点

――　議案はどのようなものがあったのですか？

会長　村のことですね。あらゆることをやりましたよ。

――　総会では村長や書記の給料も決めていたのですか？　会長の給与に比べると彼らの給料はかなり高額ですが。会長は年棒1500円なのに対し村長は月俸14100円です。年棒と月棒の違いもあり、かなり給料に開きがありますが。

会長　給料についても総会で決めました。村長の業務は多岐に亘っていたからね。これくらいにしましたよ。

――　会員に給料を支払うということはあったのですか？

会長　払ったこともあったんじゃないかな。合併の話合の時は、交付金が出たからそれを会員にも配分したと思うよ。

（2）総会のモデル

――　ところで、総会自体にモデルはあったのですか？　例えば、箱根の芦之湯村（現在の神奈川県箱根町）では宇津木よりも先に公民総会が行われていました。伊豆諸島も芦之湯村があった静岡県に組み込まれていた時期があったので、何らかの影響や関係性があるのかなと勝手に推測していたのですが。[35]

会長　いや全くないですね。

――　そうすると、独自の発想であるということですね。

会長　そうです。

（3）総会設立の理由

――　それではなぜこのような独自の発想が出たのでしょうか？

会長　18歳の時戦争が終わって、暴力のひどさを感じました。日本の体制が民主主義社会に変わったことがあげられますね。

――　具体的には？

会長　宇津木村では1947年まで名主制が存在していました。当時の名主はワンマンな権力者で、教育熱心なところもあったのですが、名主の名の下において、あらゆることが決められ村民たちはそれに従わされていました。封建社会ですよ。

――　総代がいたと思うのですが。

71

会長　総代も言いくるめられていました。

──　名主制が廃止されて議会制が採用されました。議会制は機能したのですか？

会長　議員は有力者がなっていました。やりたい放題でしたよ。年取った人たちは恐いから何も言わないしね。いいなりですよ。村長も、名主の息子がなってね。こいつもワンマンでね。

──　南海タイムスで、その村長について書いてあるいくつかの記事を見つけました。例えば、1949年8月14日のもので、「光村長、横領で起訴　署長支廳長事件は近く處分か　三大事件に地檢の斷」という見出しで、さらに続いていくつかの関連記事もあるのですが、それらは村長の公金横領・主食の横流しなどの記事が示されていました。[36]

会長　大新聞にも載りましたよ。

──　あと、南海タイムス1952年8月31日の記事「米よこせと村民總会　宇津木村長の行動不可解」[37]では、村長が村民たちが支払った配給用のお米の前金を主食卸中央食糧協組八丈島出張所には支払わず、上京して半年たっても戻ってこないとあります。村民たちが食糧に困り、村民総会を開きその代表団が八丈島に赴き配給の相談をしているとのことが書かれていました。

会長　そのようなこともありました。

──　私はこの二つの事件を南海タイムスさんの記事から読んで、このような村長権力を抑えるために、村民総会が設立されたのではないかと勝手に推測したのですが。

会長　名主制の名残が、民主主義体制に変わった戦後においても、宇津木では存在していたのは事実です。ここでは事実上封建社会のままでした。話合よりも手が出る。言う事の聞かない者には暴力をふるう。年取った人たちは名主の言うことを聞く。村の予算が大赤字だが、帳簿の記載がないため不明であったり、補助金の用途が不明であったり。例えば、名主の時代には、名主が教員の給料をピンはねしたけれども、離島振興の影響で教員に直に給料が行くようになりその実態が明らかになってきたことなどもあります。とにかくそういった中で、私と菊池俊彦で若い人たちがなんとかせねばと立ち上がったわけです。

第 2 章　地方自治法下の村民総会の具体的運営と問題点

―　　俊彦さんは宇津木村最後の村長の方ですか？

会長　　そうです。私と俊彦で村長を総会にかけて辞めさせました。

―　　要するに、村長を首にするため、二人が結託し、後に総会にかけてやめ
　　させたと。すなわち、宇津木村内において事実上の封建社会から民主主義社
　　会への転換を目指した結果が村民総会設立へと至ったと見てよいわけです
　　ね。

会長　　そうです。

―　　その理由は、何よりも理不尽な暴力にあると。会長が名主制の下におい
　　て経験したこと。貧乏な家ということで小学校では何もさせてもらえず、そ
　　して教員にも差別を受け授業を受けさせてもらえず、一日中、木のミカン箱
　　の上で座らされていたこと。教員が変わり小学校 5 年の時だけ勉強ができた
　　こと。勉強できることがあまりにもうれしくて一年かけて行う内容を一ヶ月
　　で終わらせたこと。小学校 6 年時から横浜での 6 年間に亘る年季奉公での経
　　験。年季奉公先の町工場では殴る蹴るは当たり前、小遣いもほとんどないし
　　真冬の雪の降る中でもランニング一枚で着る物すら買ってもらえない、アカ
　　ギレが絶えることのなく痛いなんてものではない経験。一度だけどうしても
　　祖母に会いたくて、何度か失敗して一ヶ月かけて抜け出して芝浦から船に
　　乗って会いに行ったこと。あまりの空腹で船長にとこぶしとごはん一杯をめ
　　ぐんでもらい、今でもその味は忘れられないとのこと。続いて、戦争体験。
　　そして、戦後宇津木での変わらぬ封建的な世界。これらの理由が、すべて重
　　なっているわけですね。

会長　　そうです。

―　　会員たちの意識転換はどのようにして起こったのでしょうか？　総会を
　　開いてもなかなか話合がうまくいかないと思うのですが。

会長　　初期の総会はそうでした。みな有力者の言いなりで、名主の一族が幅
　　を利かせていました。彼らは金持ちで権力者でした。口よりも手が出る。し
　　かし、村長が起訴されたことをきっかけに、皆も暴力がいけないことだと気
　　づくようになりました。[38]その後、話合が徐々にうまく行くようになったわけ
　　です。

―　　そういう状況なのに、彼らは総会に参加してくるのですか？

73

会長　　はい、総会には必ず顔を出していましたね。

——　　彼らがいることで総会を運営すること自体大変だったと思うのですが、何か工夫とかはされていたのですか？

会長　　私が会長時には、できる限り彼らを指さないようにしました。

（4）合併による村民総会の終焉

——　　1955年4月1日八丈町誕生により、宇津木村が廃村、すなわち村民総会自体もなくなったわけですけど、どうしてですか？　1954年10月1日に5ヶ村が合併して八丈村が誕生していますが、その時大賀郷と宇津木は反対しています。

会長　　大賀郷に従ったんですよ。大賀郷がしないから宇津木もしないということです。[39] 大賀郷は新しい役場を設立する位置でもめましたからね。

——　　他にはありますか？　都側からの反応とか。

会長　　都から合併しないなら、補助金は出さないといわれました。村民税は全くない状態でしたからね。調査された資料の中にはありませんでしたか？おそらく、村民からの税金は0と書いてあるはずです。村政は補助金頼みでしたからね。だから、合併せざるをえなくなる。反対はありませんでしたよ。

——　　二つの会議録には総会に参加していない人がかなりいますが、合併反対の意思表示としての不参加というわけではないのですか？

会長　　違います。不参加の人々も、会長に従うとのことでした。会長に全権委任しますと。

——　　仕事か何かで参加できなかったのですか？

会長　　そうです。

　　以上が菊池政邦氏とのやりとりである。最後に「村民総会は良かったですか？」と聞くと「もういいです」という小さい返答が帰ってきた。というのも政邦氏は、親の代から多大な借金があったことから、合併を機に村政との関わりを断ち、その後は、大工や機関士など様々な職業を行い朝から晩まで働き続けたという。合併後も教育委員の任期が残っていたがこちらも参加していない

という。政邦氏は、80代とは思えないほど壮健な体格（片手がいうことをきかなくなってきたと述べられていた）で眼光鋭く、こちらが質問した内容に対してほぼ明確にそして即座に回答してくれた。

５．村民総会設立の出発点——法制度なき村政（名主制度）はなぜ設けられたのか?

資料を通じて、そして元会長のオーラル・ヒストリーを通じて輪郭が少しながら見えてきた。この会長の発言をふまえて、改めて、「３．⑵ 村民総会設置理由」でふれた南海タイムスの記事に示されている理由を再検討したい。理由は主に「①最近になって村会議員（定員４名）や村民の転出が目立って多くなったこと、②村会議員の改選を目前にして議員の適任者も少なくなってきていること」であった。この②に示される "議員の適任者" の意味の捉え方によって、人口減や議員の成り手不足といった消極的な意味に捉えることもできるし、政邦氏が述べたように積極的な意味に捉えることもできる。

菊池政邦氏の話によると、地方自治法下において村民総会を設置した理由は、①名主制度の存在、②戦後宇津木村における名主制度の残滓、③戦争、④政邦氏が体験したその他の様々な封建的な社会をあげることができる。

しかしこの中で何よりも検討されなければならないのは、この村民総会の出発点が国や都といった公権力の島に対する無関心さ、それを笠に着た村内の有力者たちの支配にあったという点である。この点、政邦氏は八丈島内の庁舎を例に取り上げしきりに現在の豊かな都政と貧しい町政のギャップについて話をしていた。このことは、自分の経験に加え、近代化の波にも乗れず、日本で初めて有人島から無人島にならざるを得なかった八丈小島の1969年引揚げも意識された上で話をされていたかもしれない（この引揚げに関しては、第４章）。

要するに、政邦氏が体験した八丈島の属島として位置づけられる八丈小島の中の宇津木村に対する都・国の無関心な政策は、島（場所）こそ違えども、八丈町で生活するようになっても変わっていないということを示す言葉だったかもしれない。しかしこれは憶測の域を出ない。また、宇津木村内の名主制度の具体的内容を示す資料も手許にはない。ここでは、①②の点に注目し、1947年まで存在した法制度なき村政（名主制度）がどのように設定され継続されたの

75

かについて検討してみようと考える。

（１）伊豆諸島の管轄・制度概略史

　宇津木村の名主制度を考える場合、伊豆諸島全体の地方制度が明治以降、国・都側にいかに位置づけられてきたか把握する必要がある（ただし、ここでは原則として八丈島と小島を中心に紹介する）。[40)41)]

1)　管　轄

　明治以降の伊豆諸島の管轄は、版籍奉還により韮山縣（1869年6月29日）、足柄縣（1871年11月13日。廃藩置県で韮山縣と小田原縣が合併）、全縣・郡大統合の際、静岡縣（1876年4月18日）、東京府（1878年1月11日）とおおよそ十年でめまぐるしく変化している。このような所管変更の話は、『南海タイムス』や伊豆大島の『島の新聞』[42)]を見る限り、戦後昭和20年代まで繰り返し繰り返し登場し、伊豆諸島民を悩ませ続けてきた。

2)　名主制度

　次に、このような管轄の変遷において、名主制度はどう位置づけられたのだろうか。この点を考える出発点になるのが、1872年である。すなわち、ここで江戸時代から続いていた地役人、名主、年寄等の制度が一旦廃止され、地役人は戸長、名主は副戸長という名称に変更されているのである。

　この理由は、「江戸時代の名主制度は、因習久しく弊害も積つていて、改革政治を行うためには、根本的な革新が必要であった」[43)]からである。

　しかし、東京府移管後の1881年4月18日、以下の郡区編制法の例外規定が設けられ、再び名主制度が復活することになる。

　　伊豆七島ハ郡区編制法ノ外トナシ、其地区名称等現制ニ据置候条、此旨布達候事（甲第五拾壱号）[44)]

　その後、1888年6月27日、町村制の下においても、伊豆諸島では法制度としては位置づけられない名主制度が実施されてきた。

第2章　地方自治法下の村民総会の具体的運営と問題点

　そして、八丈島年寄が廃止されたり（1889年1月10日）、島役所に変わり八丈島島庁が設置され島司が置かれたり（1900年4月）したが、一番の変化は島嶼町村制が施行されたことである（1908年10月1日）。八丈島の地役人は消滅、各村の名主は「村長」、年寄は「議員」と呼称が変更された。しかし、八丈小島の宇津木、鳥打村が島嶼町村制施行地域から除外され、名主制度が継続することになる。

　その後、郡役所廃止に伴って島庁は廃止され、東京府八丈支庁が設置される（1926年7月1日）が大きな転機になるのは、1940年4月1日である。この日から、八丈島の各村と青ヶ島村では島嶼町村制が廃止され町村制が施行されることになったからである。それに対して、宇津木、鳥打村は今回も町村制施行地域から除外され、名主制度が継続することになっている。[45]

　八丈小島に対するこのような扱いが変わるのは1947年10月1日に地方自治法が施行されるようになってからである。ここで初めて宇津木、鳥打村は普通地方公共団体として執行機関、議決機関を有するようになり名主制度が廃止されたのである。すなわち、この時期まで法根拠を有する自治制度を持たず、単に名主の下に寄合規約を設けて村治を行ってきたのである。[46]ちなみに、地方自治法下のこのような状況が続くのは、鳥打村は1954年10月1日、本島内の三根、樫立、中之郷、末吉との五ヶ村が合併して八丈村が誕生するまでであり、宇津木村は、1955年4月1日、八丈村、大賀郷村との三ヶ村が合併し八丈町が誕生するまでである。

3)　地方自治法施行時の八丈小島

　1947年10月13日付南海タイムスの記事は、小島に地方自治法が施行されることを細かく紹介している。当時の状況を知る資料であるのでそのまま引用することにする。[47]

　　日本最終の名主制度であった小島にも新憲法に基き従来の名主制度を廃して新たに地方自治法が施行されることになり、かねてから両村名主始め四名の総代は村民とともに鋭意準備中であったが、この程漸く成案を得たので9月25日宇津木村、26日鳥打村に於てそれぞれ村民総会を開き大綱を決した。席上両村とも支庁から指示のあった

77

両村合併小島一村案に対し慎重な協議検討を続けたが、結局、①道路険悪による交通不十分、②それに伴う村政各般に及ぼす悪影響、③たとへ負担が増そうとも単独でやると言ふ村民の意思、④単独でも財政其の他村運営は大丈夫だ。

　この四点により今迄通り鳥打、宇津木の二ヶ村でやることに決し、十月一日を期して新政面に向った。此の転換により最後の名主制度は遂に終止符を打ったわけである。特異な立場と存在とにより八丈島民からすらも忘れ勝ちであった小島も、地方自治法の施行により一般同様の恩恵と、猫額の天地に姑息因循することなく舊套を突破ってたくましい息吹が挙げて活躍出来るのである。鳥打、宇津木両村の健実な歩みを祈ってやまない。

　この記事で関心を引く点はまず、村民総会という言葉が使用されている点であるが、これは本章で議論しているものとは異なると考えられる。次に、四つの事情により、二ヶ村は合併に反対しそれぞれの村で地方自治を行うこと、さらに、八丈島から忘れられがちであった八丈小島の存在を示す記者の指摘である。

（2）島嶼町村制と町村制の違い

　以上の整理をふまえてまず考えなければならないのが、1940年まで伊豆諸島のほとんどの島で適用されていた島嶼町村制とはいかなるものか、ということである。例えば、『伊豆諸島東京移管百年史上巻』に所収されている、1936年の調査を下にまとめられた「八丈諸島略史」では以下のように記されている。[48]

　　本島五ヶ村には島嶼町村制が施行せられ、村長、収入役、書記及村会議員等が置かれてゐるが、本土の一般町村に比して自治権の範囲が極めて狭小であり、又住民の公民権も著しく制限せられてゐる。例へば、島嶼町村に於ては現在尚制限選挙制が採用せられ普通町村内に於て直接国税を納むる者でなければ選挙権が与へられない。又村長及収入役は支庁長の具申により知事が任免することとせられ、更に村会の議決も軽易なるものは書面によることも出来、異議の決定は村長の権限に属してゐる。又村の監督も支庁長を第一次の監督官庁とする三級制である。其の他行政上の救済手段等に於ても本土の一般町村に比すれば不十分である。

　　……属島には未だ島嶼町村制施行せられず、宇津木村、鳥打村及青ヶ島には、現在も名主各一人が置かれ、これによつては村内一切の事務が掌られている。

　　次に八丈島には衆議院議員選挙法は施行されてゐるが、島民は未だ府会議員の選挙

第2章　地方自治法下の村民総会の具体的運営と問題点

権を持つていない。

　この資料からわかることは、この地域では、本土において普通選挙が実施されている当時、制限選挙制が採用されていたことである。それに加え、島民が府会議員の選挙権を持っていないこと、そして村長は支庁長の具申によって知事が任免するとなっており村民が選ぶものではないことも理解できる。

（3）1939年文書[49]

　それではなぜこのような島嶼町村制が敷かれたのか。これは「特殊な事情」によるという一語につきる。実は、八丈小島の村に名主制度が敷かれた理由も同じ理由なのである。

　ここでは、伊豆諸島の大部分の島にとって一大転機となった1940年島嶼町村制の廃止を理由づける1939年資料から検討してみることにする。

1）　町村制施行地域とその理由

　まず島嶼町村制の枠組みから外され町村制が施行される地域について検討してみよう。『文書類纂　昭和十五・十六年　第永久種　第四類地方行政第二節行政監督』内の「島嶼制度改正理由」ではその理由として、"A．島嶼ニ於ケル自治訓練ノ充實セルコト、B．教育ノ普及徹底セルコト、C．商業ノ發達セルコト、D．島村民ガ制度改正ヲ熱望セルコト"の四点をあげている。

　理由A．「島嶼ニ於ケル自治訓練ノ充實セルコト」は、伊豆七島に限定して述べられているが[50]、名主制度時代も含め島治制度が設けられてから50年以上、島嶼町村制が施行されてから30年以上経過し、これらの特殊制度の下に自治行政を行ってきたが、現在、自治権の完全なる付与を要望してやまなくなっていること、すなわち、それは現在に至るまでの長い期間を隔てて各自の経験により生じたる信念であり自治訓練の充実せる証左となるというのである。また、衆議院議員選挙法が施行されて50年間訓練を重ねてきたこと、そして、役場事務も本土町村と何ら差異なき成績を収めていることもあげられている。

　理由B．「教育ノ普及徹底セルコト」は、伊豆七島と小笠原島において、初等教育の普及充実が著しいこと、各村に青年学校が設置され青年の訓練が行わ

79

れるようになったこと、青年団や教育会の組織が島民の教育向上に努めたことなどから、教育の普及の度合いが著しいものとなったとしている。

理由C.「商業ノ發達セルコト」は、伊豆七島や小笠原島において、主要産業は農漁業で副産業が畜産業・林業・養蚕業であるが、ここ五年間の島内交通の急速な発展と良き指導による進歩により、府下三多摩郡の一戸当たりの生産額と対比しても遜色なくなってきたことをあげる。そして、温暖な気候であり近海が好漁場を有しているため、現在の島村財政だけでは十分な発達を図ることはできないから、島民による府費の負担と同時に府費を以てこれらの産業発展のための施設を作ることが最も緊要の課題であるとしている。

理由D.「島村民ガ制度改正ヲ熱望セルコト」は、現行島嶼町村制下にて公民権や選挙権の著しき制限を受けて本土町村民に比べ甚だしく差別的取扱いは受けているが、各島の自治、産業、教育、交通等本土町村となんら劣る所はないため、完全なる府民としての権利を享有し義務を負担することを熱望し繰り返し陳情や請願を提出したことにあるとする。

2) 町村制施行除外地域とその理由

要するに、除外された島々はこれら四つの理由にも該当しない部分があるから、除外されたのであるという風にも読み取れる。

この点、先の『文書類纂』内の「島嶼制度改正理由」は以下のように述べる。

　　……八丈島中小島（宇津木村、鳥打村）及鳥島ハ其ノ人口二四人乃至一九五人ノ少数ニシテ八丈本島トノ交通モ僅ニ一ヶ月一回ニ過ギズシテ之等諸島ニ對シ府縣制並ニ町村制ヲ施行スルハ府會議員選舉及府税徴収其ノ他制度施行上時期尚早ト認ム、又小笠原島中北硫黄島及南鳥島ニ於テモ人口僅ニ五人乃至百人ニ満タズ交通モ極メテ不便ナルヲ以テ八丈支廳管内小島及鳥島ト共ニ當分ノ間従前ノ例ニ依ルヲ適當トス

この資料が述べているのは、要するに、これらの地域はA. 人口が少ないこと、B. 交通が発達していないこと、を理由として府県制・町村制施行地域から除外されるというのである。

当時、普通町制に移行する伊豆諸島小笠原諸島で最も人口数が少ないの

が、利島の利島村であり、72世帯321人である。戸数が最も少ないのは新島の若郷村の68世帯（人口数476人）。小島と同じく八丈島の属島と位置づけられる青ヶ島は95世帯452人である。これに対し、小島の宇津木村19世帯（114人）、鳥打村29世帯（105人）、鳥島6世帯（24人）、北硫黄島18世帯（92世帯）、南鳥島1世帯（5人）であった。

東京との交通については、小島が月1回、鳥島が年4回、北硫黄島が年6回、南鳥島は記述なしである。しかし、青ヶ島が月1回年2回、母島年8回、硫黄島年6回という点から考えると、交通回数を理由とするのは本当かと疑いたくもなる。

この点、『文書類纂』内の「八丈島ノ一部及小笠原島ノ一部ニ對シ當分ノ間府縣制並町村制ヲ施行セシメサル理由」には、除外された地域がなぜ除外されたのか、先の理由（①人口が少ないこと、②交通が発達していないこと）に加えより細かな理由が書かれている。

例えば、八丈小島や鳥島は従来島嶼町村制が施行されず"名主及寄合規約"の下に村治を行ってきたこと。北硫黄島や南鳥島は「人口僅カニ五人乃至百人足ラズ本土トノ交通ハ極メテ不便ノ状況ニシテ到底一村ヲ形成スルノ資力無キモノト認ムル」と述べられており、村を形成するレベルではないことが理由となっている。

除外された地域においても、四つの理由に該当する地域はあると考えられるし、逆も考えられる。先に示したように、青ヶ島も八丈小島と同じように名主制度がずっと行われてきたし、これらの線引きの基準がいまいちよくわからないのがこれらの資料を読んだ私自身の感想である。また、八丈小島が名主制度を長い間行ってきたから町村制や府県制を施行しないというのは、国や府の無関心が引き起こしたことであって、それを八丈小島の村民に責任転嫁する発言はいかがなものかとも思う。[51]

（4）東京府内務部農林課の調査

しかし、1939年文書の見解は正しいのであろうか。この点、1928年7月、東京府内務部農林課が行った調査によれば、調査資料内の「町村制施行上ニ留意スヘキ事項」のところで以下の異なる見解が出されている（小島部分の下線部は

筆者⁵²⁾）。

> 　八丈島ニ町村制ヲ施行スル場合ニ小島、青ヶ島、鳥島ノ三島ヲ如何ニスヘキカハ一
> ツノ問題ナルヘシ、現ニ此等三島ニハ島嶼町村制スラ施行セラレス惟フニ右三島中鳥
> 島ハ僅カニ一二戸数人ノ住民ヲ存スルノミ夫レモ永住的ノモノナリヤ否ハ疑ハシキ程
> 度ナルヲ以テ之ニ町村制ヲ施行スル必要ナキカ如キモ又一面ヨリ考フレハ斯ノ如キ地
> 域ハ之ヲ町村制施行ノ区域ト為シ便宜最寄町村ノ一部ト為スモ支障ナシ而シテ地理的
> ニ見テ政令傳達等不可能ナルコトハ已ムヲ得サル処ナリ、次ニ青ヶ島ハ別項所載ノ如
> ク離島航海増加ノ必要ヲ力説セラルル位ニシテ八丈島トノ間僅ニ三十七海里ニシテ大
> 島管下碁布スル島嶼ノ関係ニ異ナラス之又一村トシテ町村制ヲ施行シテ可ナルヘク小
> 島ノ如キハ八丈島ト一葦帯水ノ間ニ在リ、町村制施行区域トスルモ何等不可ナシ、唯
> 町村制施行ヲ機トシテ二村ノ合併ヲ勧奨スルコトハ適切ナルヘシ
> 　伊豆七島ニ町村制ヲ施行スヘカラスト為ス論者ハ交通不便文化未開ヲ口実ト為スト
> 雖モ一度実地ヲ視察セハ文化ハ内地大多数ノ山村漁村ト伯仲シ、交通ノ点モ沖縄縣、
> 鹿児島縣ノ各離島間ノ関係ヲ一瞥スルトキハ伊豆七島ニ町村制ヲ施行シ得スト主張ス
> ル何等ノ理由ナキヲ了解セム

　この資料からは、1928年の時点で、1939年文書が八丈小島を町村制施行地域
から除外する理由としてふれている内容はそれほど問題ないとしている。この
資料がもう一つ重要な指摘をしているのは、町村制施行除外地域とする伊豆諸
島に一度でも実地調査に来れば交通不便や文化未開という言葉は出ないという
見解である。要するに、町村制施行地域とそれ以外に分類する見解は、この時
点では調査をろくに行っていなかったということが示されているのである。
　この資料は、合併についても両村が決めるべき問題で強制すべきことではな
いと述べているので引用紹介したい⁵³⁾。

> 　又小島ノ宇津木、鳥打村ノ二村ハ合併シテ一島一村トスヘキヲ信ス、尤村合併ノ如
> キハ之レヲ強制スヘキ事項ニ属セス町村制施行ヲ機トシテ利害ヲ説キ勧誘スルノ程度
> トスヘシ

6．結　語

以上、断片的な資料を整理することで、そして、会長経験者一人ではあるも

のの当事者に話を聞くことで、宇津木村民総会の輪郭が少しは見えてきたと考えられる。特に、二つの会議録、菊池政邦氏のオーラル・ヒストリーは今後さらに資料が発見された場合にも重要な意味をもつと考えられる。

　最後に、私が整理してきた宇津木村の事例をふまえて、現在いかなる町村で町村総会を設置することが可能であるのか、そして現実に町村総会を運営する場合の問題点を提示したい。

　新藤宗幸は自らの著書で、日本における町村総会の現在的意義を述べている。新藤は、まず町村合併による規模の拡大にも限界があることを指摘しつつ、人口の小規模町村の一つの方向性として、地方議会に代わる町村総会の設置を行い、「それによる創意あふれた『まちおこし』『むらおこし』が追求されてよいのではないだろうか[54]」、と述べる。確かに、このような提案は興味深い。例えば、長野県王滝村では廃案にはなったものの議員候補者数や予算の減少を理由に村民総会を設置する条例が提案されているし、条例案が提示されるまでとはいかないがいくつかの村自治体でも議会内外にて大なり小なり議論になっているものもある（最近だと、高知県大川村）。

　しかし法レベルから見た場合、小規模町村に限定することは地方自治法94条の趣旨に反することにはならないだろうか。先述したように、1888年制定の町村制31条は町村総会の設置を「小町村」に限定していたが、1911年の町村制全部改正から1946年の第一次地方制度改革に至るまで、その対象は「特別ノ事情アル町村」になっており「小町村」よりも範囲が広くなっている。さらに、戦後の地方自治法制定へ向けて出された政府原案も旧制度を踏襲しこの部分をめぐる議論があったが、最終的に94条の主語は「町村」となり、現在も改正されずそのままである。このような経緯をふまえてみた場合、戦前の地方制度法とは異なり、現在はあらゆる町村が町村総会を設置可能な条文になったはずである。

　無論、新藤は現実方向性と言っているので上記のようなことは当然ふまえているものと思われる。しかし、新藤が考える人口が小規模な村とはどの位までの最少人数を想定しているのであろうか。この点、町村制制定前の草案では15名以下とか20名以下と規定されているものもあったが、それ以後法条文において具体的員数は明らかにされていない。この草案のように、あまりにも人口が

少ないと、民主主義的に機能しなくなる可能性もあるし、公的職務を兼任せざるをえなくなってくる。これでは公平な運営ができなくなってくるのではないか。

　実際、政邦氏の話通りだとすれば、宇津木村では有権者数の少なさから、議決機関に関与する者が執行機関にも関与していたり、村民総会に至っては定足数も無視して行わざるを得なかったのである。さらに、小規模村であればあるほど、内部は派閥・家柄などを踏まえた階級層に分かれ、より高い地位をもつ者が何らかの形で力を有する可能性も高くなると思われる。実際、村長が起訴されるというきっかけがなければ、事実上の封建的な名主制度は存続し、宇津木村内や村民総会は（政邦氏の言う）民主主義的なものに変貌しなかったかもしれない。その村民総会とて、実際の運用では会長が過去の権力者を指さない工夫をしたというのである。これが民主主義的かというと難しい問題をはらんでいると考えられる。

　私自身、地方自治法の町村総会の規定は日本国憲法の住民自治の理念を体現しているという通説の考え方に従うものの、以上の検討をふまえた上で、これを現実に運営する場合、果たして具体的な設計図・運用はどうしたらいいのであろうか。ある程度の人数を確保できなければ、執行機関との関係も考慮に入れた上で町村総会自体が成立しないという結論は出ているもののそれがどれくらいなのか、この点も含めて今後の検討課題としたい。

　ただ、近年騒がれている過疎化や議員の成り手不足を理由とする村民総会制移行の話は、民主主義の根付きを意識し積極的に導入した宇津木村の事例とは異なるものである。近年の例に関しては、憲法が描く住民自治を実現すること、すなわち、地域の政治が住民の生活と直結することを知ってもらい、議会や長が住民との密接な接点を持ち政治への住民参加を促す努力をすることなど、住民の意識を醸成させることが何よりも必要なのではないだろうか。「仏作って魂入れず」ではないが、いかに優れた制度を作っても"魂"の部分がなければ、どれも機能しないのである。議会制を維持するにしても町村総会制に移行するにしても、それと同時に議会改革を行っている先駆的な自治体が取り入れている"魂"の部分の醸成方法を参考にしながら取り組んでいくべきではないだろうか（例えば、長崎県小値賀町議会）。

第 2 章　地方自治法下の村民総会の具体的運営と問題点

[注]
1)　戦前の公民総会の例は従来芦之湯村のみと思われていた節があるが、本書の校正段階
　　でそれが誤りであるとする画期的な論文が登場した。詳細は、越文明「町村総会制度の
　　制定と運営」都市問題109号（2018）。
2)　箱根町教育史編纂委員会編『箱根町教育史』（神奈川県箱根町教育委員会・1970）、
　　113頁。
3)　箱根町役場には、途中途中抜けているが、1945年までの公民総会の議事録が保管され
　　ている（2010年 3 月17日訪問時点）。
4)　条例案まで提出された事例として、2005年 6 月の長野県王滝村がある。過疎化の影響
　　を受けて、村議会議員によって、"王滝村村民総会設置運営基本条例案"が議会に提出
　　されたが、2005年度第 2 回王滝村議会定例会にて不採択となっている。また、2017年度
　　第 2 回大川村議会定例会（2017年 6 月12日）での和田村長の施政方針並びに行政報告に
　　て、 2 年後に迫った村議会選挙において万が一立候補者が定足数に足りなくなるという
　　事態に備えるために、村民総会の調査研究を始めるという話が登場している。
　　　また、近年町村総会について検討したことがあるという自治体について紹介する記事
　　として、「町村総会「将来検討」 4 割　議会代替　議員担い手減　小規模町村調査」
　　2017年 5 月29日付毎日新聞、 1 面。
5)　その大元になっている文献が、長野士郎『逐条地方自治法』（学陽書房）であると思
　　われる。
6)　樋口陽一・佐藤幸治・中村睦男・浦部法穂『憲法Ⅳ〔第76条～第103条〕』（青林書
　　院・2004）、257頁。
7)　東京都八丈島八丈町教育委員会編『八丈島誌（三訂増補版）』（八丈島誌編纂委員会・
　　2000）
8)　1953年11月 8 日付南海タイムスによると、小島（宇津木村・鳥打村）が八丈島の五ヶ
　　村との合併にしきりに大反対した理由の一つに、「結局八丈本島のまま子扱いになるお
　　それがある」という理由があげられていた。南海タイムス社『南海タイムス縮刷版——
　　昭和二十六～三十年』（南海タイムス社・1991）、329頁。このことは八丈島（本島）と
　　八丈小島（属島）の関係をただ単に表すだけではなく、合併によって、八丈小島に対す
　　る無関心の政策が促進されることを恐れたのではないかと思われる。
9)　村民総会の資料が極度に少ないこと、そして、関係者がほとんど鬼籍に入ってしまっ
　　ていることから断片的な提示しかできないことはあらかじめ断っておく。
10)　長野士郎は、「……住民も非常に少なく、単一な社会構成を有する町村は、……町村
　　総会を設けることができる」と述べている。長野士郎『逐条地方自治法〔第11次改訂新
　　版〕』（学陽書房・1993）、270—271頁。しかしこれらの町村に限定する意図であれば、
　　それは条文の文言自体から、あるいは、後述の当該規定の歴史からも間違いである。
11)　この点について貴重な内容を提示している文献が、佐藤英善編『逐条研究地方自治法
　　Ⅱ　議会』（敬文堂・2005）、166—172頁である。ここでは基本的にこの資料に基づき、
　　そしてこの資料にあげられている文献を中心に整理している。
12)　1911年の町村制38条は以下の通りである。
　　　「特別ノ事情アル町村ニ於テハ郡長ハ府県知事ノ許可ヲ得テ其ノ町村ヲシテ町村会ヲ
　　設ケス選挙権ヲ有スル町村公民ノ総会ヲ以テ之ニ充テシムルコトヲ得

町村総会ニ関シテハ町村会ニ関スル規定ヲ準用ス」

13）　1926年の町村制38条は以下の通りである。
　　　「特別ノ事情アル町村ニ於テハ府県知事ハ其ノ町村ヲシテ町村会ヲ設ケス選挙権ヲ有
　　ス町村公民ノ総会ヲ以テ之ニ充テシムルコトヲ得
　　　町村総会ニ関シテハ町村会ニ関スル規定ヲ準用ス」

14）　1946年の町村制38条は以下の通りである。
　　　「特別ノ事情アル町村ニ於テハ町村条例ヲ以テ町村会ヲ置カズ選挙権ヲ有スル者ノ総
　　会ヲ設クルコトヲ得」

15）　例えば、総司令部と内務省の見解の違いがある。総司令部は古くからある日本の町村
　　総会制度が非常に民主的であると考えて、草案が「特別の事情がある町村」に限ってい
　　る部分に対し、町村は、特別の事情のあるなし関係なく、当該制度を設けうるものとす
　　るように要求している。しかし内務省は、このような特殊な制度を一般化することは適
　　当でないとし、この意見は一応見送っており、政府原案にもりこんでいない。この他、
　　貴族院での審議において、議員の中からこの規定の不必要性を唱える意見があった。堀
　　部清編『戦後自治史Ⅴ』（自治大学校・1963）、199—200頁。

16）　東京都編『東京都町村合併誌』（東京都・1957）、397頁。

17）　南海タイムス社・前掲注8）39頁。

18）　1952年7月1日付住民登録調査では更に減り、54人（13戸男31人女23人（こちらも脇
　　に35人と書かれているが有権者数と考えられる））。

19）　『収入役事務引継書（宇津木）』内所収。八丈島合併促進協議会会長沖山徳一が各村長
　　にあてた1954年1月6日の「条例、規則および職員履歴書の提出について（依頼）」（八
　　協発第4号）によるもの。合併事務の資料とするために、各村に提出を依頼している。
　　宇津木村は〇月〇日と具体的数字が記載されておらず提出日は不明である。

20）　例えば、東京都・前掲注16）382頁では、1953年12月1日設置された八丈島各村合併
　　促進協議会の委員の一人として、菊池政邦の名と村内の役職名・宇津木村会長が書かれ
　　ている。

21）　おそらくこの人数は、三役、教育委員会委員や選挙管理委員などの人数を差し引いた
　　ものと考えられる。というのも、会員とこれら委員なども含めた合計数が33人となって
　　いることから、他の資料（例えば、会議録）の会員数とほぼ合致するからである。

22）　給与額は、本給、扶養手当、勤務地手当の合計。一人あたりの給与額ではなく各種職
　　員の給与総額表。

23）　南海タイムス社・前掲注8）282頁。

24）　1953年6月7日付南海タイムス記事。南海タイムス社・前掲注8）285頁。

25）　1953年6月7日付南海タイムス記事。南海タイムス社・前掲注8）289頁。

26）　『収入役事務引継書（宇津木）』内所収。

27）　南海タイムス社・前掲注8）196頁。

28）　南海タイムス社・前掲注8）196頁。

29）　直接的な要因なのかは不明であるが、1953年5月24日付南海タイムス記事では、「去
　　る八日菊池光村長が一身上の都合によるとの理由で辞任した」と記されている。南海タ
　　イムス社・前掲注8）282頁。

30）　南海タイムス社・前掲注8）329頁。

第2章　地方自治法下の村民総会の具体的運営と問題点

31)　『昭和30年度　総務局　総務67』内所収。

32)　他にも関係者がいないか、かなり探したが見つけることはできなかった。

33)　2010年8月16日、八丈島の歴史民俗資料館にて、菊池政邦氏と奥様が最近亡くなられたことを笹本直衛氏に聞かされた。記録化することは既に許可を得ていたものの、そもそも8月の八丈島訪問の最大理由は、政邦氏に本原稿を見てもらうこと、そして、もう一度話した内容についてさらに確認したいことを質問することにあった。だが、残念ながらそれはかなわなくなった。心からご冥福をお祈りしたい。

34)　例えば、『昭和廿二年以降学事報告綴　宇津木小学校宇津木中学校』には、選挙、村の行事、青年団の会合で校舎が使用されたことが示されている。しかし、村民総会の記述は見当たらなかった。

35)　この質問は勘違いで神奈川県のあたりが正しい。

36)　南海タイムス社『南海タイムス縮刷版——昭和十四〜二十五年』（南海タイムス社・1981)、827頁。1949年2月13日付南海タイムス記事「行政か司法か　宇津木村事件起る　支廳對警察押問答」によれば、事件の発端は「……村長（菊池光氏）が要保護者に来た豫算を與えず横領したという嫌疑がかけられ、警察当局から取調べを受けたこと」にある。菊池村長は「自分は絶對かゝる不正行爲はしてない。唯要保護者と思考された者が生活能力が認められるので與えず、来る年度末にそれは當局に返還すべきものと考えそれ迄公用に流用した事は行政當事者として不正とは考えられない」と述べている。同書、773頁。この縮刷版にはその後の展開として、主食等横流しの事実も判明した村長が起訴される迄の経過、そしてそれに関与した八丈支庁、警察等を含む八丈島全体を巻き込む一大事件へと展開していく経過も示されている。

　　　この事件について当時の村民の声を示す記事「同情と厳罰の聲　宇津木村長強制留置さる　注目される検察廳の斷」（1949年3月3日付記事、同書・780頁）があったので引用紹介させていただきたい。

　　　「……此の種犯罪は一面インフレ下に於ける逼迫せる村財政打開に對する窮余の策であり特に宇津木村長の立場は殆ど無報酬、而も私財を投じて村政を担當して居り、眞の貧弱町村で私利私慾のためでなし公用のためとあつては同情すべき点があり、犯罪とするのは苛酷であるとの聲と、役柄をかさにきて民衆を偽瞞し或は私腹を肥やすボスの追放等と関連し、民衆の生活をおびやかすものとして斷乎たる處置を希む声とが聞かれるが、この問題に対する検察廳の斷が如何なる方向に展開するか注目されている。」

37)　南海タイムス社・前掲注8)196頁。

38)　この発言が、南海タイムスに載っている村長の起訴のことを指しているとすれば、この事件は1949年なので総会開始（1951年4月）とズレがある。

39)　この点、財団法人日本離島センター『離島における集落再編の問題とその対策に関する調査報告書（昭和47年3月作成)』の165頁には、「この際に宇津木が加わらなかつたことについては、色々と事情があつた様子であるが、ともかく鳥打と宇津木とは同じ八丈小島にありながら性格を異にし、たとえば鳥打は三根漁協に属し、宇津木が大賀郷の八重根漁協に属するということもあつた。これは後に述べる移転問題にかかわりをもつが、比較的平坦部があり、畜産をふくめて農業の可能性をある程度もつ鳥打に対して、傾斜地にへばりついた宇津木では早くから潜在的には移住を望む傾向があつたとみられる」という記述があり、こうした違いが合併問題にも現れたとしている。

87

40) 明治以降の名主制度・島嶼町村制の話は伊豆諸島に留まらないがここではふれない。
この点について丹念に検討する文献として、高江州昌哉『近代日本の地方統治と「島
嶼」』（ゆまに書房・2009）。

41) この点について、元・八丈町長の笹本直衛氏からかなりのアドバイスを頂いた。

42) 伊豆大島志考刊行会『伊豆大島の新聞』（伊豆大島志考刊行会・1985）。

43) 東京都総務局文書課「東京都史紀要第三　區政改革・名主制から区制まで」（1950）、
35頁。

44) 名主等役職の具体的職務・人員数等は以下の文書に記されている。
　　甲第五拾貳号
　　　伊豆七島戸長并島用掛、村用掛等ノ名称ヲ廃シ、島吏ノ配置及名称等旧制ニ仍リ左
　　　ノ通相定候条、此旨布達候事。……
　　　地役人　八丈島　附小島　青ヶ島　3人……
　　　名主　　大賀郷、三根、末吉、中之郷、樫立、宇津木、鳥打、青ヶ島村の各1人
　　　年寄　　大賀郷、三根　各3人、中之郷、末吉、樫立、宇津木、鳥打、青ヶ島村
　　　　　　　各2人
　　乙第三拾五号
　　　伊豆七島島吏職制左之通相定候条、爲心得此旨相達候事。
　　　地役人　第一　知事ノ命ヲ受ケ布告諸達ヲ島内ニ施行シ、一島ノ事務ヲ総理ス
　　　第二　名主　一式引受人ヲ監督ス……
　　　名主　一式引受人　知事ノ命ヲ受ケ特ニ地役人ノ監督ニ属シ、村内一切ノ事務ニ従
　　　事ス
　　　年寄　名主ヲ輔ケ、名主事故アルトキハ其事務ヲ代理ス
　　乙第三拾六号
　　　島ノ事務所ハ島役所ト称シ　一村ノ事務所ハ村役場ト称スヘシ
　　　且其役所、役場ハ地役人又ハ名主、一式引受人ノ宅ヲ以スルモ　別ニ之ヲ設クルモ
　　　其島ノ便宜タルヘシ
　　　尤別ニ設クルトクハ　島ハ地役人ニ於テ　村ハ名主、一式引受人ニ於テ、地役人ヲ
　　　経由シ、其旨府庁へ届出ヘシ。此旨相達候事。

45) この点に関連する記事として、南海タイムス1943年5月18日付のものがある。南海タ
イムス社・前掲注36）373頁。

46) この点に関する資料として、1894年の"宇津木村寄合規約"がある。『東京都廰文庫
明治27～30年　第永久種　第壱類庶務第九節令規　冊1』に所収。

47) 南海タイムス社・前掲注36）641頁。

48) 伊豆諸島東京移管百年史編さん委員会編『伊豆諸島東京移管百年史　上巻』（ぎょう
せい・1981）、1268頁。

49) ここの部分は3章の青ヶ島論文と重複する記述もあるが、どちらの章においても文章
の流れから必要不可欠なものであることをご了承いただきたいと思う。

50) 政治用語で伊豆七島という用語は、①属島を含まない七つの島を指す意味、②伊豆諸
島全体を含む意味で用いられる。しかし、属島である八丈小島は排除されているがおそ
らく青ヶ島は含まれていると考えられるので、ここではどちらの意味も該当しない。た
だし、青ヶ島はこの当時まだ名主制度であったので、村長や収入役を配置する役場事務

第2章　地方自治法下の村民総会の具体的運営と問題点

の部分は該当しないと考えられる。

51)　伊豆諸島・小笠原諸島では従来府会議員の選挙権・被選挙権がなかった。そして、これは東京都制施行令（昭和十八年勅令第五百九号）の第116条第1項「伊豆七島中小島及ビ鳥島並ニ小笠原島中北硫黄島、南硫黄島、南鳥島、中ノ鳥島及ノ沖ノ鳥島ニ於テハ都議會議員ノ選挙ニ関スル規定ハ當分ノ間之ヲ適用セズ」にも受け継がれていく。この地域は町村制が施行されない地域である。さらに、1947年の改正された当該条文には、"青ヶ島"も再び含まれるようになる。

52)　東京府内務部農林課『八丈島及小笠原島自治産業概要』（東京府農林課・1928）、242—245頁。

53)　東京府内務部農林課・前掲注52）242—245頁。

54)　新藤宗幸『地方分権（第2版）』（岩波書店・2002）、186頁。

55)　この点、長年にわたる町村総会の研究を通じて自身のモデル案を提示している論文として、田中孝男「町村総会に関する法制度設計試論」年報自治体学13号（2000）、102—115頁。

第3章　公職選挙法8条への系譜と問題点
―― 青ヶ島の事例をきっかけとして

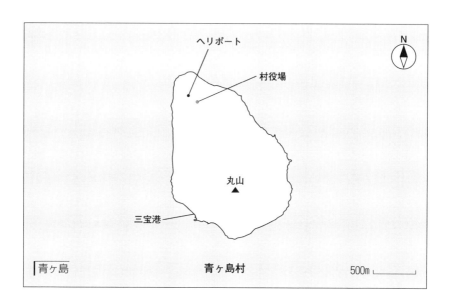

1．はじめに

まず子どもたちの三つの作文を紹介することから始めたい。

① 政治をするえらい人たちはみんなにかわって新しい憲法をつくってくれた。それには戦争はしない国民は自由、平等、国の主人公だと書いてあるとおそわった。けど、それはうそだと思う。つくった人が守っていないのだ。平等ってのはみんなが同じ権利を持っていることだ。この島の人だって日本人なのに内地の人のように国や都の代表者をえらぶ権利がない。これはだれがなんといったって不

第3章　公職選挙法8条への系譜と問題点

平等だ。だから、守っていないんだ。いくら不便なところでも国民は国民だ。なんとかしてくれないだろうか。口ばっかりの民主主義はほしくない。ぼくは、くやしい。かなしい。（中学三年　○○）[1]

②　この島の人たちには選挙権がありません。えらい人たちは口先きばかりで、実際にやっていないのです。便利なところでも、不便なところでも、住んでいるのは日本人なのです。島の人は、禁治産者でも、罪人でもありません。島には悪い人はいません。うそではありません。ぼくたちは、この島のように平和な日本にしたいのです。日本の民主主義は、砂の上に立てた家と同じです。ぼくたちは早く一人前の日本人になりたいのです。（中学三年　○○）[2]

③　島にも納税の義務がある。ぼくたちが買っているものにも税金がかかっている。どんな生活をしているか知らないくせに、こんな貧乏な島からでも税金をとっている。定期船もきめられた日に来ることはめったにない。おれたちの教科書は、小学校の一年の時から、そろったことはないんだ。すくない人数だし、遠くはなれているからと思って、まま子あつかいにしなくたっていいじゃないか。やれ、戦争だ、軍隊をつくるんだとか、うるさいことをいうひまに、この島を、もうすこしめんどうみてくれないかなあ。

なんとかいう法律には、青ガ島には、当分の間、選挙権を与えないと書いてあるそうだ。なんでそんなことをきめたんだろう。憲法には、罪人や気狂いでなければ、だれでも選挙権はもっているんだ。おれたちは、だまっていない。これでなにが民主主義なんだ。こんな、お面をかぶった民主主義なんかないほうがいい。「人間は生まれながらにして平等」だと、社会科の教科書に書いてある。だれでも生まれた時は、はだかだったのに、こんな不便なところに生まれたために、人間としてあつかわれないなんて全く情ない。えらい人がこの島にきて、一年、いや半年おられたらたいしたもんだ。船は来ない、ランプ、医者はいない、米や煙草もすくない、かんも（さつま）といも（里芋）としゅで（塩から）だけだ。でも、おれたちは、生まれたところだから、すこしでもよくしようと、がまんしているんだ。こんど、NHK から、ラジオをただでもらった。うれしくてたまない。いろんなことがわかるんだもの。NHK の人たちでさえ、かわいそうだと思ってくれたのだ。国の代表者が、おれたちに、国民の権利をもたせることができないことはないと思う。米だって一つぶ一つぶ集まって一俵になるんだ。人間だって同じだ。みんなが、同じ権利と義務をもって、はじめて民主主義の国といえるんだ。（中三　○○）[3]

これらの三つの作文は、昭和20年代当時中学生であった青ヶ島の子どもたちによって書かれたものである。

青ヶ島は、2017年10月1日現在、人口167人（110世帯）の自治体である[4]。伊豆諸島の中の有人島の一つで、最南端に位置する周囲9km の島である。管轄は東京都である。位置は、東京から358.4km、伊豆諸島の中で最も近い島である八丈島から71.4km のところにある。交通手段は、八丈島から船かヘリコプター[5]のどちらかであり、船の欠航率は高い[6]。島は、内輪山丸山と外輪山から成る標高223m の二重式火山が有名で、今も活動している。この地熱を利用したサウナは島民や観光客に大人気であるし、やはり地熱を利用し海水から塩を採るひんぎゃの塩も有名である（「ひんぎゃ」は青ヶ島の言葉で火山の蒸気が吹き出ている場所の意）。中学卒業と同時に島を出て行く人間も後を絶たなかったが[7]、近年は島の未来のためにＵターンで戻ってくる者もおり、島の産業に一役かっているという。

　話は昭和20年代の中学生の作文に戻るが、彼らは何を言っているのか。“口ばっかりの民主主義”、“日本の民主主義は砂の上に立てた家と同じ”、“お面をかぶった民主主義”と言葉こそは違えど、当時の日本政府が実施した民主主義制度を批判しているという点は変わらない。簡単に整理するならば、青ヶ島では、公職選挙法施行令147条の存在によって、1950年5月1日から1956年7月8日参院選まで約6年間にわたって、国政選挙及び都の選挙が行われなかったのである。それに対する思いを彼らは作文を通して訴えているのである。彼らの思いを打ち消すかのような法的根拠は、まず法律レベルにおいて、公職選挙法8条に以下のように規定された。

　　交通至難の島その他の地において、この法律の規定を適用し難い事項については、政令で特別の定をすることができる

　そして、この法条文を受けて、青ヶ島の有権者に対する選挙権行使停止が具体的に示されたのは以下の公職選挙法施行令147条による（この政令規定は、1956年6月6日改正まで存在）。

　　東京都八丈支庁管内の青ヶ島村においては、衆議院議員、参議院議員、東京都の議会の議員若しくは長又は教育委員会の委員の選挙は、当分の間、行なわない

第3章　公職選挙法8条への系譜と問題点

　すなわち、青ヶ島は交通至難の島であるから、村内の選挙を除いて、国政選挙と都の選挙を当分行わないというのである。無論、この規定は言うまでもなく憲法違反である。子どもたちが指摘していたように住んでいる場所を理由として選挙権行使に制限を設けているから、憲法44条違反である。

　現在この政令規定は存在しないとはいえ、この条文を見た私は、有権者である路上生活者が現在もなお投票を通じて国政選挙権を行使できない事例を思い浮かべた（公職選挙法9条1項・21条1項）[8]。2005年の最高裁判決が示したように、選挙権というものは行使されて初めて威力を発揮するものであって、持っているだけでは意味がないものである[9]。まさに青ヶ島の島民も選挙権を有しているにもかかわらずそれを行使できないという状況が、1956年まで存在していたのである。

　青ヶ島で1950年代、約十年間小中学校の教員をしていた高津勉の著書には、先に示した子どもたちの思いが示されている他、当時の大人たちの行動も書かれている。少し長いが、引用してみよう[10]。

　　青ガ島は日本で、ただ一つ選挙権を行使できない島である。……全く驚くべきことだ。ヘリコプターや無電も使える時代だし、船員のように事前投票の手段だってある。こんなことは政府の熱意さえあれば、簡単に解決できることだ。
　　しかし、島民はもうなれっ子になっているので、選挙について、それほど関心があるわけではない。国の政治などより、木炭や牛がいくらに売れるか、配給をとるのにどうしたらいいか、という方が最大の関心事のようである。
　　村の選挙となると、話はまた別である。村議会、村長、教育委員会、農業委員会などの選挙は法規通りおこなわれている。その選挙運動の熾烈なこと、全島みな親族、姻族なのにかかわらず、互いに欠点をつかんでは罵倒しあう。なんとかして、みんなを払いのけてものしあがろうという、利己的、派閥的な意識が強い。別にビラをはったり、演説したりするのではないから、表面は実に平穏だ。だが、夜ともなれば島酒の供応によって運動が展開される。二、三年前、自分の妻君からも親からも投票されず、わずか自分の一票で落選した村議候補もあったという笑えない事実がある。選挙直後、家内騒動が起るのが普通で、なかには別居するなんて悲劇まで起る。それは有権者も少く、開票者は、誰れがどんな字を書くか知っているし、候補者は、誰れと誰れが票をいれたか調べるので、秘密投票どころではない。

　村内の状況は上記の高津の記録からしか理解することができないが確かに、

93

村民は国政に無関心だったかもしれない（あるいは、無関心にならざるをえなかったかもしれない）。私の調べた限り、参議院議員選挙が初めてこの島で行われるようになった1956年までの村議会議事録を見ても、国政選挙に関わる言葉すらほとんど出てこない。唯一、1956年6月5日議事録にて、参議院議員選挙が迫っているから委員欠如では支障をきたすとする「青ヶ島村選挙管理委員会再選任の件」があっただけである。これは高津の実体験を裏付ける根拠になるかもしれない。

とにかくこのような制限をされた島民たちの気持ちはいかばかりであったか。権力者に対する不信感とどうしようもないあきらめの境地、それを更に後押しするような以下の発言[11]……。

> ……この言語道断の、憲法違反の、差別的規定の存在に気が付いた国地（クニ）の新聞記者が、昭和28年ごろ、当時の東京2区選出の衆議院議員と、伊豆七島選出の都議会議員へ「伊豆七島の青ヶ島では……」と電話をしたところ、「自分の選挙区の伊豆七島に青ヶ島というのはない」と一蹴されてしまったという、ちょっと信じられないような実話がある。

ここまで話を聞いて、「もう既に過去のことでしょう」とか「確かに問題ある規定であったかもしれないけど、今は青ヶ島在住の有権者たちも国政選挙や都の選挙に参加できているからいいじゃないですか」という意見を持つ人もいるかもしれない。

私自身はこのような過去に目をつぶる現実迎合主義的な考え方を好まないが、それよりも考えなければならないのは、公職選挙法施行令147条の基になった公職選挙法8条は公職選挙法施行以来、全く改正されずに現在も残っていることである。公職選挙法自体が何度も繰り返し改正されてきているにもかかわらずである。何を言いたいかというと、権力者が何らかの適当な理由をつけて本音は好まない地域・反政府的な考え方をもつ有権者が多い地域に対して、当該規定を用いて政令で選挙権行使を停止させることも経験上可能であるということである。

このような問題点が生じた理由は、われわれ法研究者の態度にもあると考えられる。日本国憲法と公職選挙法との関係を論ずる著作は数多くみかける。し

かし、この条文に対しては、検討する論稿どころか公職選挙法を解説する著書を見ても、頁を割くものは私の知る限り皆無に近いし、逐条解説でもほとんど解説されていない。ましてや、違憲の可能性を検討するものなど見た覚えがない。

　これに対して、島民の思いとのギャップははなはだしいほど乖離している。青ヶ島の小中学校の社会科副読本である『わたしたちの青ヶ島（改訂版）』の「5　島のくらしのうつりかわり　第八章　戦後の様子　(1)昭和時代」では、1953年4月10日付毎日新聞の記事「私たちの島にも選挙権を──青ヶ島（伊豆七島）村長が上京して訴え」、そして「また昭和31年に超短波無線電話が開通し、八丈島や東京と通話が出来るようになった。それにより島内で初めての参議院選挙が行われた」と記載されている。小中学生の副読本にすら書かれていること、そして改訂版以前の副読本でも類似の記載があることから、現在でも、この選挙権行使の機会を奪われた歴史がこの島の歴史を考える上で重要な位置づけとされていることがわかる。

　なぜこのような事態が生じたのか？　上述したように、このケースを訴えている者とそれ以外の者たちの温度差である。戦後、青ヶ島の村長に選ばれる者はこの選挙権行使を可能にすることこそが使命であると考え、本土に請願陳情を繰り返し行ってきた。それが可能になった後も港湾整備、街灯の設置、交通手段の確保増強などを訴え続けている。中央に住んでいる人間にはあたりまえの基本的権利どころかその諸権利を持つ権利すら確保されてこなかったのである。

　また、この点についての論文自体がごく少ないが、著作を残している者は、先述した高津勉は教員として、そして菅田正昭は公務員として、青ヶ島で生活した経験のある者ばかりである。これに対して、私も含め日本に在住する人間はほとんど青ヶ島での出来事に無関心であったに等しい。政治家と国民の無関心さが全く同じ内容・レベルのものと考えられるわけではないが、例えば現在、尖閣諸島や北方領土など国境線沿いの問題にはかなり高い関心を示す者が多いのに対し、国境線からかなり離れた地域であるこの島に対してはあまり考えてこなかったという図式は必ずしも間違っていないと思われる（例えば、沖縄よりも内側にある奄美やトカラの存在（時代によってはこれら内側の離島が国境線沿

いになったこともあったが……))。少なくとも私はそうであった。

　長い序論であったが当時の青ヶ島の実情を多角的に理解してもらい、本章の検討につなげるには致し方なかったと考える。このような事実レベルの存在を踏まえた上で、本章は公職選挙法8条の意味、そして制定の背景を明らかにしていきたいと考える。

2．公職選挙法8条と公職選挙法施行令

（1）概説書による公職選挙法8条の解説

　公職選挙法8条の規定を今一度確認してみよう。

　　交通至難の島その他の地において、この法律の規定を適用し難い事項については、政
　　令で特別の定をすることができる。

　この点、安田充・荒川敦編『逐条解説公職選挙法』によれば、当該条文は、「交通至難の島その他の地において、本法の規定を適用することが困難であるような特殊な事情が存在する場合には、政令で特例を設けうることを定めた規定である[14]」と解説する。

　しかし、このような解説だけでは単なる条文の焼き直しの解説にすぎない。したがって本書は、その解説を補うものとして、この8条を下に設けられた政令を紹介する[15]。

（2）公職選挙法施行令の関連規定

　現在この8条を受けて、146条が存在する（括弧内は筆者）。

146条1項
　　東京都八丈支庁管内青ヶ島村においては、法第119条第1項の規定（同時選挙）
　により二以上の東京都の選挙を同時に行う場合又は同条第2項の規定（都道府県の
　選挙管理委員会が同時選挙を行わせる権限）により東京都の選挙と同時に同村の選
　挙を行う場合における東京都の当該選挙の投票用紙は、第97条の規定（同時選挙を

行う場合、選挙管理委員会は各選挙毎に別個に投票用紙を調整）にかかわらず、東京都選挙管理委員会の定めるところにより、青ケ島村選挙管理委員会が調製することができる。

同条2項
　東京都八丈支庁管内青ケ島村及び小笠原支庁管内小笠原村並びに沖縄県島尻郡南大東村、同郡北大東村、宮古郡多良間村及び八重山郡与那国町においては、開票管理者は、第74条の規定（開票録の送付）にかかわらず、開票録の写を法第66条第3項の規定（投票結果点検後すぐに選挙長に結果報告）による報告と別に送付することができる。

　このように現在の146条は、離島ならではの選挙方法や報告の仕方を規定しているといえる。実際過去において、この部分は何度となく改正されてきたが、内容的には選挙方法や報告方法についてであり、その点ほぼ一貫性を持っていたといえる。

　したがって、この施行令の歴史において、青ヶ島の有権者の選挙権行使を停止する規定が異質な存在といえるのである。

（3）検討すべき課題

　以上のことから、検討すべき二つの点が明らかにされた。一つは、公職選挙法8条の制定意図が概説書からは不明であることである。第二に、公職選挙法施行令の歴史においても、1956年に改正されるまで存在した147条は異質な存在であったことが理解できるということである。

3．公職選挙法8条制定時の意図

　ここでは、公職選挙法制定時の意図に立ち戻ってみようと考える。この規定の意味を議論している資料として、1948〜1949年の衆議院・参議院の議事録がある。これらの議事録から、8条の意味するところを検討してみよう。

（1）「交通至難の島嶼その他の地」とは？

　8条の「交通至難の島嶼その他の地」の部分は、「交通至難の島嶼」と「交通至難のその他の地」という二つの場所を指している。

　その意図する所を分けて検討する必要があるが、前者について詳細に検討している議事録を見つけることはできなかった。後者については、1948年7月1日の衆議院本会議で、政党法及び選挙法に関する特別委員会の竹谷源太郎委員がこの点、"著しい山岳地帯" や "冬季積雪すこぶる多量で、交通きわめて困難な地方" と説明している。[16] また、竹谷委員は、翌日の参議院の議院運営委員会ではより詳細に、"……この規定の主たる目的は選挙公報がその地方に到底到達しないという場合に、消極的な意味ではあるが、これを或る程度活用しまして、それが例えばこういう島嶼、ひどい山嶽地帯でおつしやるような場所、或いは裏日本などでたまたま各選挙が行われて積雪が猛烈で交通が非常に至難だ" という場合に、「交通至難の島嶼その他の地」を指すと述べている。[17] しかし、「交通至難の島嶼」の意味はやはり明確ではない。

（2）8条を規定した理由

　それでは8条を規定した理由は何なのであろうか。この点について、いくつかの議事録からその理由を読み取ることができる。

　第一に、1949年9月20日の参議院・選挙法改正に関する小委員会の議事録らである。[18] ここで、菊井三郎法制局参事は、「……交通至難の島嶼その他の場所におきまして、この法律を一律に適用するというようなことは、本来予想しておるところでありますが、事実上止むを得ない場合も生ずるものと思われますので、政令で特別規定を設けるというような措置をしたらどうであろうか。こういうことであります」と述べる。すなわち、事実上止むを得ない特例中の特例措置としてこのような規定を設けたというのである。

　第二に、1949年10月17日の参議院・選挙法改正に関する特別委員会と衆議院選挙法改正に関する特別委員会の議事録からである。[19][20]

　前者の議事録では、寺光忠法制局参事は、委任の範囲が余りにも広すぎるという意見に対し、「この第七の規定は現行衆議院議員選挙法、参議院議員選挙法の規定をそのまま取入れただけでございまして、その点につきまして特に考

慮いたさなかつたのであります」と答えている。後者の議事録で三浦参事は、「第八（交通至難の島その他の地において、この法律の規定を適用し難い事項については、政令で特別の定をすることができる）につきましては、衆議院議員の選挙法、参議院議員の選挙法等にもこういう規定がありまして特別の場合の特例の措置でございます」と述べている。

　後者の議事録の「特別の場合の特例の措置」の部分からは、菊井参事が述べた意味合いと同じ部分を見受けることはできる。しかし同日の二つの議事録の中で特に注目したいのは、過去の法律にも同じ規定があったから、そのままその先例を踏まえているという点である。その先例は衆議院議員選挙法と参議院議員選挙法であるという点は共通である。後者の議事録に示される「衆議院議員の選挙法、参議院議員の選挙法等」の「等」の部分が何を含んでいるかはわからないが、戦前の選挙関連の法にも類似の規定が存在していることから、それらを指しているのではないかと推測される。とにかく、この条文を設ける点について何の検討もなかったということが読み取れたのではないだろうか。

（3）政令の範囲

　1948年7月2日の参議院運営委員会において、どのような政令を作るか考えていないのかという門屋盛一議員の質問に対し、竹谷源太郎委員は「そこまでいまだ考えておりません」と答えている。[21]このやりとりのきっかけは、門屋議員が法によって演説会の回数制限をされると辺鄙なところではどうしても回りようがなくなってきてしまうことから、衆議院ではこの点について議論がなかったか尋ねることから始まっている。それに対し、竹谷委員は特例法案の30条の解釈をあげ更に政令に委ねることを提示し、「これは十分政令を作ります場合に研究いたしまして、そういうような点を救済したらどうかと考えております」と述べている。[22]

　法律よりも下位規範である政令に丸投げしていることを問題視する指摘は、1949年10月17日の参議院・選挙法改正に関する特別委員会の議事録において、具体的に見受けることができる。少し長いが重要な部分であるので引用したいと思う。[23]

鬼丸義齊君　……この委任の範囲が余りにも広すぎやせんかと思う。というのは、この法律の規定を適用し難い事項については、一切挙げて委任命令の規則なんです。そうしますというと、ここに本法の基本法を定めたならば、この基本法と全然違うものを別な島或いは地域において定め得られるようなふうな、余りに広範囲の委任命令の基礎をここに掲げるのはどうかと思う。そこでこの委任命令の基礎を決めるならば、こうしたいわゆる交通至難の島その他の地における何々の点については政令に定めることを許すということにならなければ、この法律全体の規定を適用し難い事項についてということになりますと、余りに広きに失して別な基本法律が定めることを政令でできることになると思いますが、もう少しこの委任命令の基礎となるべき根拠を特に限定して置くことはできなかつたでしようか。

このような指摘は、専門的な論文を引くまでもなく、現在の一般的な法学書であればどこにでも載っている内容であり、日本国憲法が大事にする国民主権にてらしてみれば国民の代表ではない行政の人間にほとんど丸投げの委任をしてしまうという竹谷委員の考え方は問題外である。

4．公職選挙法8条へ至る系譜

　以上見てきたように、これらの議事録からは、「交通至難の島嶼」の具体例を示すものは見つけることができなかった。そして、当時の制定者たちは、十分な検討も行わず、政令に丸投げしていることも理解できた。したがって、現時点の解釈では、先の概説書が示したように、公職選挙法8条に基づいて設けられた政令に示される島嶼がこれに該当するとしかいいようがないのである。
　しかしこれらの議事録では、先例に基づいてこの条文を設けていることがヒントとして示されていた。したがって、次にこの先例をいくつかとりあげて、公職選挙法8条に至る系譜を確認してみることにしたい。

（1）1900年衆議院議員選挙法43条
　「交通至難の島嶼その他の地」に類似する言葉は、1900年改正の衆議院議員法43条に見ることができる。

　島嶼其ノ他交通不便ノ地ニシテ前条ノ期日ニ投票函ヲ送致スルコト能ハサル情況アル

トキハ地方長官ハ適宜ニ其ノ投票ノ期日ヲ定メ開票ノ期日迄ニ其ノ投票函、投票録及選挙人名簿ヲ送致セシムルコトヲ得

　この規定は1890年施行の衆議院議員選挙法45条の内容を若干改正したものであると考えられる。しかし、衆議院議員選挙法関連の条文では、「島嶼其ノ他交通不便ノ地」という言葉が使用されているのはこの43条が初めてである。

　衆議員議員選挙法43条は前条の42条の例外規定である。すなわち、42条は、投票管理者は投票の翌日までに投票函、投票録、選挙人名簿を開票管理者に必ず送致することと規定している。しかし、交通不便の島嶼やその他の地ではこの期日までに送致することがなかなかできない場合もある。このような場合、地方長官は開票期日より前に適当な日（例えば4日前）を見計らって投票期日を設定することができるのである。小笠原では東京府知事の定めた期日によって一般の期日よりも十数日前に行った例もある。

　この規定を見る限り、衆議院議員選挙においては、島嶼など交通不便の地に対してそれなりの配慮を加えた上で当該規定が設けられていると考えられる。

（2）1890年衆議院議員選挙法111条
　しかし、1890年衆議院議員選挙法111条を見ると以下のような規定が示されている。

北海道沖縄県及小笠原島ニ於テハ将来一般ノ地方制度ヲ準行スルノ時ニ至ルマテ此ノ法律ヲ施行セス

　この規定にあげられている地域は「殖民尚未だ進まず人智も自から内地と異なる」ので一般の地方制度に準じさせることができないというのである。三好巻次の著書ではより具体的に以下のように書かれている。

此地方ハ土地人情共ニ未タ内地ト等シキ程度ニ達セサルヲ以テ土地拓ケ人文發達シテ他ノ地方ト同シク市町村制ノ如キ制度ヲ施行シ得ヘキ日ニ至ルマテハ本選挙法ノ施行ヲ停止セサルヲ得ス此レ已ムヲ得サルナリ

すなわち、内地と比べた場合、この地域は土地人情の点で劣っているので、土地が開拓され人文が発達したら、市町村制を施行し、それと同時に本選挙法を施行するというのである。したがって、現時点ではその段階に達していないからこのような制限もやむをえないというのである。

　この規定は、1900年衆議院議員選挙法においては以下のように改正された規定になっている。

110条
　北海道及沖縄県ニ於テ本法ノ規定ヲ適用シ難キ事項ニ付テハ勅令ヲ以テ別段ノ規定ヲ設クルコトヲ得

111条
　本法ハ次ノ総選挙ヨリ之ヲ施行ス但シ北海道（札幌区、小樽区、函館区ヲ除ク）沖縄県ニ付テハ勅令ヲ以テ別ニ施行ノ期日ヲ定ム

熊本貫一は、110条について以下のように説明する。[29]

　　舊選挙法ノ時代ニ於テハ北海道沖縄縣ハ民土未夕開ケスシテ地方制度ノ設ケサヘナキノ故ヲ以テ全ク選挙法ヲ施行セサリキ然レモ今日ニ於テハ最早頗ル開明ニ趣キ内地ト等シク代表者ヲ選出セサルヘカラサルノ時運ニ到来シタルヲ以テ此等ノ土地ニモ亦内地ト等シク本法ヲ施行スルコト、セリ然レトモ此等ノ土地タル未開ノ風ヲ脱シタルハ實ニ晩近ノ事ニシテ風俗慣習等モ亦内地ト異ナルガ故ニ或ハ本法ノ規定ヲ適用シ難キ事項モアルヘシ故ニ本條ハ夫等ノ事項ニ付テハ勅令ヲ以テ別段ノ規定ヲ設クルコトヲ得トセルナリ……

　簡単にまとめてみよう。旧選挙法の時代においては、北海道・沖縄県は民度がまだ開けていなかったため、地方制度もなく選挙法も施行しなかったが、現在、内地と等しい状況になってきたからここにも選挙法を施行することになった。ただし、未開の状態から脱してこのような状況になったのはまだ最近のことであるし、風俗慣習なども内地と異なる点があるから、本法の規定を適用しにくい事項もあるだろう。だから、それらの事項については、別に勅令を設けて定めるというのである。

第3章　公職選挙法8条への系譜と問題点

　ちなみに、これは北海道全体を指すのではなく札幌小樽函館は内地と変わらないから除外されている（111条）。

　この点、長尾景徳は111条の説明について以下のように記す。[30]

　　　……此等ノ土地ハ文化未タ洽カラサルヲ以テ其ノ必要ナシトシタルニヨル而シテ今日モ猶ホ其ノ施行ヲ必要トスルノ時運ニ達セサルモノトシ將來必要ノ生シタルトキ勅令ヲ以テ別ニ施行期日ヲ定ムルコト、セリ……

　この文献では、先の文献とは少し捉え方が異なった言い方として、これらの土地は大日本帝国の文化がまだ浸透していないことを理由にまだ時運に達していないと述べている。

（3）二つの系譜

　以上から、二つのことが理解できた。一つは、一定地域に一応理解を示す条文の存在、そしてもう一つは、一定地域に理解を示さない条文の存在である。実は、これらの二面性を持つ条文の存在は、1925年に改正された衆議院議員選挙法、そして戦後の法にも引き継がれていると考えられる。

　悪名高き治安維持法と抱き合わせで成立施行された1925年の衆議院議員選挙法は、関係する条文が三つある。

36条
　島嶼其ノ他交通不便ノ地ニシテ前條ノ期日ニ投票函ヲ送致スルコト能ハサル情況アルト認ムルトキハ地方長官ハ適宜ニ其ノ投票ノ期日ヲ定メ開票ノ期日迄ニ其ノ投票函、投票録及選挙人名簿ヲ送致セシムルコトヲ得

　これは1889年の衆議院議員選挙法45条、そして1900年の衆議院議員選挙法43条からの系譜であることがわかる。実際、43条とほとんど文言が変わっていない。

　文言が変わったのは以下の二つの条文である。

103

> 146条
> 　交通至難ノ島嶼其ノ他ノ地ニ於テ本法ノ規定ヲ適用シ難キ事項ニ付テハ勅令ヲ以テ特別ノ規定ヲ設クルコトヲ得
>
> 150条
> 　本法ハ東京府小笠原島並北海道府根室支廳管内占守郡、新知郡、得撫郡及色丹郡ニハ當分ノ内之ヲ施行セス

　150条を最初に見てしまった私は、その規定の示す範囲が以前に比べ北海道の中でもかなり狭くなったという率直な感想を持った（小笠原が再び付け加わっているが）。しかし、146条の適用範囲を見てみるとそれはあらゆる地に該当する可能性のある規定に代わっている。これは、1900年の衆議院議員選挙法110条の具体的限定地域の文言から抽象的な地域に文言が変更させられただけなのである。ここに初めて、悪い意味でなじみのある「交通至難ノ島嶼其ノ他ノ地」という言葉が登場するのである。

　さらに、例えば1946年12月4日の貴族院本会議では、議論された参議院議員選挙法案の中にも以下の条文を見ることができる[31]。

> 25条
> 　島その他交通不便の地について、投票の当日に投票箱を送致することができない情況があると認めるときは、都議会議員選挙管理委員会又は道府縣会議員選挙管理委員会は、適宜にその投票の期日を定め、開票の期日までにその投票箱、投票録及び選挙人名簿を送致させることができる。
>
> 92条
> 　交通至難の島その他の地においてこの法律の規定を適用し難い事項については、命令で特別の規定を設けることができる。

　25条は、1900年衆議院議員選挙法43条と1925年衆議院議員選挙法36条からの系譜であり、92条は、やはり1900年衆議院議員選挙法110・111条と1925年衆議院議員選挙法146・150条を受け継いでいると考えられる。

　現在の公職選挙法では、前者（25条）が56条（繰上投票）、後者（92条）が8条

に引き継がれたということになる。また、1950年の公職選挙法施行当時にはなかった期日前投票（48条の2）を認める事由の一つとして「交通至難の島その他の地で総務省令で定める地域に居住していること又は当該地域に滞在をすること」（1項4号）という規定も設けられている。しかし、この文言からもやはり8条と同様、具体的地域が対象として扱われているものではない以上、政令制定者の感覚に委ねられる可能性はないだろうか[32]。

　ここでもう一度考えなければならないのは、1949年10月17日の参議院・選挙法改正に関する特別委員会で寺光忠法制局参事が答えた言葉と衆議院選挙法改正に関する特別委員会の議事録にて三浦参事が答えた言葉である[33]。前者は、「この第七の規定は現行衆議院議員選挙法、参議院議員選挙法の規定をそのまま取入れただけでございまして、その点につきまして特に考慮いたさなかつたであります」と答え、後者は、「第八（交通至難の島その他の地において、この法律の規定を適用し難い事項については、政令で特別の定をすることができる）につきましては、衆議院議員の選挙法、参議院議員の選挙法等にもこういう規定がありまして特別の場合の特例の措置でございます」と述べている。

　今までの内容を踏まえた上で、彼らの言葉を解釈すると次のように言える可能性はないだろうか。すなわち、第一に、公職選挙法8条の規定は先例をふまえてそのまま取り入れたと。そして第二に、それは文字だけでなく先例の制定意図もふまえて取り入れたとも。

　現行の日本国憲法の国民主権下でこのような読み込みは行き過ぎという批判もあるかもしれないがしかし、現にその憲法体制時に青ヶ島では1956年まで選挙権行使が停止されていたわけである。さらに実は、衆議院議員選挙法110・111条の制定意図である風俗習慣の違いや民度を理由として法適用を回避したり制限する事例は、本章でとりあげた青ヶ島、そして伊豆諸島にも歴史上存在したのである。

5．戦前の伊豆諸島の島嶼制度と選挙権

　それでは、それらを理解するための資料を検討していくことにしよう[34]。

105

（1）伊豆諸島・小笠原諸島における選挙権・被選挙権？

　『文書類纂　昭和十五・十六年　第永久種　第四類地方行政第二節行政監督』内の「島嶼制度改正ニ就テ」には、1940年までの伊豆諸島・小笠原諸島の島嶼制度についてこうまとめられている。[35]

> 管下伊豆七島及小笠原島ニハ府縣制第百三十八條ノ規定ニ基ク府縣制施行令第五十六
> 條ニ依リ府税ノ賦課及府會議員ノ選挙權並ニ被選挙權ナク他方町村制ニ於テモ第百五
> 十七條ノ規定ニ基ク明治二十二年勅令第一號ニ依リ之ガ施行ヲ見ズ之ニ代ルベキ島嶼
> 町村制ハ明治四十一年大島、八丈島ニ大正十二年利島、新島、神津島、三宅島及御蔵
> 島ニ施行セラレタルモ八丈支廳管下小島、青ヶ島、鳥島及小笠原島ニハ法律ニ根拠ヲ
> 有スル自治制度ヲ存セズ單ニ名主或ハ世話掛ノ下ニ寄合規約ヲ設ケ村治ニ當レリ……

　この短い文には、明治以後、府県制や町村制において伊豆諸島と小笠原諸島がどう位置づけられてきたか、そして各島毎に扱いが異なる点もあわせて理解することができる。しかしここでより注目したいのは、「府縣制第百三十八條ノ規定ニ基ク府縣制施行令第五十六條ニ依リ府税ノ賦課及府會議員ノ選挙權並ニ被選挙權ナク」の部分である。読んで字の如く、伊豆諸島・小笠原諸島では府会議員の選挙権・被選挙権がなかったのである。

　そして、これは以下の東京都制施行令（昭和十八年勅令第五百九号）の第116条第1項に受け継がれていく。

> 伊豆七島中小島及鳥島並ニ小笠原島中北硫黄島、南硫黄島、南鳥島、中ノ鳥島及ノ沖
> ノ鳥島ニ於テハ都議會議員ノ選挙ニ関スル規定ハ當分ノ間之ヲ適用セズ

　戦後選挙権行使の機会を奪われた青ヶ島がこの地域に入っていないのは意外であるが、[36]まさしく町村制を施行しない地域が伊豆諸島・小笠原諸島中規模が少なくなったがそれに該当する島々はそのまま都議会議員選挙に参加できない規定になっている。

（2）1940年島嶼制度改正理由

　この点、『文書類纂　昭和十五・十六年　第永久種　第四類地方行政第二節

行政監督』内の「島嶼制度改正理由」は以下のように述べる。

> ……八丈島中小島（宇津木村、鳥打村）及鳥島ハ其ノ人口二四人乃至一九五人ノ少数ニシテ八丈本島トノ交通モ僅ニ一ヶ月一回ニ過ギズシテ之等諸島ニ對シ府縣制並ニ町村制ヲ施行スルハ府會議員選挙及府税徴収其ノ他制度施行上時期尚早ト認ム、又小笠原島中北硫黄島及南鳥島ニ於テモ人口僅ニ五人乃至百人ニ満タズ交通モ極メテ不便ナルヲ以テ八丈支廳管内小島及鳥島ト共ニ當分ノ間従前ノ例ニ依ルヲ適當トス

　この資料が述べているのは、要するに、これらの地域は①人口が少ないこと、②交通が発達していないこと、を理由として府県制・町村制施行地域から除外されるというのである。

　逆に、同じ伊豆諸島・小笠原諸島内において、その他の島々が府県制や町村制を施行されるようになった理由は何なのだろうか。先の「島嶼制度改正理由」では、"①島嶼ニ於ケル自治訓練ノ充實セルコト、②教育ノ普及徹底セルコト、③商業ノ發達セルコト、④島村民ガ制度改正ヲ熱望セルコト"の四点をあげている。

　理由①「島嶼ニ於ケル自治訓練ノ充實セルコト」は、伊豆七島に限定して述べられているが、名主制度時代も含め島治制度が設けられてから50年以上、島嶼町村制が施行されてから30年以上経過し、これらの特殊制度の下に自治行政を行ってきたが、現在、自治権の完全なる付与を要望してやまなくなっていること、すなわち、それは現在に至るまでの長い期間を隔てて各自の経験により生じたる信念であり自治訓練の充実せる証左となるというのである。また、衆議院議員選挙法が施行されて50年間訓練を重ねてきたこと、そして、役場事務も本土町村と何ら差異なき成績を収めていることもあげられている。

　理由②「教育ノ普及徹底セルコト」は、伊豆七島と小笠原島において、初等教育の普及充実が著しいこと、各村に青年学校が設置され青年の訓練が行われるようになったこと、青年団や教育会の組織が島民の教育向上に努めたことなどから、教育の普及の度合いが著しいものとなったとしている。

　理由③「商業ノ發達セルコト」は、伊豆七島や小笠原島において、主要産業は農漁業で副産業が畜産業・林業・養蚕業であるが、ここ五年間の島内交通の急速な発展と良き指導による進歩により、府下三多摩郡の一戸当たりの生産額

と対比しても遜色なくなってきたことをあげる。そして、温暖な気候であり近海が好漁場を有しているため、現在の島村財政だけでは十分な発達を図ることはできないから、島民による府費の負担と同時に府費を以てこれらの産業発展のための施設を作ることが最も緊要の課題であるとしている。

理由④「島村民ガ制度改正ヲ熱望セルコト」は、現行島嶼町村制下にて公民権や選挙権の著しき制限を受けて本土町村民に比べ甚だしく差別的取扱いは受けているが、各島の自治、産業、教育、交通等本土町村となんら劣る所はないため、完全なる府民としての権利を享有し義務を負担することを熱望し繰り返し陳情や請願を提出したことにあるとする。

なるほど、除外された島々はこれら四つの理由にも該当しない部分があるから、除外されたのであるという風にも読み取れる。この点、先の『文書類纂』所収の「八丈島ノ一部及小笠原島ノ一部ニ對シ當分ノ間府縣制並町村制ヲ施行セシメサル理由」には、除外された地域がなぜ除外されたのか、先の理由（①人口が少ないこと、②交通が発達していないこと）に加えより細かな理由が書かれているのでこれも紹介したい。

例えば、八丈小島や鳥島は従来島嶼町村制が施行されず"名主及寄合規約"の下に村治を行ってきたこと。北硫黄島や南鳥島は「人口僅カニ五人乃至百人足ラズ本土トノ交通ハ極メテ不便ノ状況ニシテ到底一村ヲ形成スルノ資力無キモノト認ムル」と述べられており、村を形成するレベルではないことが理由となっている。

除外された地域においても、四つの理由に該当する地域はあると考えられるし、逆も考えられる。いまいち基準がよくわからないのがこれらの資料を読んだ私自身の感想である[38]。また、八丈小島が名主制度を長い間行ってきたから町村制や府県制を施行しないというのは、国や府の無関心が引き起こしたことであって、それを八丈小島の村民に責任転嫁する発言はいかがなものかとも思う。

とにもかくにも、この結果の一部として先述した東京都制施行令116条1項のような規定が設けられるのである。これらの地域が選挙に参加できなかった理由の一つは、1900年衆議院議員選挙法110条・111条等と同じく、やはり民度や文化の発達なのである。

6. 結 語

　青ヶ島の事例を皮切りに公職選挙法8条の系譜を検討してきた。公職選挙法8条が何の考査もなく先例に従って規定されたことから、衆議院議員選挙法や町村制・府県制の考え方がどの程度反映されているのかわからない。そのまま受け継がれているとすれば、現在、港湾整備が滞り、産業も停滞化している（あるいは、せざるをえない）、その結果、島民が内向化している（内向化せざるをえない）島嶼はかなり危険な状況にあるといえる。本来、島の発展は内部からの力も無論必要であるが、本土に比べ、島民数の少なさ、島民から集められた税金額の少なさ、海上という逃げ場のない立地条件等から、都道府県レベル、そして国レベルの助力がなくては難しい部分があるのである。それを無視して、青ヶ島の有権者たちを排除した公職選挙法施行令147条は、一定地域に対する権力者側の無理解・無関心の視点を取り入れた条文の系譜を受け継いだといえる。というのも、1947年の「東京都制施行令の一部改正に関する件」（勅令第59号）は、東京都制施行令116条1項に青ヶ島が付け加わり、先の地域プラス青ヶ島は交通その他の事情から現状においては東京都長官及び東京都議会議員の選挙を行うことができないとしているのである。すなわち、交通事情だけに留まらず、"その他の事情"も踏まえた上で選挙権が行使できないとしているのである。[39] したがって、公職選挙法施行令147条は突然現れた規定ではなく、明治以来の長い系譜を持った上で作られているのである。

　仮に、この系譜を現在の公職選挙法8条も受け継いでいるとすれば（そもそもこのような政令に丸投げの条文が存在すること自体問題であるが）、青ヶ島学術調査団が提示した調査報告[40]が重要な示唆を与えてくれると考えられる。この調査報告は、青ヶ島の有権者たちが1956年の参議院議員選挙に参加できる一つのきっかけを作ったものである。

　この調査団は自らの調査報告をまとめるのみならず、結語の部分で、単なる学術的な価値に留まらず「実際に行政面その他の上に反映され具体的に資源の開発、生活の改善等を通して、住民の幸福の為に役立つことを我々は深く念願するものである[41]」と述べている。さらに続けて、比較的容易に実現可能であり

その効果が必ず島の将来を明るくすると確信できる項目を三つあげている。第一に、選挙権行使の実現[42]、第二に、定期船の寄港を確実にすること[43]、第三に、農業指導員を島に派遣し、農業技術の改善をはかり、移出品として更に有利な産物の生産の道を開くこと[44]、である。そして、最後の締め括りとして以下のように述べる[45]。

> 　島では、港湾の建設を熱望しており、今迄も再三陳情を繰り返しているのであるが種々の点でその実現は困難な模様である。調査団としては、少なくとも現在の施設の補修が実現されることは、もとより望ましいが、例え今の儘であっても、兎に角船が定期的に寄港し、それにともなって島の産業の興ることが先決問題であると思う。

　ここの部分は、青ヶ島だけでなく島嶼を緊急に救済する一つの提案がなされていると考えられる。しかし、現在に至っても当時と変わらず、島嶼側からの訴えが無視されるケースは多い。これらの訴えが島民の必要最低限度の生活保障につながるにもかかわらずである[46]。したがって、上記の提案は、現在日本に400余り存在する有人島を考えるにあたって今もなお重要な問題を提起しているのではないだろうか。

　最後に、事実関係をふまえた上でもう一度、選挙権行使が停止され続けた流れを整理してみよう。

（1段階目）　島嶼側から請願陳情が繰り返し行われている。
（2段階目）　それに対して、国側・都道府県側は何らかの対策を打たない。
（3段階目）　結果、ますます島嶼及びそこで生活する島民は孤島化・孤立化してしまい、彼らの生活が繰り返し脅かされ、民度が下がり異なる文化がますます展開されていくようになる。
（最終段階）　結果、法レベルにおいて異質な存在として選挙権行使を停止し続けさせられる……

　当時の文献や資料では、町村制が施行されない地域にのみ問題がある書き方をしていたが、ここには国側のこれらの地域に対する生存権確保の視点が欠如していたのである。公職選挙法8条を検討することは、すなわち、離島振興の

第3章　公職選挙法8条への系譜と問題点

話にも派生していくのである。

[注]
1)　高津勉『青ガ島教室──くろしおの子と五年間』（法政大学出版局・1955）、115─117頁。
2)　高津・前掲注1）117頁。
3)　高津勉編著『くろしおの子──青ヶ島の生活と記録』（新日本教育会・1955）、196─198頁。
4)　広報あおがしま327号（2017）、1頁。
5)　1989年11月7日付読売新聞夕刊14面「日本最小の村のデッカイ夢　青ヶ島にヘリ定期便を　連絡船頼り発展ない　村長が陳情」によると、この時期はまだヘリ定期便はなく、八丈島との週三便の村営連絡船と、週1回の貨物船だけが島民の交通手段であった。
6)　「青ヶ島村政要覧概要編（平成22年1月1日現在）」青ヶ島村役場のホームページ〈http://www.vill.aogashima.tokyo.jp/pdfiles/outlineH2201.pdf〉（2010年11月22日確認）の「愛らんどシャトル（ヘリコミューター）運航実績（2003年〜2007年）」によれば、1993年8月25日から定期運航を開始しているヘリコプター（機種名はシコルスキーS─76C＋。八丈島から20分）の運航率（毎朝一便、時に臨時便あり）は2003年の83％（324便運行62便欠航）が一番悪く、それ以外は90％前後である。また、同資料内の「連絡船運航実績（2002年〜2006年）」によれば、船（船名は還住丸。総トン数119トン、全長34.2m。八丈島から2時間半）は年間138〜161便である。毎朝一便の予定であるから半分以上が欠航ということになる。
　　青ヶ島の交通の歴史について記す文献として、小林亥一「交通」青ヶ島村教育委員会編『青ヶ島の生活と文化』（青ヶ島村役場・1984）、315─328頁。また、同文献には、笹本直衛「通信」、329─341頁も掲載されている。
　　私が調査で訪問した2010年8月11日〜14日（現地入は10日の予定だった）は、定期船は14日以外すべて欠航であった。ヘリコプターも一度欠航しているが、夕方臨時便が出ていた。
7)　青ヶ島は中学校までしかないため、高校は一番近くても隣島の八丈島まで行かなければならない。
8)　榎澤幸広「住所がないと投票に行けない？」石埼学・笹沼弘志・押久保倫夫編『リアル憲法学』（法律文化社・2009）、143─151頁。先駆的業績は、笹沼弘志の論文が多くあるが例えば、「市民権と住所（1─3・完）」月刊司法書士405〜407号（2005）、35─37頁（405号）、50─52頁（406号）、58─62頁（407号）。
9)　最大判2005年9月14日民集59巻7号2087頁。
10)　高津・前掲注1）117─118頁。
11)　菅田正昭「伊豆七島と伊豆諸島」『でいらほん通信』〈http://deirahon.com/sub/KAZ/KA04.html〉。
12)　青ヶ島村立青ヶ島小学校・青ヶ島村立青ヶ島中学校・社会科副読本改訂委員会編『わたしたちの青ヶ島（改訂版）』（東京都青ヶ島村教育委員会・2009）、103─104頁。

13) 青ヶ島の超短波無線開通に関する当時の状況を示す文献として例えば、斎藤八郎「青ヶ島工事手記」電信電話 8 巻 8 号（1956）、26—29頁、高津勉「夢じゃなかんのうわ（ない）」電信電話 8 巻 8 号（1956）、29—30頁。この号の39—42頁には、「孤島を呼ぶ声—青が島無線電話開通工事」というタイトルで、当時の写真が多数掲載されている。その他、日本電信電話公社関東電気通信局編『関東電信電話百年史　中』（電気通信協会・1968）、118—122頁もある。この文献の上巻には、779—781頁以外に、「青ヶ島に無線電話開通」というタイトルで、652—653頁に、建設資材運搬や機械工事などの貴重な写真が掲載されている。

14) 安田充・荒川敦編『逐条解説公職選挙法（上)』（ぎょうせい・2009）、69頁。

15) 安田・荒川編・前掲注14）70—71頁。

16) 議事録は国会会議録検索システム〈http://kokkai.ndl.go.jp/〉に示される「本文表示」と PDF ファイルを確認。以下、引用表示する発言番号は「本文表示」のもの。第 2 回衆議院本会議75号（1948年 7 月 1 日）議事録の57番目の発言。

17) 第 2 回参議院議院運営委員会60号（1948年 7 月 2 日）議事録の67番目の発言。

18) 第 5 回参議院選挙法改正に関する特別委員会参議院議員選挙法改正要綱立案に関する小委員会閉 7 号（1949年 9 月20日）議事録の61番目の発言。

19) 第 5 回参議院選挙法改正に関する特別委員会閉16号（1949年10月17日）議事録の42番目の発言。

20) 第 5 回衆議院選挙法改正に関する特別委員会12号（1949年10月17日）議事録の11番目の発言。

21) 第 2 回参議院議院運営委員会60号（1948年 7 月 2 日）議事録の68—69番目の発言。

22) 第 2 回参議院議院運営委員会60号（1948年 7 月 2 日）議事録の66—67番目の発言。

23) 第 5 回参議院選挙法改正に関する特別委員会閉16号（1949年10月17日）議事録の41番目の発言。

24) 45条は以下のように規定する。
「一選挙区内ニアル島嶼ニシテ前条期限内ニ投票函ヲ送致セルコト能ハサル情況アルトキハ府県知事ハ人名簿確定ノ日ヨリ選挙ノ期日マテノ間ニ於テ適宜ニ其ノ投票ノ期日ヲ定メ選挙会ノ期日マテ其ノ投票函ヲ送致セシムルコトヲ得」

25) 例えば、熊本貫一（林田亀太郎閲）『改正衆議院議員選挙法釈義』（明治図書出版・1901）、62—63頁。

26) 溝口雄吾（丸山嵯峨一郎閲）『改正衆議院議員選挙法詳解』（有斐閣・1902）、92—93頁。

27) 蟻川堅治『日本選挙法実用』（同盟書館・1889）、147頁。

28) 三好巻次『衆議院議員選挙法詳解』（博聞社・1890）、224頁。

29) 熊本・前掲注25）127頁。

30) 長尾景徳等（織田万閲）『改正衆議院議員選挙法正解』（講法会・1902）、199頁。

31) 第91回貴族院本会議 5 号（1946年12月 4 日）議事録。その他、第91回衆議院本会議13号（1946年12月19日）議事録。

32) この点、へき地教育について考える議論で、へき地の定義を限定的なものにしないようにするために“交通至難”と“交通困難”を種別する争点があった。衆議院文部委員会26号（1954年 4 月20日）議事録と同委員会29号（1954年 4 月30日）の議事録。

第 3 章　公職選挙法 8 条への系譜と問題点

33)　前掲・第 5 回参議院選挙法改正に関する特別委員会閉16号（1949年10月17日）議事録
と第 5 回衆議院選挙法改正に関する特別委員会12号（1949年10月17日）議事録。

34)　ここの部分の中には、2 章の内容と重複するものもあるが、文章の流れ上必要不可欠
なものであるので、そのようにさせてもらっている。

35)　ここで取り上げた『文書類纂』に所収されている多くの資料は、伊豆諸島の多くの島
が1940年に、島民の様々な選挙権を制限する島嶼町村制から解放され、町村制に切り替
わる上での重要な資料である。これ以前にも様々な資料があるが、本章では一つのキー
ポイントになるこの資料に限定して整理・検討することにする。明治期の資料を丹念に
検討する文献として、高江洲昌哉『近代日本の地方統治と「島嶼」』（ゆまに書房・
2009）。

36)　伊豆諸島東京移管百年史編さん委員会『伊豆諸島東京移管百年史　上巻』（東京都島
嶼町村会・1981年）、718頁は、詳細な説明はないものの、この条文と青ヶ島の有権者に
適用された公職選挙法施行令147条の連続性について指摘する。

37)　政治用語で伊豆七島という用語は、①属島を含まない七つの島を指す意味、②伊豆諸
島全体を含む意味で用いられる。しかしこの資料では、属島である八丈小島は排除され
ているがおそらく青ヶ島は含まれていると考えられるので、ここではどちらの意味も該
当しない。ただし、青ヶ島はこの当時まだ名主制度であったので、村長や収入役を配置
する役場事務の部分は該当しないと考えられる。

38)　あくまでも仮説の域を出ないし今後の検討が必要があるが、これらの地域の分類は来
る本土決戦に備えるための防衛拠点になりうるか否かがポイントだったのではないかと
私は推測している。

39)　この点に対する先駆的業績は、菅田正昭「公職選挙法施行令（昭和25年 5 月 1 日施
行）第147条について」『でいらほん通信』〈http://deirahon.com/sub/KAZ/KA14.
html〉。

40)　彼らは、「交通の便も悪く、狭い島内の極めて限られた環境の中で人々がどのような
生き方をしているかという問題について、身体の面を中心として、その生命を支える生
活の面に現れている様々の処置や工夫を明らかにし、又現在の状態を真に理解する為に
知らなければならない過去の状態をも特に留意して調査」するために、青ヶ島に1954年
に調査にきた。青ヶ島学術調査団「青ヶ島調査報告　第 1 集」（1955）（1990年10月 8
日、近藤四郎（大妻女子大学人間生活科学研究所）が編集したものを参照）、101頁。

41)　青ヶ島学術調査団・前掲注40）101頁。

42)　「今春の総選挙には、今迄この島では行使出来なかった選挙権を是非とも行使できる
ようにすることである。従来船便のためにこれが許されなかったのであるが、最近はヘ
リコプターも発達し、その発着可能なことは今回の調査で明らかにされたところであ
る。兎に角、国民の基本的人権である選挙権の行使については、万難を排して便宜を講
ずべきことはいうまでもない。」青ヶ島学術調査団・前掲注40）101頁。

43)　「勿論、天候の事情によって島の近くの船が行ったとしても、島との連絡が不可能な
ことであるが、月に一度は必ず寄港するよう特に汽船会社並びに関係官庁に積極的な配
慮を希望したい。現在住民の主要な現金収入源である木炭は最適期の移出が不可能で、
いたずらに俵をくさらせている現状であって、これでは、住民の生産意欲の低下も当然
と云わねばならない。又主食、煙草其の他の移入物資にしても、島内の価額は、船の来

航如何によって著しい変動をおこすばかりでなく、その欠乏は人心に影響するところ極めて甚大である。勿論、今の状態では、たとえ船が毎日寄港したとしても、汽船会社が経済的に引き合うような産物が島にあるわけではない。しかしながら船が定期的に来るという条件が備わってはじめて住民の生産意欲は向上し、産物としても木炭以外に更に便利なものが生産されるようになるにちがいないのである。」青ヶ島学術調査団・前掲注40）101頁。

44）「具体的には種々の問題が考えられるが、さし当たって、現在おびただしい被害を蒙っている野ねずみ及び害鳥の駆逐、牛、豚、鶏等の品種改良、優秀な家畜飼料の移入等は、早急に比較的容易に効果をあげ得るものと思わる。」青ヶ島学術調査団・前掲注40）101頁。

45）　青ヶ島学術調査団・前掲注40）101頁。

46）　実際、青ヶ島では従来食糧確保がより困難であり、緊急時には空輸（食料等の荷物を島に投下）する方法がとられた。

第4章 「過疎－無人島化」から考える法・政策上の争点
　　　——八丈小島全島民引揚げ事例を参考にして

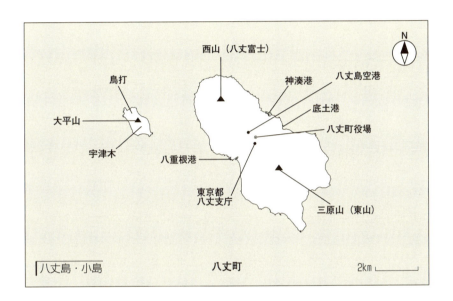

1．はじめに

　国土交通省が国勢調査を基に『2050年人口増減予測』を行っている。それを見てみると、日本のほとんどの地域で人口が半分以下に減少し、2割超は無人化してしまうとのことである。増加するのは首都圏の一部の地域（東京以外に、神奈川や千葉の都市部）と名古屋圏位で、全体の1.9％である。近畿圏も減少とのことであるし、更に細かく見ていくと、政令指定都市の人口が約20％減少、1～5万人の都市の人口が約40％減少だそうだ。
　言うまでもなく、この未来予測はこの日本において将来、"過疎化地域"や

"無人化地域"が増えることを示している。この点、政府側や自治体側が何も
せずにきたわけではない。例えば、離島振興法、山村振興法、半島振興法、へ
き地教育振興法、過疎地域自立促進特別措置法などの法律が古くから作られて
いるし、近年だと、都市の低炭素化の促進に関する法律（エコまち法）（2012年
12月4日施行）にも規定された「コンパクトシティ」の考え方に基づいた都市
計画が行われ始めている。コンパクトシティとは、郊外に広がった施設や住宅
を中心部に集約し、自治体に効率の良いまちづくりを推進させる政策のことを
いう。

　今回、私は本章でこれらの法律や政策の良し悪しを論ずるわけではない。た
だ、未来予測も重要であるが、過去に生じた"過疎化地域"や"無人化地域"
を一つ一つ丹念に調査分析することによって、今後の様々な問題に対応するた
めの処方箋を作成することも必要不可欠ではないかと考えている。この点、離
島は現在日本各地で生じているこれらの問題を先駆けてきた部分がある。今回
は、その中から1969年の八丈小島全島民引揚げの事例を取り上げたいと思う。

　八丈小島は東京都伊豆諸島の島の一つで八丈島の属島として位置づけられて
いる（東京から南方に約287km、八丈島から西に約7.5km）。歴史は古く少なくとも
室町あたりからは定住者があり、多い時には600人も住んでいたそうである。為
朝神社を始め文化的遺産の宝庫であるし[2]、第2章でもふれた地方自治法下にお
いて戦後唯一の事例である村民総会が行われた宇津木村が存在した場所でもあ
る。

　本章は、この事例に関して主に二つの点を検討したいと考える。まず初め
に、なぜこのような無人島化が生ずることになってしまったのか、その理由や
経緯を行政や学校の資料などを基に整理する[3]。

　次に、八丈小島引揚時期だけを分析するのではなく、もう少し広いスパン
で、戦後の八丈小島の歴史（特に、1954年の合併以後）を分析することによっ
て、法・政策等の問題点がなかったか考察することにある。八丈小島の二つの
自治体は元々人口も少なく予算も少なかったが、昭和の大合併のあおりをうけ
て、1954年10月1日に鳥打村が八丈島の三根村、樫立村、中之郷村、末吉村と
合併し八丈村となり、1955年4月1日には宇津木村と八丈村、そして八丈島の
大賀郷村が合併して八丈町になり現在に至っている[4]。

116

第4章 「過疎-無人島化」から考える法・政策上の争点

　この点、平成の大合併時も同様の論点があったが、大規模市町村と小規模市町村が合併した場合、庁舎の位置も含め実態として大規模市町村側の意見の方が反映されやすいし、最悪の場合には小規模市町村が継子扱いされる傾向にあると思われる。しかし、この国の最高法規である憲法に示される14条の規定（法の下の平等規定）はいかなる離島（あるいは、離島内の自治体）であっても、本土・離島間の関係、離島間の関係、主島・属島間の関係、そして離島内外の市町村間の関係において差別を受けることなく法制定や政策策定がなされることを意図しているはずである。そうであるならば、この憲法14条の要請に従って、この合併時期の法（地方自治関連の法）、その法の下に対応する人々が八丈小島のような小離島に対しどのような視点を持ち行動していたのか、検討する必要があると考える。

　以下、この二点に絞って考察していくことにしよう。[5]

2．無人島化とは

　八丈小島無人島化の詳細に触れる前に、そもそも「無人島」とは何か考える必要があろう。

　国土交通省の資料（2012年4月1日現在）によれば、日本は6852の島嶼で構成され、本州、北海道、四国、九州、沖縄本島を除く6847の離島の内、6429が無人島であるとのことである（418が有人島）。[6]

　それでは、「有人島」と「無人島」の違いは何であろうか。日本離島センター「知る―基本情報―」によると、「基本的には、5年ごとに実施される国勢調査において人口がカウントされた島、または市町村住民基本台帳に人口登録がなされている島を「有人島」、そのいずれにも該当しない島を「無人島」として把握することとなる」としている。[7]

　ならば、かつては先の「有人島」に位置づけられた島嶼がある時を境に「無人島」として把握された例はどれくらいあるのであろうか。正確な数はわからないが、例えば、浅原昭生の検証によれば、戦前戦後を含めると、大正期ごろから2001年までに79が無人島化しているし、10が離島内で廃村という形を迎えているという。[8]その内、戦後の無人島化は58のようであるが、その理由は種々

117

あると考えられる。

　例えば、2015年1月に調査に訪問した種子島西之表市に属する島、馬毛島も
これに該当する。[9] この島は種子島西之表港の西約9.3km にある面積8.20㎢・
標高71mの低平な島であり、トビウオ加工などの季節定住者は過去にいたが、
実質的には長い間無人島であったようである。戦後、食糧増産のため緊急開拓
によって、1951年から1955年にかけ100戸が移住し、サツマイモや陸稲栽培や
養豚を営むことになり、一番多い時で1959年に528人となり集落を形成するよ
うになった。その間に、小中学校分校開校、定期船就航、製糖工場誘致などな
されているが、農外収入を出稼ぎに求める農家の増加により農地の荒廃・原野
化、そもそも農業に不適合な地質であったこと、マゲジカや害虫による被害、
度重なる干ばつや風害で過疎化が進行した。1973年、馬毛島開発株式会社が島
の開拓を企図し買収を開始した頃、人口は190人58世帯であり、1980年4月21
日に無人島となっている。

　上記のような馬毛島の例も含め、無人島化していくパターンに一定の法則性
はあるのだろうか。この点、加藤賢三は、無人島化していく第一の理由を港と
岸壁がないこととした上で、三通りのパターンが存在するとしている。第一が
「いつまでもその島に棲んでいたい、島を離れたくないと国の政策をうらみな
がら連れ去られるケース（例：臥蛇島[10]）」、第二が「島ごと企業に買われるケー
ス（例：馬毛島）」、第三が「島民が、その生活の不便さと医療問題で、やや自
主的に島を離れるケース（例：八丈小島）」である。[11]

　この書では本章で扱う八丈小島や先に紹介した馬毛島も例として取り上げら
れているが、この点、「無人島化」の概念をより精緻化した須山聡の検討があ
る。この分析手法は重要であるため、彼の論稿を参考にして以下整理していく
ことにしよう。[12]

　彼は、「無人島」（居住者がいない島）と「無人化島」（かつて人間が居住してい
ながら、現在は定住者がいなくなってしまった島）の概念を区別した上で、大矢内
生気（本木修次『無人島が呼んでいる』（ハート出版・1999）所収の解説部分）が指摘
した1955年以降に無人化した島の無人化要因を分析する。[13] 彼が整理した大矢内
の指摘とは、①人口100人以上の比較的大規模な島の場合、1）噴火などの天変
地異、2）移民・出稼ぎの輩出、3）石炭などの地下資源の枯渇または不採算、

4) 石油備蓄基地など巨大プロジェクトの用地確保、5) 集落再編事業などの行政による働きかけが要因としてあげられ、②小規模の島では、1) 用水不足、2) 港湾の不備、3) 艀荷役作業の困難化を要因とするというものである。そして、彼はこの考察の結果、これらの要因の中には過疎化と関係ない要素が入り込んでおり、無人島の発生＝過疎の帰結とはいえないという疑念を提起している。

さらに、その疑念の結果、無人化島の発生要因として、過疎化以外に5分類できるとしている。[14] すなわち、①戦後入植によって開拓された島、②企業や個人が所有する島、③灯台や土地管理のための居住があった島、④いわゆる困窮島（生活に困窮した住民を一時的に避難させ生活を再建させる島）、⑤極小規模離島（本土や主島に近接し人口規模もあまりにも少ないため、生活基盤を本土や主島に依存する島）であり、様々な無人化島からこれらを取り除くことによって、過疎化の果てに無人化した島を絞り込むことができるとする。そして、このような手続によって絞られた無人化島こそが、「一時期までは地域社会を形成し、本土や他島とは別の自立的な生活を島の土地や海を基盤として営んでいながら、過疎化や高齢化によって人口規模が縮小し、共同体を維持することができず、最終的に居住を放棄した島」（「過疎‐無人化島」（人口消滅島））として位置づけることができるとしている。[15]

さらに、須山は、この「過疎‐無人化島」の例を三つ取り上げ、無人化にいたるプロセスを検討し共通要素を抽出している。この三つの事例の一つに、本章で扱う八丈小島も取り上げられている。[16]

八丈小島の場合、全員離島の希望が島の住民からなされ、行政がそれを支援した。また、島全体では最後の離島時で91人の人口があり、人口が極端に減少してから離島を決断したのではないことがわかる。二つの集落にはそれぞれ小中学校があり、電力供給もなされていた。八丈小島には生活基盤が決定的に欠如し、基本的な生活が維持できなかったのではない。地域社会に、まだ住民の意思をまとめるだけの余力がある段階での集団離島であった。

上記の文章は、須山が『八丈町勢要覧2013』を主に参考にした上で、簡潔かつ明確に、八丈小島の無人化の経緯や要素を分析したものである。

以上の須山の整理分析を念頭に置きながら、ここ7、8年程、八丈町役場や八丈島歴史民俗資料館、東京都公文書館や国立公文書館などで入手した資料を元に、以下、八丈小島の無人化の要因をより詳細に整理分析してみたいと考える。

3．八丈小島が無人化に至る経緯

　まずは、八丈小島が無人化に至るきっかけになった住民らによる請願文を見てみたいと思う。

小島地区住民の移住促進、助成に関する請願
趣　旨
　小島地区住民の文化的生活の確保、子弟の教育向上をはかるため、全住民の移住をするため応分の助成をお願いいたします。

理　由
　小島地区は、ご承知のとおり、八丈本島の属島で未だ、電気、水道医療の施設もなく、文化果つる、離島の離島として住民の生活程度は低く、高度の経済成長に伴い、生活水準は年々向上の一途をたどっている現在、その格差は益々開いて皆様方の想像以上の苦しい生活を営んでいるのが実情であります。
　更に最近若い人が島をはなれるのが多く、人口は、減少しその構成も老令化して近い将来老人ばかりの島となり本島との連絡にも事欠く事態となることは明らかであります。
　以上のような観点に立つて私達住民の将来に於ける生活を考え、全住民が生活環境が整つた地域に移住し子供の教育は勿論私達の生活向上をはかりたいと存じております。
　移住するといたしましても、ご承知のような土地であり貯もない状態でございますので、町財政も多端の折恐縮とは存じますがこのことも考慮に入れていただき移住の対策を早急にお進め下さいますようお願い申し上げます。

　この請願文は、1966（昭和41）年3月18日付のものであり、八丈小島島民から八丈町議会議長宛に提出されたものである。小島から移住したい理由を整理するならば、①電気水道医療などのインフラ整備がなされていないこと、②経

120

第4章 「過疎－無人島化」から考える法・政策上の争点

済格差が顕著なこと、③若者の島離れが深刻で年々人口が減少していること、④③の点と関係して住民の高齢化と四点に絞ることができる。[17]

それではまずこの請願文が提出された前後の状況から1969年6月に最後の一人が小島を引き揚げるまでの経緯を概略的に提示したいと思う。まず1966年の流れを見てみよう（年表1）。

年表1・1966年前半の動向

1966年3月18日　小島地区住民が「移住促進、助成に関する請願書」を八丈町議会に提出
5月28日　請願書を受理、総務財務委員会に付託
6月22日　町議会にて、総務財務委員会の結果報告を受け八丈小島住民の移住に関する請願を採択

先の請願文を受けた後、町議会の議員らが小島へ出張し請願書の内容調査を行っている（6月20日）。また、八丈町が実態調査の決定や活動を行うのが7月以降である。[18]

この点、今後より詳細な検討をしなければならないポイントをあげておきたい。一般的には、先の請願文提出がきっかけで話がスタートしたといわれるが、東京都公文書館所蔵の『小島関係原議綴　地方課』によれば、以下のような記述がある。①「41.1.24　八丈小島住民の移住について（中間報告）」と②「41.4.13　長崎県における離島分島からの住民移住について」である。

①の中間報告は、1966（昭和41）年1月24日の東京都の都内通信として、総務局行政部地方課が起案し報告している。中間報告の概要は、1）移住所要経費総額が約1.7億円、2）国・都・町の実質的負担額、3）都の立場は移住促進か当分見送りのどちらか、4）（伊豆諸島中の小島と類似条件の）利島・御蔵島・青ヶ島から一斉移住が行われた場合、八丈小島の場合の約10倍の経費が必要、5）所用経費等の正確性を期するため更なる調査検討が必要、というものである。

同綴の中に所収されている1966年6月26日付毎日新聞記事では、「昨年夏ごろから宇津木地区の人たちを中心に島を捨てる話が持ち上がっていたようだ。

121

都でも地方課長を派遣するなどして小島の意向を確かめてきたが、離島の決意は固く……」という記載がある。さらに、翌日の毎日新聞では、一昨年春、鳥打地区13世帯に「島に住みたいかどうか」のアンケートをとったところ、全員が一日も早く島から出たいとしており、1966年3月、西脇前都庁地方課長が来訪した際、鳥打地区全員が島から出たいと頼み込むという記述もある。[19]

しかし、財団法人日本離島センター『離島における集落再編の問題とその対策に関する調査報告書（昭和47年3月作成）』は、「昭和37、8年ごろ宇津木の部落長が、都は八丈小島は移転の方向で考えているという「うわさ」を聞きこんで島にもたらしている」という記述があるし、その発想が現実化したのが八丈町が樹てた以下の昭和40年の長期計画「第6節　辺地対策計画」の部分だと分析する。[20]

> 小島地区については、連絡船の建造、自家発電装置、飲料水確保のため、水槽の新設等所要の整備をし、地区住民の生活向上をはかるものとする。しかし、小島地区については、人口は年々減少の傾向であり、加えて若い人は島をきらつて転出し、現在居住している住民のうちにも他地区への移住を希望する者が多い。これらを総合して小島の将来を考慮するとき、本島町有地を造成して全住民を引揚げさせ、文化的な生活を営ませることも必要があるのではないかと考えられる。従つて、国及び都の指導と援助をお願いし、更には地区住民の動向、世論を十分把握、検討して、将来の課題といたしたい。

この資料は八丈町がこの方針を都に報告した結果、都も情況調査を行ったり、移住への方向性に話が動くことになったとも記している。[21]したがって、以上の資料を整理する限り、請願文提出の1966年3月18日を引揚検討の起点として捉えるのではなく、それ以前の昭和30年代（都や町の具体的な話だけでなく小島島民の移住希望も含め）を出発点として今後より詳細に検討する必要があるかもしれない。

さらに、八丈小島両地区の請願を受けた後、長崎県北松浦郡小値賀町野崎島舟森部落の例（三つの集落の内の一つ舟森部落の住民たちが1966年4月までに全世帯集団移住したケース）を比較検討したと思われるのが、1966年4月13日に総務局行政部地方課が起案（4月25日決裁）した②の都内通信である。[22]ここでは、移

第4章　「過疎－無人島化」から考える法・政策上の争点

住の概要（小値賀町の予算規模・人口、舟森部落住民数の推移、移住後の住宅、支度金、買収土地の利用計画、県の助成措置、移住者の分島での所得、移住推進上の主な障害）が示されている。これは、長崎県地方課職員が都庁に出張来庁した際、都側が長崎県における離島分島からの移住対策について質問したことがきっかけで、３月29日に都に送付された資料に基づき検討されたようである。この点については、今後、小値賀町や長崎県を現地調査することも必要であり、もしかすると更に八丈小島引揚関連の資料が見つかるかもしれない[23]。

　話は年表に戻って、請願採択以後、町、都と住民側で何度も話し合いが行われているが、この点についての詳細は省く。続いて1967年９月以降の簡単な流れを示したい（年表２）[24]。

年表２・1967年９月以降の動向

1967年９月９日　八丈町が東京都に対し「八丈小島住民の全員離島の実施に伴なう八丈町に対する援助」の陳情
11月９日　都首脳会議で援助の基本方針決定
12月17日　美濃部都知事来島し、住民と対話集会
1968年３月　都の1968（昭和43）年度当初予算で援助内容決定
1969年１月14日　離島開始（引揚第一陣）
１月17日　八丈町臨時議会で予算及び八丈小島離島者援護資金貸付条例成立
　　　小島小、中学校廃校のための設置条例改正条例（３月31日付廃校）成立
２月７日　都の最終決定事項「八丈小島住民の全員離島について」実施要綱等が確定し提示
３月　小島の両小中学校廃校（15日、宇津木小中（教員９人、小学生１人、中学生３人（内卒業生１人））と鳥打小中（教員８人、小学生７人（内卒業生２人）、中学生７人）両校最後の卒業式[25]）
５月18日　小島関係通信廃止（1956（昭和31）年１月　鳥打回線開通・1960（昭和35）年９月　宇津木回線開通（農村公衆電話））
６月　離島完了（引揚人口24戸91人（男49人、女42人[26][27]））

　1967年以降の流れは年表２を見てもらえばわかるので説明は不要と思われるが[28]、引揚げまでのこの間において、都と住民側との間で何度も話し合いが設けられ争点となった部分についてはふれておきたい。争点となったのは主に、①

123

土地の値段、②生活つなぎ資金、③移転補償の三項目である。

　例えば、1968年6月13日に行われた「小島引揚協議会」では、住民側とすれば、「職業の問題や生活様式が一変すること」から相応の額を求めたのに対し、都側は「予算の枠は決まつているので、その範囲内で考慮して欲しい、住民の要望は都に持ち帰り検討する」とのすれ違いが生じている[30]。その後も何度か平行線を辿るが、1968年10月16日の会合で、住民側が移転条件をのむことになり、全員離島という形になっている[31]。この移転条件とは、まず都側が①所有地（全面積144万㎡）を現住民から93円、不在地主から60円で買い上げ、②土地がない人達でも価格が50万円に満たない場合、生活保護基準額や被服費家具什器費など支給50万円が欠けないようにすること、③一人10万円の生活資金と一世帯50万円の生業資金を融資、④美濃部知事から一人5千円、一戸3万円の見舞金を支給、という形になっている。また、町側は、①引越の海上輸送費は全額負担、②都の生業、生活資金の利息の3分の2を町が肩代わり、③町営住宅への優先入居、④連絡船は協議の上無償で払下げという4点である。

4．なぜこのような無人島化が生じたのか──『学校日誌　宇津木小中学校』から

　以上、八丈小島引揚に至る概略史を見てきたがここでは、島民たちの当時の生の声を整理することによって、請願文に込められた意図をより正確に把握していきたいと考える。そこで、八丈島歴史民俗資料館所蔵の『学校日誌　宇津木小中学校』（1956（昭和31）年度〜1968（昭和43）年度）を見ていくことによって、当時の状況を整理したいと考える[32]。

　『学校日誌』に書いてある内容の基本事項は、おそらくどこの学校でも行われているであろう勉強の様子、ラジオ体操、バドミントン、ピンポンや野球などのスポーツをする児童の姿、児童同士のいざこざや教員たちがそれに対してどう対応するか悩む姿、青年団なども協力して行われた学校行事（運動会や学芸会など）などである。この日誌は当番教員によって毎日描かれているがその中には、その時読んだと思われる新聞記事のタイトルなどを記載している者、そしてその記事に対して意見を表明している者もおり、バラエティに富んだ内容となっている。『昭和丗一年度学校日誌』を例に取り上げてみると、「世界人

口の約３分の１が原水爆禁止を唱えている現状となった。全世界の人々がこれを対国に唱えるべきだ」(1956 (昭和31) 年８月６日)、「笹原・池田両レスリング選手金メダル獲得」(12月２日) などである。

しかし、本土の小中学校と異なる記述も多々見受けられる。実はそれらの部分こそ、島民たちが請願文に込めた想いとリンクする部分ではないかと私自身は推測する。以下、四点に分類して紹介しよう。

(1) 交通、特に定期船が来ないこと

一番多い記述は、定期船が予定通り来ないことについての記述である[33]。

その中の一部を取り上げてみると、『昭和卅二年度学校日誌』では、「定期船明日来る予定」(1957 (昭和32) 年４月21日)、「定期船来ず。明日も見込みなし。都より児童文化劇団の演劇も見学できない生徒は少々ガッカリしている」(４月22日)、「一昨日より天候悪く、後、二、三日は続きそうだ。身体検査のための八丈行きも、順延の状態なり」(４月23日)、「定期船、待望の船、実に二週間ぶりである」(４月27日) とある。更に翌月、「定期来島二週ぶりである」(５月16日) ともある。

『昭和卅参年度学校日誌』では、「校長、帰島予定日なるも海峡荒にて不能」(1959 (昭和34) 年３月７日)、「校長帰島できず何時になるか」(３月９日。３月11日帰島)、「午前10時30分定期船来島。天候によるが最近の定期船はその使命上誠意を認められない。20日ぶりの定期船では長すぎる」(３月16日)、「海上波浪高く定期船来島せず。田辺教諭の帰島ならず、見込 (帰島) 全く立たず」(３月22日)、「西風強く波高し、定期来航不能」(３月23日)、「20日以来おいてきぼりをくっていた田辺教諭、本日、カヌーで帰島」(３月24日)、「風波高くして定期船来航せず」(３月25日)、「定期船来航」(３月28日) とある。

『昭和三十六年度学校日誌』では、「定期船波浪のため来ず。七月一日に変更。ああ不定期船。」(1961 (昭和36) 年６月27日)、「定期船来島予定の報急にあり放送するやら注文するやらてんてこまいするも中止になりガッカリ。」(1962 (昭和37) 年２月１日) とある。

以上は、定期船に関する交通の記述であるが、宇津木 - 鳥打間の陸路交通の大変さを示すと思われる記述もあった。例えば、『昭和三十九年度学校日誌』

では、「鳥打運動会参加（陸路）。雨天のため、陸路帰還を断念し、鳥打部落に全員宿泊」（1964（昭和39）年9月30日）とある。[34]

（2）食糧不足

　以上、定期船の記述を中心に整理してきたが、定期船は単なる交通の問題だけではなく、食糧品などの必需品を運ぶ手段でもある。そこで、両者が関連している部分も紹介しておく必要がある。[35]

　例えば、『昭和丗一年度学校日誌』では、「・海上が荒れるため、定期船は当分来る様子なし。・職員・島民一同食料に困って来たようだ」（1956（昭和31）年12月12日）、「島民食料に困る」（12月17日）、「島民全部が米の味を忘れたかの如き状態である」（12月18日）、「職員一同、島民全、食料に困り、蓋にも困る。日夜、食べる話のみ？　とにかく、皆困っている」（12月20日）、「田辺及び奥山両教諭明朝鳥打へ食糧補給に向う予定及び教育庁へ電話の予定」（12月21日）、「配給米や調味料に困る暮らしも〇〇一向さわりなく人生にのんびりしているのも嬉しい。島の良さである」（12月22日）、「吾子にもあたえないで少量ながら白米を先生の処へとどけて呉れようとする懐けのある島民の心に、私共先毛温かい〇〇している」（12月23日）、「八日の定期船より16日ぶり」（12月24日）と16日間に亘る状況が記録されている（〇〇の部分は古文書体なのか不明だが判読できなかった部分）。

　『昭和丗参年度学校日誌』では、「定期船が来る頃であるが来ないので、そろそろ食糧に困って来た」（1958（昭和33）年6月16日）、「食糧に困って来た。早く定期船が来てほしい」（6月17日）、「職員一同、食糧に困ってくる。こんな事が起らぬように、どうかして貰い度いものだ。定期船は定期船としての責任を持ってほしい。港工事で来られぬという話もあるが、実に困ったものだ」（6月18日）、「食糧とどく」（6月19日）とある。

　『昭和丗四年度学校日誌』では、「今日は久方ぶりの晴天で海も静である。よって定期船が来。新聞は十四、五日分なり」（1959（昭和34）年7月20日）、「定期船、心待ちに待っていたが、荒天候の為果さず」（12月21日）とある。

　『昭和三十五年度学校日誌』では、「予定の定期船は延期とのことで、食料も不足な為鳥打と宇津木にて臨時船正栄丸をチャーター」（1960（昭和35）年10月

第4章 「過疎 - 無人島化」から考える法・政策上の争点

7日）とある。

『昭和三十七年度学校日誌』では、「早朝より来る、来ないでガタガタしていたが、結局、定期船は中止。荒れ狂う冬の海は、なかなか静寂をみせない」（1963（昭和38）年1月18日）、「船の航海は当分ダメな様子。燃料・食糧残り少々。あるいは不足して百日に海を望む。机上はほこりだらけ」（1月21日）とある。

（3）水不足

八丈小島では、水資源はほとんど天水に頼る生活をしていたため、水確保や水不足も日常の問題であった。[36]

例えば、『昭和卅参年度学校日誌』では、「待望の雨が来たが少く、一日使用分位は増水した模様」（1958（昭和33）年8月14日）、「時々雨降りて島人一日分の使用量がタンクにたまったろうと思われる」（8月21日）と記述されている。

『昭和卅四年度学校日誌』では、「水不足で雨をまっている雨蛙共は、この雨は"天のやつ雨の出しおしみをしている。"と」（1959（昭和34）年9月18日）、「又しても水不足深刻化す。タンクの水残り少なし。波高くして定期船来航せず。」（11月4日）、「久方ぶりの風呂（水は校長宅タンクより）海荒れて思い出す様にあられふりで船便なし」（1960（昭和35）年1月27日）とある。

『昭和三十五年度学校日誌』では、「貯水タンク二槽とも貯水減有量激減、水不足。」（1961（昭和36）年1月31日）、『昭和三十六年度学校日誌』では、「再び水問題が話題にのぼる。早期解決を強く要望したい」（6月30日）、「飲料水残り少し」（7月3日）、「当分飲料水を得る程の降雨は望めぬ」（7月30日）、「渇水期に、雨のない台風の訪れ……泣き面に蜂であった」（9月17日）、『昭和三十七年度学校日誌』では、「一日中雨が降り続く。学校のタンクも珍らしく、満水に近い。放射能雨だから痛し痒し」（5月28日）[37]といった記述もある。

（4）医者がいないこと[38]

八丈小島には病院設備がなく医者もいないため、例えば、毎年四月には、遠足も兼ねて八丈島に健康診断に行く様子が描かれていたり、緊急時に島民が八丈島の病院に行く様子も多々見受けられる（ここでの○○の部分は生徒の名前）。[39]

127

例えば、『昭和卅二年度学校日誌』では、「出席児童も流感全治して居らず、再発の危惧あり。依って朝礼後薬を与えて帰宅さす。無医島の悲哀を痛感す。職員もまだ全快せず」(1957（昭和32）年1月20日)、「奥山教諭島船にて、足の傷を治療に八丈島まで行く」(3月20日)、『昭和卅四年度学校日誌』では、「○○君のお母さん急病（熱射病）となり皆宝丸を八丈に向ける（7月25日)」、「歯の治療のため、○○○八丈行き（鳥打船)」(9月7日)、「○○眼疾のため、八丈に」(9月21日)など。

（5）小　括
　以上、四つのテーマに分類し記録の一部を抜き出し、宇津木小中学校の教員の生の声を紹介してきた。まさしくこの声は、請願文に示された「小島地区は、ご承知のとおり、八丈本島の属島で未だ、電気、水道医療の施設もなく、文化果つる、離島の離島として住民の生活程度は低く」という部分とリンクし、請願文の内容をリアルに感じることができる記述であった。この整理を行う上で感じたことは、果たして教育や行政も十分機能しえたのかという疑問である。例えば、校長や教員が出張などで本島に行ったはいいが、定期船欠航の結果、本島に留まらざるをえず長い期間小島を留守にしていたという記述が先の紹介も含め数多く読み取れるからだ。

5．八丈町議会で議論された八丈小島の事例

　それでは、この日誌に描かれているような状況に対し、八丈町議会はどのような対応をしたのか考察してみたいと考える。この点、合併から八丈小島島民全島引揚のきっかけを作った請願文提出までの時期に限定して、『八丈町議会会議録（昭和31～40年)』を確認してみると、八丈小島に対する町議会の取り組みを知ることができる記述がいくつか見受けられた。以下に主要なものを整理することにしよう。

（1）出張所廃止の件
　大賀郷村と宇津木村が八丈村と合併した後、1956（昭和31）年6月12日、「八

第 4 章　「過疎 - 無人島化」から考える法・政策上の争点

丈町出張所設置条例（昭30年条例第3号）の一部を改正する条例」が可決されて
いる（1956年7月1日）。内容は、「三根出張所」「宇津木出張所」「鳥打出張所」
を廃止するというものである。理由は「出張所が本庁の位置と極めて近距離に
あるものと処理業務が少いものと本庁に統合して事務能率の向上を図り併せて
財政的緩和を図ることにある」という。『昭和31年度八丈町議会会議録』（1956
年6月12日）では、総務課長が「役場としては種々検討を加へましたが小島の
鳥打、宇津木二出張所と三根出張所を廃して事務処理の能率を計りたいと思い
ます。三根出張所では必要に応じて駐在員のようなものをおいて処理する方法
も考へられる訳です」と述べているのに対し、議長が異議のないものとして原
案通り決定としている。[40]

（2）水槽施設設置

　『昭和32年度八丈町議会会議録』（1957（昭和32）年3月27日）では、「小島の両
地区に水槽施設がないため夏になると非常に困難するようですからこれが救済
の方法をとっていただきたいと発言」と「小島も合併関係村でありまして合併
後鳥打は多少面倒を見ていただいたが宇津木には何等の施設がない。町財政も
大変と思うが宜敷願いたいと発言」という記述がある。この記述にある発言者
は二人の議員であり、それに対し、課長が「鈴木議員から先般水槽施設につい
て電話を受けたので総務課長に連絡した処再建整備の関係で更生予算の時追加
しようと言う事になって居ると説明」という回答がなされている。

（3）自家発電施設[41]

　『昭和34年度八丈町議会第一回定例会会議録』（1959（昭和34）年3月20日）で
は、「次は教育の事業であるが、小島に自家発電施設が必要だ。永郷には今般
施設されたので教育効果が上ったとの事である。これは予算上から見てもそう
大きい事ではないと思うが、計画はあるか」という議員の発言に対し、教育長
は「自家発電施設については34年度に宇津木に、35年度に鳥打にやるように予
定したが、予算措置の都合によっては34年度に両地区をやるようにも考へてい
る旨説明す」と記されている。また、町長は、「自家発電については、小島で
は小学校に入れたら民間にも接続してやる考へもして調査も進めている。電力

129

供給については離島の関係もあるので宇津木、鳥打共に何等かの方法で学校、民間共に給電したいと考へているが、皆さんの御考へを願いたい。電話の方は鳥打に施設されたと同様に宇津木にも施設される事になっていると説明す」と記されている。

（4）定期船

　八丈島小島間の定期船については、1958（昭和33）年度八丈町議会で「八丈島小島間定期航路について」（議案9号）、1961（昭和36）年度八丈町町議会で「八丈島小島間定期航路運送料金条例」（第23号試案）が取り上げられている[42]。また、後者の条例と名称が若干異なるので内容が一緒か別物かは不明であるが、1972（昭和47）年町議会の議事録を見ると、「八丈島―小島間連絡船設置条例（昭和36年八丈町条例第31号）を廃止する条例」という記述がある。

6．出張所廃止の件

　5節の整理に使用した議会議事録の記録を見る限りでは、議会で検討された議案全体の比率はとりあえずおいておくとして、小島島民たちが請願文で苦慮を訴えていた点、すなわち、自家発電、水槽、定期船といった小島民の生活に関わるインフラ整備の議論が一応なされていたことがわかる。

　ただし、議事録整理にあたって登場した「出張所廃止の件」、これは請願文に登場する内容ではない。一見すると、両者の事柄は全く関連性がないようにも見受けられるかもしれないが、請願文には「更に最近若い人が島をはなれるのが多く、人口は、減少しその構成も老令化して近い将来老人ばかりの島となり本島との連絡にも事欠く事態となることは明らかであります。」と示されていた。筆者が強調した下線部に記述されている連絡手段は電話だけでなく直接八丈島に赴くことも指すと考えられる。この連絡は公私にわたると考えられるが、本庁との行政的な事務連絡で重要な役割を果たすのは正に出張所ではないだろうか。この点、聞き取り調査をした時に、合併後、小島出身者であった職員が本庁にいたのでその者を通じて小島の両地区に連絡を取っていたのではないかという話もあった。

第4章　「過疎 - 無人島化」から考える法・政策上の争点

　そこで、八丈小島における出張所の役割、そして廃止後の公的連絡手段、更に無人島化との関係を今後考察するためにも、以下では、法に示される出張所の意義や役割をまず検討し、八丈小島の事例との整合性も若干検討してみることにする。

（1）小島の二つの出張所が廃止された理由

　出張所廃止が議案として出された時、総務課長は議会にて出張所廃止理由を述べる際に「役場としては種々検討を加へましたが」と言っている。この"種々検討"の詳細を示す資料は今のところ見当っていないがしかし、理由は事務処理の能率向上と財政的緩和を図るため、①出張所が本庁の位置と極めて近距離にあるもの、②処理業務が少ないものを本庁に統合するという[43]。①は八丈島内にある三根出張所廃止理由を指すと考えられるが、八丈小島の二つの出張所廃止理由は②が該当すると考えられる[44]。

（2）地方自治法155条

　八丈町における出張所設置については現在、「八丈町出張所設置条例」（昭和31（1956）年6月14日条例第2号）がある。当該条例1条は、「地方自治法（昭和22（1947）年法律第67号）第155条第1項の規定により、町長の権限に属する事務を分掌させるため、出張所を設置する」という規定になっている。この規定から読み取れることは、出張所が"町長の権限に属する事務を分掌させる"ことであるが（"分掌"とは事務処理の便宜から事務を分担し処理すること）、もう一点、当該条例制定の根拠になっているのが、以下の地方自治法155条1項ということである。

155条1項
　普通地方公共団体の長は、その権限に属する事務を分掌させるため、条例で、必要な地に、都道府県にあつては支庁（道にあつては支庁出張所を含む。以下これに同じ。）及び地方事務所、市町村にあつては支所又は出張所を設けることができる。

この規定は、支庁・地方事務所・支所・出張所の設置を定めたものであり、

戦前の旧制度にはなかった市町村の出先機関（支所・出張所）について条例で設置できるというものである[45]。

　この規定のポイントは、第一に、支所や出張所などが「総合出先機関」として、普通地方公共団体の長の権限に属する事務全般にわたって地域的に事務を分担するというものである[46]。第二に、支所・出張所設置などに関しては条例によるものであること、第三に、自治体の長は必要な地に支所や出張所を設けることができること（市町村役場が直接所管することも可）、ということである。ちなみに、現在の規定では、位置の基準について、4条2項[47]の規定を準用し、「住民の利用に最も便利であるように、交通の事情、他の官公署との関係等について適当な考慮を払わなければならない[48]」こととされている（施行当時は、このような考慮を示す155条3項のような規定はなかった）。

　支所と出張所の違いは、「支所」が「市町村内の特定区域を限り主として市町村の事務の全般にわたつて事務を掌る事務所」を意味するのに対し、「出張所」は「住民の便宜のために市役所又は町村役場まで出向かなくてもすむ程度の簡単な事務を処理するために設置するいわゆる市役所又は町村役場の窓口の延長という取扱いが適当」とされている[49]。

　出張所の名称を用いることが適当とされる所掌事務の行政実例として、①戸籍及び住民登録に関する事務、②配給に関する事務、③公金の収納に関する事務、④国民健康保険事務中、被保険者の移動整理、台帳の整理、その他軽易なる保険事務の相談に関すること、⑤その他住民との連絡に関する事務がある[50]。

（3）類似の法規定

　国が昭和の大合併を推進する上で重要な役割を果たした三か年の限時法である町村合併促進法（昭和二八年九月一日法律第二百五十八号）の6条にも出張所の規定がある。

6条1項
　町村は、町村合併をしようとするときは、協議により、町村合併に伴い必要な町村の建設に関する計画（以下「新町村建設計画」という。）を定めなければならない。

第4章 「過疎 - 無人島化」から考える法・政策上の争点

> 2項
> 　関係町村は、新町村建設計画を定めようとするときは、あらかじめ都道府県知事の意見を聴かなければならない。
>
> 3項
> 　新町村建設計画は、おおむね左に掲げる事項について定めるものとする。
> ……2号　町村役場、支所又は出張所の統合整備に関する事項

　この規定は、新町村建設計画の策定について示したものであるが、町村が合併し今後発展していくために重要な役割を担うものである。3項には、新市町村建設計画に盛り込む事項が12（新町村建設の基本方針、小中学校・消防・病院などの統合整備に関する事項、自治体警察に関する事項など）にわたって示されているが、2番目に支所や出張所の規定があることからこの項目の重要度を伺うことができる。この点、知事は第三者的役割を担うものとして、①計画が真に妥当性があるかどうか検討し、②同時に他の町村の建設計画との間の均衡を保つ機会を持つことになる（2項）[51]。

　この策定においてふまえるべき訓示規定が、続く7条にあるのでそれも紹介したいと考える（8条は新町村建設計画の変更手続）。

> 7条1項
> 　新町村建設計画を定めるに当つては、合併町村の住民が相互に融和し、進んで合併町村の建設に協力する基本の態勢を整えるように配慮しなければならない。
>
> 2項
> 　新町村建設計画は、合併町村の住民のすべてについて、ひとしく福祉を増進させるとともに負担を分任させるように定められなければならず、また、<u>合併関係町村の施設、事業その他住民の享受する利便について合併関係町村の相互の間に均衡を失するものがある場合においてはすみやかに是正するように定められなければならない</u>（下線強調は筆者）。

　この2項の下線部分は出張所の統合や設置を考える上でも、均衡の大切さを訴えており、それを失する場合は速やかに是正するように定められなければな

133

らないとする重要な規定と考えられる。

　また、新市町村建設促進法（昭和三一年六月三〇日法律第百六十四号）7条にも地方自治法155条と類似の規定がある。

新市町村建設促進法7条
　新市町村で支所又は出張所を設けているものは、地勢、交通その他の事情に照らして、支所又は出張所の廃止又は統合に関する計画を定め、なるべくすみやかにその実現を図らなければならない。この場合において、住民の利便が低下することとならないように、事務処理の方法を改善し、連絡、通信及び交通の施設を整備する等適当な考慮を払わなければならない（下線強調は筆者）。

　この規定は、当該法律が新市町村建設のためにその一体性を確保することを急務としていることから、支所、出張所がいつまでもそのままであれば、第一に、「自らこれを中心として合併前の町村が固まり、住民の一体意識の形成を阻害すること」になるし、第二に、「本庁に職員を集中して、合理的な人事管理を行い、効率的な事務処理の態勢を整えるという合併の一つの目的を逸すること」にもなるし、第三に、「財政的に見て、支所、出張所が統廃合されれば、通信費、事務費等の物件費も節減しうること」、第四に、「その支所、出張所の施設を、公民館、保育所、授産場等に転用しうること」を意図しているものである[52]。

　ただし、地勢、交通や部落密集度などの客観的な事情を考慮して必要な場合には支所や出張所を設けること、そして、統廃合によって住民に著しく不便を与えるようになってはならず「適当な考慮」を払わなければならないとも示されている[53]。

（4）考　察

　地方自治法を始めとするこれらの関連法の規定に従うならば、八丈小島の事例は地勢や交通面から、住民との連絡に関する事務を行う役割を担うという出張所は廃止されるべきではなかったと私は考えるが、仮に廃止したとしても「適当な考慮」が払われていたのかどうかという点についても検討すべきであろう。

134

市町村自治研究会編『新市町村建設促進法逐条解説』には、適当な考慮を払うべき具体例として「1　職員の巡回制をとること。2　連絡員を部落単位におき、徴税令書や広報紙の配布、連絡事項の伝達、住民の要望事項の伝達等の事務を行わせること。3　部落電話を設置すること。4　有線放送施設を設置すること。5　オートバイ等の機動力を整備すること。6　連絡道路等を整備すること」が示されている。[54]

　また、但馬の論文は「支所、出張所を設置しない場合」に留意すべき点として、三点あげている。少々長く引用することになるが、重要なので以下示すことにしよう。[55]

---

①　住民感情——役場を失うことによる廃村感——の対立は合併後の町村運営上支障を生ずることとなるので、旧役場地域の住民に廃村感を抱かせないよう、例えば旧役場庁舎等の転用に意を用い、公民館、授産所その他住民の福祉向上の施設に転用する等サービスセンターとして部落の中心となりうるよう措置することが必要であること。[56]

②　役場移転に伴う行政上の不便を除去するためには、支所、出張所の利用率の高い納税関係については納税組合の設立を援助し、或は役場職員が機動性を発揮して、役場往復の際進んで居住地部落民の所用を弁じ、又は一定箇所に定期的に出張徴収し、更には各世帯を巡廻して所用の有無を問う等サービスに意を用うべきことも必要であること。

③　新市町村は、住民の積極的な協力援助を得るため、末端の連絡組織を通じて特に住民の関心の深い事項について、その趣旨を徹底できうる状態におくとともに、有線放送、部落電話の設置、役場と部落間の連絡用自動車等についても充分考慮し、その末端連絡組織である隣保団体との協力の方向をうまく工夫し、常時住民との連絡を密にして、新市町村の実態を熟知できるよう努めること。

　八丈小島において「適当な考慮」がどこまでなされていたのか。市町村自治研究会が示す内容と完全に重なる訳ではないが、役場勤務の連絡員らしき人（連絡員という名称が適切かどうかはわからないが……）がいたのは確かである。また、区毎に電話も一応設置されていたし、二つの文献が示す陸路を海路と置き換えれば、連絡用手段としても位置づけることができる定期船の航路も一応整

備されていた。

　そう考えるならば、出張所は廃止されたものの「適当な考慮」がなされていたといえるかもしれない。しかし、定期船の欠航率の多さは先に示した通りで連絡用手段としては機能的であるとはいえない。

　また、電話についても、当時しっかりと機能していたか疑わしい。鳥打の教員であった漆原智良の著書によれば、「島民は船の来島日が決まると、八丈島の商店にバッテリーを利用した無線電話で商品を注文します。しかし、無線の電話一本ですから、コメがコナに、マメがマスに、タバコがタワシに……と、間違って届けられることがたびたびありました」という記述があるからだ。[57]そう考えるならば、やはり出張所を廃止することが正解であったのか疑問である。

　さらに忘れてはならないのが、支所・出張所が一般的に果たしてきた通常の業務執行以外の役割である。[58]支所・出張所は、第一に、行政主体としての市町村と、住民とのコミュニケーションの媒体としての役割を果たしてきたという点がある。そして、第二に、支所・出張所が例えば老人クラブや婦人会などの各種民間団体の連絡や指導を行うといった地域住民のいわば準公的な活動の核となり得るという点もある。

　八丈小島の出張所が島民にとってどのような場所であったかを示す資料は見当たらないので出張所が実際に果たした役割はわからないが、出張所廃止後唯一の公共機関であった学校がコミュニティ形成に重要な役割を果たしたようである。[59]特に求められたのが、「リクリエーション機能」で、例えば、運動会、学芸会、映画会などがそうであったという。そう考えるならば、出張所の存在も単なる事務処理機関に止まらず、本島と小島を繋ぐ役割、そして鳥打地区や宇津木地区それぞれの島民たち（あるいは、小島島民全体）のコミュニティ形成に何らか寄与する可能性があったのではないだろうか。

7．当該地域出身議員の存在

　出張所（町行政機関）と八丈小島との関係を前節で考察してきたので、次は議会と八丈小島との関係を改めて考察していきたいと考える。ここで検討した

いのは、議員定数の問題や当該地域出身議員の存在である。

　この問題を取り上げる理由は、小離島内の声を反映するシステムは、主島側（役所や町民）が耳を傾けることも無論必要であるが、小離島側から離島側に発信する作業、そしてそれを媒介する人物の存在も必要になるからである[60]。先の出張所や連絡員もそれに当てはまるが、他の一例を示していると思われるのが、その地区の出身者である議会議員の存在である。ここでは、八丈小島が無人島に至る経緯をもたらしたかもしれない数多くある可能性の一つとして、第一次合併時から引揚に至るまでの議員数や内訳の変動を考察してみようと考える。また、八丈小島の二村とほぼ同時期に合併し、現在も無人島化していない、四つの島を含む三重県鳥羽市の例との比較を試みることで、この争点に対する一つの解をえたいと考える[61]。

（1）八丈島の事例

　繰り返しになるが、八丈島にはもともと、五つの村（大賀郷村、三根村、樫立村、中之郷村、末吉村）が存在し、八丈小島には二つの村（宇津木村、鳥打村）が存在した。この七つの村は、一島一自治体とする昭和の大合併のうねりを受けて、1954年10月に、大賀郷と宇津木以外の五村が合併し八丈村になり（第一次合併）、翌1955年4月に八丈村と大賀郷村・宇津木村が合併し、八丈町になっている（第二次合併）[62]。

　合併協議時には、庁舎の位置など様々なことが問題になったが、その中の一つが議員定数の問題である[63]。

1）　第一次合併時

　『市町村配置分合告示　東京都　昭二八・八・一〇―昭二九・一〇・一』（国立公文書館所蔵。以下、『市町村配置分合告示　東京都①』とする）に所収されている、安井誠一郎東京都知事が吉田茂内閣総理大臣にあてた「村の配置分合について」（総行地収第411号の1（昭和29年9月24日））では、以下のようなことが記されている。

7　選挙区について
　……村会議員については、各村の従来の地域をそのまゝ各選挙区とする予定。
　8　議員の任期及び定数について
　町村合併促進法第9条第2項第1号の規定により、合併後最初に行われる選挙により選出される議会の議員の任期に相当する期間、定員2名増加し24名とする予定。

　　この資料から理解できることは、1) とりあえず選挙区が合併以前の地域と同様であること、2) 合併後の最初の選挙は町村合併促進法9条2項1号（議員の任期、定数に関する特例規定）に基づくこと、3) 定数は24名であること、の三点である。
　　最終的に、選挙区は、一区が三根（定数11人）、二区が樫立（定数4人）、三区が中之郷（定数6人）、四区が末吉（定数4人）、五区が鳥打（定数1人）となっており、定数は先の資料では24名であったが、9月26日に八丈支庁で開催された五ケ村合併協議会において、更に2名増加の26名に決定したようである。[64]
　　『市町村配置分合告示　東京都①』内の資料によると、1954（昭和29）年8月1日時点（要するに、合併直前）の人口数は計8674人（議員定員総数60人）で、その内訳は三根村4233人（14名）、樫立村1270人（12名）、中之郷村1884人（16名）、末吉村1185人（13名）、鳥打村102人（5名）である。[65]
　　ちなみに、1954年10月25日、村長・村議選が行われたが、無投票当選した鳥打五区を除き、熱い戦いが繰り広げられたようである。[66]

2)　第二次合併時

　　『市町村配置分合告示　東京都　自昭二九・一一・三至昭三〇・四・一』（以下、『市町村配置分合告示　東京都②』とする）では、八丈村（8790人）に大賀郷村（4031人）と宇津木村（66人）が編入合併されるにあたっての資料が数多く示されているが、「合併に伴う議員の定数・任期」の所で、「町村合併促進法第九条第一項第二号の規定による」という記述が見受けられる。
　　また、各村議会の議案として提出された「議員の任期定数の特例を定めることについて」では、「大賀郷村及び宇津木村を廃し、その区域を八丈村に編入

第4章 「過疎－無人島化」から考える法・政策上の争点

し、昭和三十年四月一日から施行することに伴い、八丈村の議会の議員の任期
定数については、八丈村、大賀郷村及び宇津木村の協議により、町村合併促進
法第九条第一項第二号の規定に基く特例によるものとする」としている。その
理由としてあげられていたことは、「大賀郷村及び宇津木村編入後の八丈村の
議員の任期、定数については町村合併促進法第九条の特例規定によることが適
当と思はれるので本案を提出します」というものであった。

　ここで示される協議内容は、三村の村長が1955（昭和30）年3月23日に協議
し署名した「協議書」に記載されているがその内容は、「大賀郷村及び宇津木
村を廃し、その区域をもって八丈村に編入し、昭和三十年四月一日から施行す
ることに伴い、八丈村の議会の議員の任期、定数については、関係各村の協議
により、町村合併促進法第九条第一項第二号の規定に基く特例によることに定
めたので、ここに署名捺印し各一通を保管する」とある。

　9条1項2号は簡潔に言うと議員の任期、定数に関する特例規定であるが、
大賀郷村の議員全員がそのまま八丈村の議員となるというものである（任期も
八丈村議員の残任期間と一緒）。この案は同年1月24日、春副知事が出した幹旋案
であるが、この案が成立するまでには、大賀郷村で対等派が対等合併を繰り返
し訴えたり（最終的には、賛成8、反対5）、八丈村でも三派に分かれ激しい論戦
となったようだ（副知事案賛成派、合併は賛成だが議員数は人口比とする反対派、意
見表示しない派の三派であるが最終的には満場一致で賛成）[67]。

　第二次合併直前の各村の議員数の内訳（1955（昭和30）年3月1日現在）は、
八丈村が26人、大賀郷村18人である。この点、宇津木村は地方自治法94条に基
づき、議会制を廃し、村民総会を採用しているので村内の有権者全員が会員と
いうことになり、村議選を通じ選挙で選ばれた議員は存在しない[68]。

3）　それ以後の選挙

　昭和32年度町議会（1958（昭和33）年3月末）では、選挙区について全島一区
とすることが表明されている[69]。議員定数は26名（現在42名（1958年7月時点））で
あるが、10月24日の任期満了をめぐって様々な意見が飛び交っていたようであ
り、これが『南海タイムス』に記されている[70]。

139

今度の改選で十六名が減るわけであるが、世論の中には町民一萬三千人なら千人に一
　　人の割合で十三名、それに正副議長合せて十五名あれば充分だとの意見もあるが、定
　　員二十六名は現議会で條例改正の斷行でもやらない限り無理だとみられる（これを發
　　言推進する議員があるとすれば別だが…）。

　これは人口比に基づく主張であると考えられるが、他にも以下のような主張
があげられている。
　　　　　　　71)

　　選挙區については勿論全島一區であるが、議員の中には、小選挙區制（舊村單位）を
　　主張しこれが實現に一部議員が動いている向きもあるといわれるが、表面だつた動き
　　はなく主に坂上にこの意見が聞かれると傳えられる。これに對し心ある人達は、舊村
　　對立意識が大分薄れている矢先とんでもないことだと反對している。對立斗争が何ら
　　益ないことを身を以って体験した人たちの真剣な聲のようだ。

　ここでは更に、旧村単位での小選挙区制を採用すべきという主張（要する
に、全島一区制に反対する意見）や全島一区制に賛成する意見が示されている。
この点、全島一区制に賛成する理由は、八丈町成立から四年目で各村対立意識
が薄れているところがポイントにあげられている。しかし、この全島一区制が
八丈小島にもたらす問題点も南海タイムスの記事に示されている。
　　　　　　　　　　　　　　　　　　　　　　　　　　　　72)

　　△鳥打－鈴木長松氏が現議で出ているが、鳥打宇津木合せて推しても相當苦戦が豫想
　　される。

　この部分は旧選挙区の議員たちの当落予想が示されており、鳥打選挙区から
出ていた町議、あるいは小島からの立候補者がいたとしても当選は難しいとい
う予想がされている。というのも当時の八丈町有権者数が6748名であり、その
内訳は三根2281名、大賀郷2047名、樫立623名、中之郷1029名、末吉680名、宇
津木34名、鳥打54名であった。有権者数を議員定員数で単純に割るならば、約
260票確保しなければならないことになる。
　この点、南海タイムス社の予想では、「……三十人立つとして約二百票の得
票が當確、二五〇から三百とる候補者が数名いるとしても百五十から百七、八

140

十とらないと当選圏内とはいえない。有権者の目もこえて來ているだけに、議員もかつての親戚議員の座だけでは當選はおぼつかない」としており、選挙間近の記事でも「定員は特例の四十二名が姿を消して、二十六名になるので、相當の自信がなければ出馬は困難だと云われ」、出馬数が相当減り、最低ラインが150台ではないかとしている。[74]

10月18日の町議選では、34人の立候補者が立ち（宇津木・鳥打からは無し）、当選議員の最低得票ラインが137票であった。この選挙時の八丈小島の有権者数は「宇津木30、鳥打53、計83」であるため、単純計算で捉えるならば、小島から誰かが立候補しても南海タイムスが指摘するように当選は難しかったといえる。

続く1962（昭和37）年10月19日の町議選は、三根8人、大賀郷7人、樫立4人、中之郷5人、末吉2人の当選であった（当日有権者数は6966人（投票者数6418人）、宇津木当日有権者数25人（投票者数23人）、鳥打当日有権者数47人（投票者数44人）。宇津木・鳥打からは立候補無し）。[75]今回の選挙で当選するための最低得票数が146票であった。

そして、1966（昭和41）年10月7日の町議選は、三根7人、大賀郷10人、樫立2人、中之郷4人、末吉3人の当選であった（当日有権者数6822人（投票者数6273人）、宇津木当日有権者数32人（投票者数25人）、鳥打当日有権者数44人（投票者数41人）。宇津木・鳥打からは立候補無し）。[76]今回の選挙において、当選するための最低得票数は165票であった。

3）小　括

以上の整理から理解できることは、八丈町誕生以後の小島出身議員は鳥打の1人のみであり、それ以降、小島から立候補した町会議員はいないということである。無論、合併前後に小島から八丈島に移住した人もいるのでこの人たちの関わりも今後検討する必要があるが、現時点手元にある資料から判断できたことは、先の点に加え、宇津木村が村民総会制度を採用していたことから合併時点から宇津木出身者は議員として組み込まれなかったこと、そして旧村単位の小選挙区制から全島一区制になったことである。

（２）鳥羽市の答志島の場合

　それでは、この点についてより詳細な知見を得るために以前調査に行った答志島を題材にして比較してみたいと考える。

　答志島は三重県にある六つの離島の内の一つで、面積6.98ｋ㎡、周囲26.3km、人口2144人779世帯から成る[77]。島は、答志町答志（1126人345世帯（男522人・女604人））、答志町和具（409人161世帯（男195人・女214人））、桃取町（609人273世帯（男267人・女342人））と三つの集落がある。鳥羽港の北東2.5km に位置する鳥羽市最大の島である。鳥羽市の他の構成は、本土と神島、菅島、坂手島の三つの離島である。

　産業面は、漁業中心であるが、現在漁業と観光の調和のとれた地域振興を目指している。

　答志島には戦後二つの自治体（桃取村・答志村）が存在していたが、昭和の大合併の流れを受け、鳥羽市制が1954年11月１日施行されることになり、鳥羽町、加茂村、長岡村、鏡浦村、桃取村、答志村、菅島村、神島村が合併し、その区域が鳥羽市となり現在へと至ることになる（昭和29（1954）年10月２日三重県告示第779号、昭和29年10月30日総理府告示第909号）[78]。

　1）　現在の議会構成

　ここ最近２回の鳥羽市議選の結果をまず見てみたいと思う。

　2011年４月24日に行われた鳥羽市議選では14議席中３議席が離島関係者であり、その内訳を見てみると、答志島からは二人で、浜口一利議員（62歳（当選時）。無所属で２回目の当選。答志島活性化団体座長（元）鳥羽磯部漁協理事。答志町）と橋本真一郎議員（65歳（当選時）。無所属で３回目の当選。飲食業（元）鳥羽高ＰＴＡ会長・答志町和具町内会長。答志町）、菅島が木下為一議員（61歳（当時）。無所属で２回目の当選。釣りいかだ業・市副議長（元）町内会長・近鉄社員。菅島町）となっている[79]。

　続く2015年４月26日に行われた鳥羽市議選では１議席減ったが14議席中２議席が離島関係者であり、浜口議員（66歳（当選時））と橋本議員（69歳（当選時））両名とも前回から引き続き当選している[80]。

　このように、四つの離島関係者がすべて同時に議員になっているわけではな

第4章 「過疎－無人島化」から考える法・政策上の争点

いが、離島の視点を市議会に直接反映できる可能性が広がることは重要である[81]。

それではこういった構成は現在だけのものなのであろうか。『鳥羽市史　下巻』によると、「歴代市議会議員一覧表（第5期（1967年5月1日～1971年4月30日）－第10期（1987年5月1日～1991年4月30日）」が示されている[82]。

各期の市議会議員定員数の中に離島関係者が含まれる内訳を見てみると、第5期定員30名中7名（坂手町2名、菅島町1名、答志町2名、桃取町2名）、第6期定員30名中9名（神島町1名、坂手町2名、菅島町1名、答志町3名、桃取町2名）、第7期定員30名中8名（神島町1名、坂手町2名、菅島町1名、答志町3名、桃取町1名）、第8期定員28名中6名（神島町1名、坂手町1名、菅島町1名、答志町2名、桃取町1名）、第9期定員26名中6名（神島町1名、坂手町1名、菅島町1名、答志町2名、桃取町1名）、第10期定員24名中5名（神島町1名、坂手町1名、菅島町1名、答志町2名）となっている。

これらの内訳から読み取れることは、離島関係者が必ず議員になっており、第6期は約3分の1を占め、さらに4離島（答志島の2つの地区も含む）から全て当選していることである。

これは鳥羽市の4離島島民の政治意識の高さの表れと読み取ることができるかもしれない。ただし、本章ではこの点について詳細な検討を加える余裕はないため、ここの部分については今後の検討課題としたい。しかし、このような内訳に至る理由は鳥羽の戦後地方自治史から読み取ることも可能であるため、この点については紹介したいと思う。

2）　合併以後

鳥羽町、加茂村、長岡村、鏡浦村、桃取村、答志村、菅島村、神島村が合併し、その区域が鳥羽市となったことは先述したが、先の系譜はここに起源を遡ることができる[83]。

ちなみに、合併時の人口（1950（昭和25）年10月1日国勢調査調）は、鳥羽町1万1117人、加茂村5474人、長岡村3808人、鏡浦村2734人、桃取村1630人、答志村2996人、菅島村1145人、神島村1318人、計3万222人である。

各町村長による1954年2月1日からの会合協議の結果、6月1日に鳥羽地区

143

八か町村合併促進協議会が設置され、そこで11月１日に鳥羽市が発足するわけだが、その際、いくつかの合併条件が交わされている[84]。そこには、庁舎の位置、各町村の旧役場を戸籍・配給などの窓口業務を行う支所として使用すること、旧町村の全財産の新市への帰属などが示されているが、議員任期と定数については、「町村合併促進法の任期特例により、昭和30（1955）年４月22日まで旧町村議員定数の合計とし、任期満了後のつぎの選挙は旧町村を単位とする小選挙区制（定数30人）。教育委員会委員も同様に任期・定数を特例とする。農業委員会は各町村毎に設置」と「各町村三役は昭和30（1955）年３月31日まで市参与として残置、職員は新市に引き継ぐ」という条件が示されている[85]。

　議員定数に関する当時の公文書を見てみると、具体的な法条文や定数などがわかるので参照してみることにする。各町村議会に提出された議案「鳥羽町、加茂村、長岡村、鏡浦村、桃取村、答志村、菅島村、神島村の合併後の新市における議会の議員の任期、定数に関する特例について」では、例えば、鳥羽町の議案内容（1954（昭和29）年９月９日提出・可決）を見てみると、「本町と志摩郡加茂村、長岡村、鏡浦村、桃取村、答志村、菅島村、神島村との協議により合併後における議会の議員の任期、定数に関する特例については町村合併促進法第九条第一項第一号によるものとしその期間を次のとおり定めるものとする」と記され[86]、1955年４月22日（期間満了の日）前30日以内に一般選挙を行うことも示されている[87]。さらに、その一般選挙の定員30人の「選挙区は公職選挙法第十五条第五項により旧関係町村単位にこれを設ける」とされ、定員数は第一区（旧鳥羽町）10人、第二区（旧加茂村）５人、第三区（旧長岡村）３人、第四区（旧鏡浦村）３人、第五区（旧桃取村）２人、第六区（旧答志村）３人、第七区（旧菅島村）２人、第八区（旧神島村）２人という内訳が示されている[88]。

　この合併条件の残滓を実は『鳥羽市農業委員会の選挙による委員の定数条例（昭和31（1956）年６月29日条例第20号。最終改正：平成18（2006）年９月29日条例第37号）』から読み取ることができる。現行条例の附則部分である。ここには、「１　この条例は、公布の日から施行し、鳥羽市に設置されている鳥羽、加茂、長岡、鏡浦、桃取、答志及び菅島の各農業委員会を廃し、これを統合して新たに設置された鳥羽市農業委員会の最初に行われる選挙による委員となる者の選挙から適用する。２　旧鳥羽町、旧加茂村、旧長岡村、旧鏡浦村、旧桃取村、

第 4 章 「過疎 – 無人島化」から考える法・政策上の争点

旧答志村並びに旧菅島村の区域毎に適用のそれぞれの農業委員会の選挙による委員の定数条例は、これを廃止する。」という規定がある。

ところで、合併条件における議員定数に話は戻るが、町村合併促進法 9 条 1 項に基づき、1955 年 4 月 30 日までは合併時の町村議員 126 名全員での構成になった。それぞれ自治体の議員定数の内訳は、鳥羽町 26 人、加茂村 16 人、長岡村 16 人、鏡浦村 16 人、桃取村 12 人、答志村 16 人、菅島村 16 人、神島村 12 人である[89]。1955 年 4 月 8 日、小選挙区制で市議会議員選挙が実施されるが、その内容は 1954 年 7 月 24 日開催の第二回町村合併協議会における決定である。そこには、「二、議会議員の選挙区について　小選挙区制を採用する。選挙区は旧関係町村単位にこれを設ける。これに各二名の固有議員定数を配し、爾余十四を人口別段階によって配する」とされ、鳥羽 10 名、加茂 5 名、長岡 3 名、鏡浦 3 名、桃取 2 名、答志 3 名、菅島 2 名、神島 2 名となっている（計 30 名だから約 3 分の 1 が離島）[90]。ちなみに、当時の各町村の人口は全体で 3 万 264 人、内訳は鳥羽町 1 万 1142 人、桃取村 1636 人、答志村 3001 人、神島村 1382 人、菅島村 1178 人、加茂村 5483 人、鏡浦村 2798 人、長岡村 3644 人である[91]。

その後の 1958 年 1 月、市議会議員選挙（1 市 1 区の大選挙区制）に改正されることになり、第三期の市議会議員選挙（1959 年 4 月 30 日）から実施されることになる。昭和 40 年代以降、定数削減が議論され、最終的に現在の 14 議席という形になる（鳥羽市議会議員定数条例（平成 12（2000）年 3 月 30 日条例第 17 号。最終改正：平成 23（2011）年 3 月 10 日条例第 3 号））。

3) 小　括

合併後の選挙において、選挙区が旧町村毎に設けられたことから、各離島民の意向はそれぞれの区から選出された議員を通じて議会に反映されていただろうことが予測される。

八丈島と異なる点は（宇津木の村民総会といった日本で唯一の事例との比較はさておき）、五点ある。

まず一点目。鳥羽は合併直後、各旧町村議員全員が議員になっており、離島出身の議員は 126 人中 56 人（約 44％）であった。それに対し、八丈村は選挙が行われ 26 名中 1 名のみが小島出身者であった（約 4％）。

145

二点目。八丈町が第二期の町議選挙から1島1区制を採用したのに対し、鳥羽市はもう一期後の第三期市議選から1市1区制を採用したことである。この点、この一期の差がどの程度違いをもたらしたのかは今後検討しなければならないであろう。

三点目。八丈小島からは二期以降無人島化に至るまで議員どころか立候補者すら出ていなかったのに対し、鳥羽市の離島の場合、安定して離島出身者が立候補・当選し、2011年までの議員定数の内、3分の1〜5分の1が常時、離島出身者であったという点である。その構図は議員定数が削減された後も変わっていなかったが、現在は7分の1になっている。それでも、二人の離島出身者がおり、その中の一人、浜口議員は2015年5月15日、新議長に選ばれている[92]。

四点目。離島地区ではない議員の意識。中日新聞が立候補者に行ったアンケート（セールスポイント、公約や公約実現に向けた具体的な施策）で、答志町出身の浜口議員は「公約実現に向けた具体的な施策」の一つとして「市営定期船事業への助成」をあげているが、離島地区からではない戸上健議員が「離島を結ぶ架橋の実現」をあげていた点も一つのポイントとしてあげることができるかもしれない[93]。この点、南海タイムスの当時の新聞記事を読む限りにおいては、八丈島の議員らが小島政策を公約として挙げていたのかは不明である。10年間の議会議事録で扱われた項目もあまり多くないのは先に示した通りである。

五点目。離島の有権者数。離島からの候補者が1人減り2人になった2015年市議選において、ある陣営関係者が「離島を制す者は選挙を制す」と口にしているように、有権者1万7000人余中3200人（全体の19%）を占める離島票は内陸の候補者も無視することはできず、立候補者17人のほとんどが離島での遊説を予定していたという[94]。このことは、1市1区制であっても離島が声をあげそれを市政に反映させることを難しくさせるものではなく、1島1区制になった瞬間、票数を確保できなくなってしまった八丈小島の事例と決定的に異なるものである。

以上から、鳥羽市の事例は現在も離島民の要望が現在も議員を通じて議会に反映されやすい可能性を示していると考えられる（無論、離島の状況（鳥羽市の離島は内海で八丈島・八丈小島は外海）が異なるので一概には言えないが……）[95]。

第4章 「過疎－無人島化」から考える法・政策上の争点

（3）町村合併促進法9条について

　以上の比較検討を通じて、繰り返し登場した言葉、町村合併推進法9条がある。先にも示したようにこの条文自体が議員の任期、定数に関する特例規定であるため、本章の内容に関係するものとして考察することも重要であると考える。

　町村合併促進法（法律第二百五十八号（昭和二八年九月一日））とは、「町村が町村合併によりその組織及び運営を合理的且つ能率的にし、住民の福祉を増進するように規模の適正化を図ることを積極的に促進し、もつて町村における地方自治の本旨の充分な実現に資することを目的」とするものである（1条）。

　それでは、本題である9条の条文は以下に示すことにしよう。

9条1項
　町村合併の際合併関係町村の議会の議員で当該合併町村の議会の議員の被選挙権を有することとなるものは、合併関係町村の協議により、左の各号に掲げる期限に限り、引き続き合併町村の議会の議員として在任することができる。この場合において町村合併の際に当該合併町村の議会の議員である者の数が地方自治法第九十一条[96]の規定による定数をこえるときは、同条の規定にかかわらず、当該数をもつて当該合併町村の議会の議員の定数とし、議員に欠員が生じ、又は議員がすべてなくなつたときは、これに応じて、その定数は、同条の規定による定数に至るまで減少するものとする。
　一　新たに設置された合併町村にあつては、町村合併後一箇年をこえない範囲で当該協議で定める期間
　二　他の町村の区域の全部又は一部を編入した合併町村にあつては、その編入をする合併関係町村の議会の議員の残任期間に相当する期間

9条2項
　合併町村においては、地方自治法第九十一条第一項の規定にかかわらず、合併関係町村の協議により、左の各号に掲げる期間に限り、同項に規定する定数の二倍に相当する数をこえない範囲でその議会の議員の定数を増加することができる。但し、議員がすべてなくなつたときは、その定数は、同項の規定による定数に復帰するものとする。
　一　新たに設置された合併町村にあつては、町村合併後最初に行われる選挙により選出される議会の議員の任期に相当する期間
　二　他の町村の区域の全部又は一部を編入した合併町村にあつては、その編入を

147

する合併関係町村の議会の議員の残任期間に相当する期間

　9条3項
　　前項の規定は、第一項の協議が成立した場合には適用しない。

　9条4項
　　第一項又は第二項の協議については、当該合併関係町村の議会の議決を経るものとし、その協議が成立したときは、合併関係町村は、直ちにその内容を告示しなければならない。

　この条文が認められた趣旨は、第一に、職を失う議員への配慮にある。要するに、「町村合併に際し、合併を議決すべき町村の議会の議員が、町村合併の結果、その職を失うこととなるため、心理的に合併に対して消極的となることがあるので、その懸念を除去すること」である[97]。

　第二に、新町村建設計画と合併前の各関係町村議員との関係。要するに、「今後の町村合併は、従前のように、只合併するだけでなく、合併後の町村の建設に関する詳細な計画を定めた上で行われる」ものであって、この新町村建設計画を定める主体が合併前の各関係町村の議員であることから、「関係町村の希望事項が、この計画に織込まれるので、その誠実な実施を担保するためにも、新町村の建設を、その作成者自身の責任において或る期間行わしめることが適当である場合もあり得ると考えられたこと」にもよる[98]。

　第三に、任意選択規定。「新町村として発足する場合はすべて気分を一新する方がよいと考えられる場合もあり得ることが考えられるので、本条の規定は任意選択を認めており、合併関係町村の協議によって本条の特例を援用するも、また地方自治法本来の建前によるも差支えないこと」となっている[99]。

　この点、当該法9条は、二つの特例型を設けており、第一の型が、従前の議員をそのまま合併町村の議員とするもの（1項）、第二の型が選挙を行い、定数を地方自治法の規定の二倍まで増加可能とするもの（2項）である。

　八丈町は、第一次合併時は第二の型、第二次合併時は第一の型を協議により採用し、鳥羽市は第一の型を協議により採用したことになる。

　以上の整理から、①合併町村の任意選択という限定付だが、町村合併促進法

９条自体が弱小町村に配慮する規定となっていること、②そして、八丈町にしても鳥羽市にしてもこの９条の型を協議の上採用した結果、議会を通じて旧町村の声を反映することが可能となったことが理解できた。しかし、③この時点で、直接民主主義的な村民総会を行っていた宇津木村はその法システムから除外されてしまったという点も理解できる。

８．結　語

　以上、八丈小島無人島化に至る経緯から、行政や議会の関わり合いについて検討してきた。本章では、従来の過疎化や無人島化に至る要因として真っ先にあげられるインフラ整備の問題についても、先行研究と対比させながら公文書などの現地資料を通じて読み解いてきた。特に、従来あまり検討されていないがそのきっかけを作ったかもしれない要因の一つとして、出張所が廃止された点と選挙区が１島１区制に改定された点にあるのではないかと推測し考察してきた。詳細は論文の中で書いたのでここでは論じないが、出張所が廃止されず、選挙区が全島一区という形でなければ、小島島民たちの声も少なからず反映され、他の伊豆諸島の島々のように、現在も小島の貴重な歴史や文化が受け継がれた可能性もあったかもしれない。無論、この二つの要因が全てであるわけではないが……。

　しかし、このような整理から今後考察しなければならない論点はまだまだたくさんある。実際、町議会が請願を採択した後の南海タイムスの記事に興味深い内容が示されていたので、今後の検討課題にするために以下に引用したい[100]。

　　小島の土地を放棄し、国か町の財産にしない限り、一たん移住してまた戻ることも予想され、同じ結果を繰りかえさないか、それに無人化した島の将来をどう管理するかなどあるが、離島の後進性を除いて、人並みの生活を、制定された離島振興法は、今年で丁度十四年目を迎えたが、まだその恩恵に浴さない全国離島の一つのケースとして、小島全員引揚げ問題は注目される。

　ここの部分は、①国有化という手段を用いて島民の居住移転の自由（憲法22条）を制限する案、②生存権や教育を受ける権利など憲法に示される社会権規

定と離島の関係、③憲法と離島振興法の関係、④当時の離島振興法の恩恵を受けられる離島振興指定地域を確定する線引きなどの問題といった、現在も検討すべき論点が多々潜んでいる。

　また、他の資料では、小島の人々の収入源が様々な悪条件が重なった結果失業対策事業の日雇になっていること、そして、八丈町や都が小島に支出している昭和40年度の金額2777万7千円（内、八丈町支出金432万円）の内、教育費用2045万8千円（教職員（小学校7人と中学校12人）費1839万6千円と学校管理費206万2千円）で7割強、連絡船・航路費用が1割弱（連絡船建造費160万円、航路運営費59万4千円、航路補助分4万円）、失対費・生活保護費が2割弱（失業対策費431万円・生活保護費（7世帯）60万1千円）、その他（事務連絡費2万4千円と通信関係費15万円）と示されている。この内訳をみる限り、教育費用に大部分が割かれているわけだが、このような財政支出が果たして適切なのか、やはり憲法上の人権と経済学的考察を結びつけて検討する必要があろう（無論、子どもたちの教育を受ける権利を否定する意味ではない）。

　引き続き、これらの論点を詳細に検討していく予定であるがこれらの研究が、現在の様々な有人離島や本土の過疎化地域が抱える問題に対する一助になればと思う。

［注］
1)　例えば、国土交通省国土政策局の『新たな「国土のグランドデザイン」骨子参考資料（平成26年3月28日）』〈http://www.mlit.go.jp/common/001033672.pdf〉。
2)　海洋信仰研究会のメンバーが進めている八丈小島遺跡調査を取り上げた南海タイムス1991年の記事『まるで神様のアパート——小島に祭祀遺跡群』の中で、「……自然露出した石の祠（ほこら）が並んでいる。「それはまるで神様のアパートのようだ」と調査員はいう……」という記載があり、歴史学や遺跡学などの研究対象として八丈小島の重要性が示されている。
3)　この点、長嶋俊介は、「硫黄鳥島の地政学と無人島化研究の意義——避難・移住・移民顛末と移住後生活誌の総括」島嶼研究10号（2010）の中で、無人島調査の利点・意義を示している。その一つとして、「島嶼経営が何故「破綻」したのかの追究も大切である」とした上で、「……島嶼経営負担の重さ（遠隔・上陸施設・港湾航路事情）は社会環境的支援（社会・島嶼事情）の裏表でもある。公的支援・関与の実体を［現場学的に検証］する上でこの上ない場所でもある」と意義を述べているし、さらに、今後住む場合何に耐えなければならないかという未来志向的な提示もしている（30頁）。
4)　南博・吉岡慎一は「離島市町村の『平成の大合併』を巡る動向分析」島嶼研究10号

150

第4章 「過疎－無人島化」から考える法・政策上の争点

(2010) の中で、平成の大合併において合併した全域離島市町村がどのようなタイプの合併を行ったか六つのパターン（①1島1市町村型、②島内部分合併型、③複数離島合併型、④属島化型、⑤一部属島化型、⑥複数離島部分合併型）に類型化している（16頁）。このような分析手法は「昭和の大合併」時にもあてはめることが可能であると思われる。本章でメインに扱う八丈小島の事例（八丈島を主島、八丈小島を二次離島と仮にした場合）をこのパターンにあてはめさせてもらうならば、①の型（複数の市町村によって構成されていた一つ離島が当該離島のみで一つの市町村となった場合で、二次離島を有する場合もここに含む）ということになろう。後述する鳥羽市の離島四島の事例は④の型（島内に一以上の市町村がある離島が本土の市町村と合併し、属島化する場合）ということになるだろう。

5) 離島を考える上で最も重要な「離島振興法」については別稿に委ねたい。ただし、2013年4月に施行された改正離島振興法の基本理念の中に、無人島化の増加や急激な過疎化を防止し、離島における定住促進を図ることが示されているという点は重要である。この点について解説を加える文献として、市原正幸「無人島化阻止へ、人口減少に配慮―指定基準50年ぶり見直し」地方行政10393号（2013）、14―15頁。

6) 国土交通省国土政策局離島振興課（平成24年10月）「資料2：離島の現状」〈http://www.mlit.go.jp/common/000228919.pdf〉。

　島の数え方は、関係する最大縮尺海図と陸図（縮尺1／2.5万）で数え、島の定義は「①周囲が0.1km以上のもの。②何らかの形で本土とつながっている島について、それが橋、防波堤のような細い構造物でつながっている場合は島として扱い、それより幅が広くつながっていて本土と一体化しているようなものは除外、③埋立地は除外」に基づいている。この定義は、日本海洋データセンター（海上保安庁水路部）「「海の相談室」トピックス」JODCニュース34号（1987）、11頁が元になってその後海上保安庁で活用されているようである。ただし、海洋法に関する国際連合条約121条1項では、「島とは、自然に形成された陸地であって、水に囲まれ、満潮時においても水面上にあるもの」とされているし、「この数字自体、あくまで上記暫定基準にもとづいてカウントされた数であり、周囲0.1km以上などの基準＝島の定義ではないことに留意してほしい」という日本離島センターの指摘もふまえておく必要がある。日本離島センター「知る―基本情報―」〈http://www.nijinet.or.jp/info/faq/tabid/65/Default.aspx〉。

7) 前注の日本離島センター「知る―基本情報―」では、本文引用部分の前段落で以下のように注意を示している。「島の数の把握と同様、有人島と無人島の区分についてもまた困難がともなう。付近の有人島や本土側から出耕作が営まれている島、漁期のみ定住がみられる島、国家公務員のみが交替で駐在する島など、半定住のようなケースが存在するためだ。」

8) 「無人島化した離島一覧」（ＨＥＹＡＮＥＫＯのHP）〈http://www.din.or.jp/~heyaneko/0mujintou.html〉。

　現在はよりその状況が進行していると推測されるが、より詳細な調査が必要となるため、今後の検討課題としたい。

9) ここの部分は、日本離島センター編『SHIMADAS（第2版）』（日本離島センター・2004）の「馬毛島」（1049頁）と馬毛島環境問題対策編集委員会編『馬毛島、宝の島――豊かな自然、歴史と乱開発』（南方新社・2010）の長野広美「馬毛島の開発の歴史

と自然を守る運動」内の年表（85─91頁）を大部分参考にしている。

10)　挙家全島民離島の最大原因である港湾事情の現地確認を行っている文献として、長嶋俊介「臥蛇島生活痕跡調査」南太平洋海域研究調査報告51号（2011）、87─93頁。この文献では、1970年代の均衡ある国土形成政策（効率主義国策）に翻弄された臥蛇島に対して、似た条件であるが無人島化していない伊豆諸島の御蔵島や青ヶ島と比較して、「現地を踏まえて、あと10年臥蛇島で生活（者が一人でもいて）が続いていたら、港湾条件の改善があったと思えて仕方がない」という記述があり、重要な指摘と考えられる（93頁）。

11)　加藤賢三『無人島「人間」幻視行』（サンケイ出版・1981）、19頁。

12)　須山聡「戦後日本における無人化島の発生──過疎化言説に対する批判的考察」駒澤地理51号（2015）、15─34頁。また、移住開拓島の無人島化を分析する文献として、野地恒有「移住開拓島の無人島化──移住開拓島の民俗学ノート（三）」日本文化論叢21号（2013）、53─63頁。

13)　須山・前掲注12) 19頁。

14)　須山・前掲注12) 20頁。

15)　須山・前掲注12) 20頁。

16)　須山・前掲注12) 25頁。

17)　澤田裕之「東京都八丈小島における経済活動と集落」立正大学文学部論叢69号（1981）は、高度経済成長期以前の一般農村の人口流出パターンとは異なる形態、すなわち、「減少は人口のみでなく、世帯数そのものにも及んでいた点」が八丈小島には見られると分析している（4頁）。これは、①義務教育終了者の島外就職→②若年層の流出→③挙家離島へと進むパターンだという。

18)　東京都八丈町『昭和41年　小島地区実態調査』（1966）では、小島への都や町の支出、住民実態、居住についての調査など、八丈町による小島調査の内容が示されている。

19)　鳥打地区の成人を対象に、1967年1～3月、「離村に関する意見や懸念」などの住民対象意識調査を行った成果をまとめた貴重な論文として、松平信久「全村離島とその住民意識──経済成長期初期における一島嶼の事例から」立教大学教育学科研究年報58号（2014）、159─177頁。

20)　財団法人日本離島センター『離島における集落再編の問題とその対策に関する調査報告書（昭和47年3月作成）』、170─171頁。

21)　財団法人日本離島センター・前掲注20) 171頁。

22)　ちなみに、八丈町所蔵の『42～48　小島引揚関係書類綴　八丈町総務課』には、「十島村昭和44年度村勢要覧」が入っているが、比較検討したと思われる資料がこれ以外残っていない。鹿児島県十島村内にある臥蛇島は1970（昭和45）年に無人島化している。こちらの無人島化が生じるのは、八丈小島の事例の翌年であるが、臥蛇島島民移住問題は戦後から問題となっていたため、都や町はその点も比較検討していたかもしれない。臥蛇島無人島化へ至る経緯について詳細に論じる文献として、皆村武一『村落共同体崩壊の構造──トカラの島じまと臥蛇島無人島への歴史』（南方新社・2006）。

23)　この点、2016年9月、2017年8月に小値賀島に調査に行ったが現時点では関連する資料を見つけることはできなかった。

第4章 「過疎-無人島化」から考える法・政策上の争点

24) この間、八丈町が小島引揚対策を行うために「小島引揚対策要綱」を作成し、これに従ってそれ以降行動している（東京都八丈島八丈町『小島引揚問題 その経過及び方針（昭和42年6月）』(1967)）。この要綱の目的は「小島住民の社会的、文化的及び経済的生活の安定を図り福祉の向上に努めるため、小島地域社会に於けるこれらの基盤整備は困難であるところから小島住民が全戸移住を希望しているので、その要望に添うため八丈町に於てはこの要綱に定めるところによつて住民の引揚を実施するものとする」とある。具体的な内容は、「第2 小島所在不動産の処理」、「第3 引揚後の土地利用計画」、「第4 引揚移住に必要な計画措置」、「第5 移転に伴う財政及び資金計画」、「第6 個人別移転計画」と項目分けされている。この中の「第4 引揚移住に必要な計画措置」では、さらに「八丈本島への移住計画」（住宅対策や職業の斡旋と経営資金の貸付）、「八丈島以外への移住計画」、「その他の事項」と分類され、「第5 移転に伴う財政及び資金計画」では町の負担や国・都の財政的援助に関して示されているが、「町が直接負担するもの」と「直接投資又は資金のあっせんをするもの」との項目に分類されている。

25) 卒業式の様子は、八丈町のふるさと塾に保管されていた『昭和44年度起 八丈小島引き揚げ記録』に詳細が記されている。

また、八丈小島はへき地教育振興法により指定される条件が最も厳しい5級の学校であったが、他地域のへき地校に比べ、生徒数に対する教員数で恵まれていたという（鳥打校小中学生25名程度・教職員7、8名。宇津木の学生10数名・教職員6名程度）。松平・前掲注19) 162頁。ただし、同頁に、「手厚い人事配置であったが、人件費を含む教育予算の負担が全員離島を促す行政側からの大きな要因となっていたことは十分に推測できる」という記述がある。

26) 広報はちじょう207号内の「支庁の窓 NO.12 八丈小島について」では、無人島になった八丈小島のその後について記されている。項目は、「小島は宿泊禁止」、「小島の山羊の扱い」、「小島の有効利用」。

27) その後直近では、四か月ぶりの鳥打小学校でのキャンプ（1969年8月）や引揚者特別交付金請求締切（1970年5月31日）などがあった。

また、八丈町立鳥打小中学校編『八丈小島最終号』(1969)はこの引揚について子どもたちの率直な思いがいくつもの作文という形で描かれている。引っ越すことや生まれ故郷がなくなることが厭だという作文、引っ越しを楽しみにする反面、新しい場所への不安を示す作文。そして引っ越すと、お店があるし、学校にはいっぱい子どもたちがいるからいいけど、友達になってくれるか心配する作文など。

28) 南海タイムス1968年1月1日1382号では以下のような記事がある。

「……昭和四十三年、それは八丈島にとつてまさに世紀の年なのだ。有史以来連綿と続いて来た小島の歴史に、全島民離島という決定的終止符が打たれようとしている。しかも、日本のすべての離島が背負つている宿命が解決されるか否かの試金石としてである。

政治の貧困か時代の趨勢か、敗退か轉進かなどと言つていられる時ではなく、全国離島の示標となるべき金字塔が、金色さん然と大平山上に輝くような解決を迫られているのである。……」

29) この点、合意後の話であるが、八丈町と八丈支庁は引揚者に職場の斡旋を行うことに

153

なり、八丈本島内の職場求人を希望する場合、町役場総務課か八丈支庁総務課「小島引揚担当係」への連絡を望んでいるとの記載がある。南海タイムス1968年11月24日1427号。

30) 南海タイムス1968年6月16日1405号。その後の会合でも、お互いの部分修正はなされたがまだ平行線を辿っている。南海タイムス1968年8月11日1413号。ただ、同号では、記事の最後に「八月中旬以降に再度会合を持つことを約し、結論の出ないま、閉会したが、両者の意見交換の中には、早期妥結の空気が満ちて、引揚げ促進は一歩も二歩も前進したと見受けられた」という記載がある。

31) 南海タイムス1968年10月20日1422号。

32) 鳥打の学校日誌は確認した限りではあまり所蔵されていなかったこと（昭和43年度と30年代後半の計三巻が所蔵）、所蔵されているものの内容も宇津木に比べ簡潔に示されていたことから、話は宇津木が中心となる。

33) 1968年4月21〜28日に東京都教育委員会により実施された八丈小島の民俗及び人文地理についての調査に参加した前掲注17）の澤田裕之の論文「東京都八丈小島における経済活動と集落」によれば、「島外との連絡は主として週一回の八丈町営の連絡船に依存したほかは、稀に両集落に各一隻ずつあった緊急用の連絡船が利用された。しかし両集落ともに港湾施設を欠くために、その連絡船も9月から翌4月までは欠航することがしばしばであった」（4頁）という記述がある。

34) 八丈小島内の鳥打－宇津木間の交通も地形上の問題からなかなか厳しかったため、松平・前掲注19）での言葉を借りれば「日常的には双方はほぼ孤立状態」（162頁）であった。

35) 八丈町長であった峯元清次が著した『私の回顧録』（新清クリエイティブ・2002）によれば、「小島住民の全島引揚げ」の所で、「……高齢化した両地区の住民は、農業者も減って野菜等の食料品のほとんどを八丈島の商店から購入していたが、季節風の強い冬場の連絡船が来ない日が続く時は、食生活にも困窮し、また体の具合が悪くなった時の不安感が常につきまとうようになって来ていた」（137頁）と記述する一方、「学校の備品を使った発電で日没から夜の十時頃まで電気が点き、テレビを見ることができるようになって、幾ばくかの文化生活を楽しむようになっていた」（同頁）という記述もある。また、松平・前掲注19）の論文によれば、「……灯火はランプが用いられていた。ただし、鳥打では、1964年から、学校用のディーゼル発電機を用いて一家に一灯分だけ夜の2時間程度配電が行われるようになった。電柱用の木材の切り出しや電柱立て、配線工事は島民が行い、毎晩の発電操作は教員が交代で担当した」とある（161頁）。

36) 峯元・前掲注35）によれば、「小島の鳥打及び宇津木地区に対する渇水時の飲料水等の給水は、漁船をチャーターして行っていたが、波が少し高いと危険で適時に行うことができなかった」（137頁）という記述がある。また、松平・前掲注19）の論文では、「急峻な地形、火山灰地などの条件から、流水や地下水はなく、飲料水、生活用水はすべて天水を貯水タンクに貯めて使用した。不完全な貯水漕であったから、枯葉、砂塵、ボーフラ、その他の混入は不可避であった……」という記述もある（161頁）。

37) ここの部分は「とうとうアメリカも水爆実験を行う。又々放射能入りの天水をいただき体内で米ソ平和共存、仲良くなつている日もそんなに遠くはないだろう」（4月26日）と関連する部分であると思われる。南海タイムス1961年9月17日1065号では、ソ連の核

第4章 「過疎‐無人島化」から考える法・政策上の争点

実験によるものかどうか定かではないが、降雨の中に相当量の放射能含有が認められるとする「九月の降雨に放射能」という記事がある。

38) 南海タイムスの記事「青ヶ島小島へ都の診療班」(1961年7月2日1054号) では、無医村の青ヶ島・無医地区の小島に都の医療班が診療のため来島する記事がある。その他、1962年7月8日1105号も同様の記事。また、1964年には、鳥打で流感が猛威をふるい部落の人はとんどが罹患し、鳥打小中学校が13日午後から全校休校に入り、「学校全体が病院と化した」という記事も示されている。同校は医師の派遣を町の教育委員会を通じて町役場に要請し、「町は波が静まるのを待つて、十五日診療班を派遣した」とも示されている。南海タイムス1964年2月26日1186号記事。

ただし、八丈島でも本土に比して医療問題は長年の懸念であったことも附言しておく必要がある。例えば、『昭和34年第四回議会臨時会会議録』(1959年5月27日) では、昨年連れて来た医者がすぐ帰ってしまったことや『昭和36年第5回八丈町議会臨時会会議録』(1961年7月20日) では、町長が「耳鼻咽喉科専門医がなく、東京へ行かねばならない。厚生省に派遣依頼したが、まだはっきりわからん」と述べている。その後も医師の確保問題はたびたび登場する。その後、統合病院が建設されることになる。関連する記事として「懸案の夢叶う 八丈町統合病院建設へ 日本醫科大学と提携」南海タイムス1965年2月21日1237号。

39) 松平・前掲注19) の論文では、「自給できない生活用品は上記定期船によって調達し、風邪や腹痛、軽度の怪我などは学校の教師による手当てなどで対応し……」という記述がある (161頁)。

40) 但馬椎達「新市町村における支所、出張所について」地方自治136号 (1959) によれば、1957 (昭和32) 年8月15日現在、1848の調査対象市町村では合併時に5802ヶ所の支所・出張所が設置されたが、その後同日までに1302ヶ所が廃止されたという (36頁)。また、合併時と調査日現在における支所、出張所の年間所要経費は28億円余の節約額であり、「大局的見地からみると当該市町村の財政の消費的経費の節約が図られ、それを投資的経費にふりむけることによつて、地方自治の本旨である地方公共団体の健全な発達がはかられ、かつ、能率的な運営が行われ、ひいては住民の福祉の向上に資するものといわねばならない」(73頁) という記述もある。

41) 南海タイムス1961年10月1日1067号では、小島用に電電公社が試作した簡易無線機用の80ワットの風力発電装置工事の記事が載っている。

42) 南海タイムス1961年11月12日1073号では、「小島定期船料金決る」というタイトルで「〇八丈島‐小島間定期航路運送料金條例・東京都で毎月四千圓の補助があるが収支はトントンである。 八丈‐小島間大人八〇圓小人四〇圓。手荷物は一才につき一〇圓、成牛千圓、中牛五百圓、小牛二百圓、豚二百圓、小豚百圓、山羊二百圓」という記述がある。

43) この点、日本全国における町村合併後、合併条件として旧町村役場を支所や出張所として置いている現状に対する不合理性として、但馬・前掲注40) は、①役場までの距離または支所、出張所相互間の距離が必要以上に近く、かつ、設置数が多いこと、②支所、出張所の管轄区域は殆んど旧町村の区域であつてその区域が合理化されていないこと、③支所、出張所に旧町村の長等の高級職員をおいていること、④殆んどが支所の名称を冠しているが、その性格は出張所であることをあげている (39頁)。

155

44) 東京都自治年報56号（1957）には八丈町の四つの出張所も含む「支所・出張所に関する調」が掲載されている（84—85頁）。この調に掲載されたグラフを私が簡素化した各出張所の職員数や本庁との距離などの内訳は以下の通りとなる。ちなみに、廃止された三つの出張所の内訳は示されていないが、東京都編『東京都町村合併誌』（東京都・1957）によれば、八丈村時の出張所職員数は、三根11人、樫立6人、中之郷5人、末吉5人、鳥打1人であったという（395頁）。

出張所名	人口（人）	職員数（人）	予算（昭和31年度）（千円）	一日平均取扱事務件数	本庁との距離	バス
大賀郷	3827	4	2091	56件	2.6km	15分
樫 立	1231	3	1029	32件	8.4km	25分
中之郷	1875	4	1234	58件	10.2km	40分
末 吉	1200	4	1353	13.2件	15.6km	55分

45) 今村都南雄・辻山幸宣編（㈶地方自治総合研究所監修）『逐条研究地方自治法Ⅲ　執行機関──給与その他の給付』（敬文堂・2004）、345—351頁。旧制度の出発点である1926（大正15）年の地方官官制の全部改正（勅令第147号）の43条は府県支庁の設置に関して規定しているが、「島地其ノ他交通不便ノ地」に府県支庁を設置できるという部分にルーツを確認することができる。

46) 松本英昭『新版逐条地方自治法（第8次改訂版）』（学陽書房・2015）、538頁。ちなみに、153条は、普通地方公共団体の長による委任代理の規定となっている。出先機関の新しいあり方を模索する文献として、「駅ビルに市役所の出先機関をおくことの可否■支所・出張所・連絡所」自治実務セミナー8巻1号（1969）、26頁、「隣接する市の駅ビルに図書館や出張所を設けることができるか」自治実務セミナー37巻5号（1998）、18—19頁、武岡明子「市町村の支所・出張所改革──札幌市および世田谷区の事例から」札幌法学23巻2号（2012）、39—68頁がある。

47) 地方自治法4条は以下の通り。
「地方公共団体は、その事務所の位置を定め又はこれを変更しようとするときは、条例でこれを定めなければならない。
　2　前項の事務所の位置を定め又はこれを変更するに当つては、住民の利用に最も便利であるように、交通の事情、他の官公署との関係等について適当な考慮を払わなければならない。
　3　第一項の条例を制定し又は改廃しようとするときは、当該地方公共団体の議会において出席議員の三分の二以上の者の同意がなければならない。」

48) 松本・前掲注46)540頁。同頁には、「……一般にその区域の比較的小さい市町村にあつて、市町村役場の外なお支所を設置しうるとしたのは、市町村の合併があつた場合、又は特に交通不便の地域などについて、市町村の事務のおおむね全般を分掌させるためにその設置の必要性が予想されたからである（通牒昭22・8・8）」という記述がある。

49) 松本・前掲注46)541頁。しかし、「出張所を特定区域の総合事務所として住民の利便に供するために、市町村の事務の全般にわたって所掌させたとしても、それを違法とす

第4章 「過疎-無人島化」から考える法・政策上の争点

るにはあたらないであろう」とされる。今村・辻山編・前掲注45）352頁。

50）　千葉恒三郎編『議案：文例とその作成要望』（学陽書房・1963）、139頁。

51）　林忠雄『町村合併の諸問題と町村合併促進法——逐条解説』（柏林書房・1954）、135頁。

52）　市町村自治研究会編『新市町村建設促進法逐条解説』（第一法規・1956）、65—66頁。

53）　市町村自治研究会編・前掲注52）66頁。また、滝沢昭次によれば、町村合併推進本部の決定による、新市町村建設計画の作成要領（1953（昭和28）年12月12日）では、「地域が広く或は交通の不便である等の特別の事情があり、住民の日常生活に著しい不便を及ぼすような場合を除き、なるべく支所又は出張所を設けないようにすること……」との方針が示され、その後の同本部決定の新市町村建設方針（1956（昭和31）年1月31日）でも同趣旨の指針が示されていたという。滝沢昭次「支所・出張所のあり方」地方自治248号（1968）、50頁。

54）　市町村自治研究会編・前掲注52）66—67頁。

55）　但馬・前掲注40）45—46頁。

56）　但馬・前掲注40）によれば、当時の支所・出張所の設置目的は、「住民の日常生活上の不便の問題よりも旧町村の役場が廃止されることによる住民の廃村感による場合、若しくは、単なる旧町村の立場から行政上の主導権を依然として獲得しておこうとする」ものが少なくないという（43頁）。

57）　漆原智良『子どもの心がかがやくとき——これからの幼児の育ちを考える』（フレーベル館・2005）、40頁。

58）　木村仁「支所、出張所とコミュニティ」自治研究538号（1969）、169—170頁。

59）　松平信久「八丈小島の人とくらし」月刊社会教育114号（1967）、69—70頁。

60）　この点、町政相談、地区別移動相談、町政意見質問などの公聴活動を行う計画があるという記事がある。「聲なき民の聲を聞く　八丈町「公聴活動」を企画　明るい住みよい町づくりに」南海タイムス1963年6月23日1153号。

61）　ちなみに、八丈島から南に数十km行ったところに、青ヶ島があるが、日本で最小の自治体として現在も存在している。青ヶ島といった、似たようなタイプの伊豆諸島の無人島化していない島々との比較も今後重要であると考える。この点、例えば、南海タイムス1971年8月8日1560号では、「六年間で三分の一減少　第二の小島にするな　青ヶ島振興開発で陳情請願」という記事がある。

62）　東京都編・前掲注44）359—399頁。

63）　他にも、「合併に伴う教育委員や農業委員会委員の定数・任期」についても考察する必要があるが、今回はふれない。

64）　南海タイムス1954年10月3日718号。

65）　カッコ内に示した、議員総数と各村の議員数は『市町村配置分合告示　東京都①』内所収の各村議会それぞれの合併に関する議事録に示された議員名（議長や副議長を含む）を数えた結果である。ちなみに、同文書内所収の「現況表（昭和29年8月1日）」には、定員総数が62名となっている。

66）　南海タイムス1954年10月24日721号、1954年10月31日722号。

67）　南海タイムス1955年3月27日741号。

68）　『昭和30年3月23日の宇津木村村民總会々議録』では、"議員の任期定数の特例を定め

157

ることについて"の案件（第2号案件）で、15番の会員が「本案は原案通り可決し後日
合併関係村の協議により出して頂ければこれにこした事はないと思ひますが当村には定
数もありませんので無理と思ひます。いずれにしろ原案通り決定して良いと思います」
という記述、13番の会員が「私は十五番の意見と同じです。原案に賛成します」という
記述がある。この第2号案件は本総会にて原案通り決定となっている。

69) 南海タイムス1958年4月6日892号。

70) 南海タイムス1958年7月6日905号。

71) 南海タイムス1958年7月6日905号。

72) 南海タイムス1958年7月6日905号。

73) 南海タイムス1958年7月6日905号。

74) 南海タイムス1958年9月28日917号。

75) 南海タイムス1962年10月21日1120号。この記事では、単なる地区毎の代表に止まら
ず、社会党や創価学会公認候補が当選する様が示され、今後の議会運営への変化がどう
なるかという点が示されている。

76) 南海タイムス1966年10月9日1322号。各地区の予想顔触れでも、宇津木・鳥打は取り
上げられていない。南海タイムス1966年9月11日1317号。この選挙において、鳥打・宇
津木の話題が出るのは、繰上投票についてである。南海タイムス1966年8月14日1313
号。

77) 鳥羽市地区別人口・高齢者数（平成29年10月末日現在）〈https://www.city.toba.mie.
jp/kikaku/toukei/21tukibetuzinkou/29nen/tikubetuzinkou.html〉。

78) 三重県総務部地方課編『三重懸町村合併誌』（三重県総務部地方課・1959）、729―743
頁。坂手村は1942（昭和17）年6月10日に鳥羽町に編入されている。

79) 議員のデータは、中日新聞刊三重総合2011年4月25日、9頁。

80) 中日新聞朝刊三重総合2015年4月27日、9頁。

81) このように離島から議員が選出される理由の一つは、鳥羽市の人口20508人中離島地
区人口3759人（2014年10月末日現在）と約5分の1が島民で占められているからもし
れない。

82) 鳥羽市史編さん室編『鳥羽市史　下巻』（ぎょうせい・1991）、372―374頁。

83) 鳥羽市史編さん室篇・前掲注82）322―329、368―370頁。

84) 鳥羽市史編さん室篇・前掲注82）327―329頁に示される「合併までの経緯」では合併
以前の町村が合併へ至るまでの経緯が年表形式で示されている。その年表によれば、答
志村以外の町村は、一番早くても1954年1月10日、菅島村役場で村議会議員が合併につ
きその必要性を協議し対策委員を選出している。そして、それ以後他の町村でもそれぞ
れの協議がスタートする形になっているが、答志村は前年の1953年10月20日に答志村役
場にて団体役員、教員、部落代表が「合併につき協議その必要を全員認め啓発に努める
ことを協議」したと示されている（328頁）。ここの部分は今後詳細な検討が必要になる
と思われるが、答志村の村民たちの合併意識の高さや連帯性をもしかすると読み取るこ
とができる部分かもしれない。

85) 鳥羽市史編さん室篇・前掲注82）325頁。

86) 『市町村廃置分合告示　三重県　自昭二九・一〇・一五至　〃　一一・一』（国立公文
書館所蔵）所収の鳥羽市内資料。

158

第4章 「過疎－無人島化」から考える法・政策上の争点

87） 『市町村廃置分合告示　三重県　自昭二九・一〇・一五至　〃　一一・一』所収の鳥
羽市の「（十）市議会議員一般選挙執行の関係」

88） 『市町村廃置分合告示　三重県　自昭二九・一〇・一五至　〃　一一・一』所収の鳥
羽市の「町村合併促進法施行に伴うもの　〇議会議員の関係」の部分。

89） 『市町村廃置分合告示　三重県　自昭二九・一〇・一五至　〃　一一・一』所収の鳥
羽市の「3町村議会議員」の部分。

90） 鳥羽市史編さん室篇・前掲注82）369頁。

91） 鳥羽市史編さん室篇・前掲注82）326頁。

92） 中日新聞朝刊三重版2015年5月16日、22頁。浜口議員は三期目で監査委員や副議長な
どを歴任している。

93） 中日新聞朝刊伊勢志摩版2015年4月22日、16頁。

94） 中日新聞朝刊三重版2015年4月23日、22頁。

95） また、これらの考察の正しさを実証するには、議員自体が議会で積極的に離島民のため
の発言やルール作りに関わっていることが必要になる。彼らの意見がどのように先述
の条例やその他の点に反映されているのかという点である。したがって、こちらも今後
の検討課題としてあげられる。
また、鳥羽市には離島が4島存在するため、現在の離島出身議員が出身の島のみのた
めに行動しているのか、4島全体のために行動しているのかも考察する必要があろう。

96） 1947年5月3日施行時の地方自治法91条1項は、市町村議会議員の定数定限につい
て、例えば、人口2千人未満の町村の場合12人、人口2千人以上5千人未満の町村の場
合16人、人口5千人以上1万人未満の町村の場合22人、人口1万以上2万人未満の町村
の場合26人と規定する（この定限を超えない限りにおいて、条例で増減可能）。

97） 林・前掲注51）141頁。

98） 林・前掲注51）141頁。

99） 林・前掲注51）135頁。

100） 南海タイムス1966年6月26日1306号。

101） 東京都八丈町『昭和41年小島地区実態調査』。澤田・前掲注17）は、失業対策事業が
島民たちに安定した現金収入をもたらしたというメリットがあったとする反面、「しか
しそれへの従業が他の生産活動への従業時間を奪うことになり、人口流出に伴う労働力
不足とともに島の産業の停滞ないし衰退の一因となった」という分析をしている（30─
31頁）。また、松平・前掲注19）は、「……島民にとって重要な現金収入の途となってい
たのは失業対策事業である。これにはほとんどの成人男性が参加した……」とあり更に
「高齢の夫婦、一人暮らしの人たちは生活保護費受給者となっていた」という記述があ
る（161頁）。

第5章　小笠原村村政審議会の概要と問題点
　　　——小笠原諸島『復帰』後の村政に関する一考察

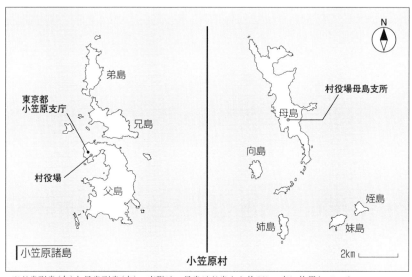

※父島列島(左)と母島列島(右)。実際は、母島は父島から約50km南に位置している。

1．はじめに

　読売新聞1979年3月8日付の記事「小笠原村からの報告——洋上1000キロの有権者たち　上」に以下のような記述がある[1]。

> 　小笠原諸島には戦前、大村、扇村・袋沢村、沖村、北村、硫黄島村の五か村があり、それぞれに村長、村会議員がいた。それが太平洋戦争で米軍の統治下に置かれ、平和条約で村制は廃止された。さる四十三年、本土に復帰、小笠原村となって

第5章　小笠原村村政審議会の概要と問題点

からも、都の支庁長が村長職務執行者となり、住民から選ばれる六人の村政審議会
委員（任期一年）の質問を受けるだけで、村長、村議は置かれなかった。
　村長、村議が置かれなかったのは、人口が少なかったためもあるが、都の"直
轄"ということで、復興事業をスムーズに進める面もあった。……

　小笠原村になった以降の部分から読み取れる内容は、①1968（昭和43）年に
小笠原諸島が日本に『復帰』した際、住民らによって選ばれた村長・村議が存
在しなかったこと、②代わりに、村長職務執行者（＝都の支庁長）がいたこ
と、③住民から選ばれた村政審議会委員が存在したこと、の三点である。さら
に、そのような理由として、人口数の少なさと復興事業をスムーズに進めるた
めという二点があげられている。
　この記事に示される小笠原諸島は、現在も空路はなく、基本的には、東京・
竹芝桟橋から6日に1便運航している定期船にて出航し父島まで約25時間半か
けて辿り着く場所である（約1000km南方）。また、戦前沖村と北村があった母
島へは更に父島から乗り継いで約2時間10分かかる（人口は父島が約2000人、母
島が約500人）。
　特徴は、エメラルドグリーンの海（ボニンブルーというらしい）、果実や花の蜜
などを食べる植食性で約23cmほど（翼を広げると80cm位）の大きさのオガサワラ
オオコウモリが生息し、パパイア、ゴレンシ（スターフルーツ）、パッションフ
ルーツや島レモンなどの本土では珍しい南国フルーツが実り、世界でも珍しい
固有種を有することから世界自然遺産に認定されている場所である。また、米
軍に空襲された後、父島の境浦に座礁した海軍徴用貨物船濱江丸の残骸、錆び
てはいるものの原型を留めている母島の十年式十二糎高角砲などの戦跡も数多
く残っている。さらに、アジア・太平洋戦争中の日米軍の激戦地であった硫黄
島を含む数多くの島々からなり、この存在が現在の日本の排他的経済水域の約
3分の1確保に繋がっているという点も特徴としてあげられる。
　ところで、私がこの記事に初めてふれたのが2010年3月。ちょうど伊豆諸島
の有人島では最南端の島である青ヶ島村関係の調査をしている最中であった。
この調査内容は、3章でふれたものであるが、青ヶ島村の有権者らが公職選挙
法施行令147条に基づき1956年まで国政・都の選挙に参加することが停止され

161

ていたという事例についてである。

　したがって、その調査中入手した先の読売新聞記事を読んで真っ先に頭に浮かんだ疑問点は、①青ヶ島のような特殊事例が小笠原村でも存在していたのかということ、②村長・村議が置かれていないということは住民らによる選挙が実施されていないことを示すものであるし、人口が少ないからといって選挙を実施しないということは憲法や地方自治法が規定する国民主権や地方自治の理念に反するのではないかという点、③しかし、村政審議会というものが存在し村政審議会委員は選挙で選ばれているという不可思議さ、④そもそも村長職務執行者と村政審議会と聞き慣れないキーワードは何なのかということ、⑤このような特殊な制度を採用している以上、国や都はそもそも「離島と民主主義」の関係についてどのように考えていたのか、などである。

　現在もこの問題意識は変わっていないが、村政審議会自体を扱った先行研究が私の知る限りでは皆無に近いことをふまえると、本章ではまず「村政審議会」というキーワードに注目し、その内容や実態をできる限り明らかにすることが何よりも重要であると考える。

　そこで本章では、第一に、法令や条例に示される「村政審議会」とはどういうものなのか、第二に、なぜこのような規定がルール化されたのか、そして第三に、当時の村民たちはこのような特殊な制度に対してどのように思っていたのかなどの問題について以下検討していきたいと考える。

2．村政審議会に関する法令とその制定経緯

　ここでは、小笠原村の村政審議会について規定する法令を見ていくことにしたい。これら法令は1968（昭和43）年6月26日の復帰前に作られたものであるが、「小笠原諸島の復帰に伴う法令の適用の暫定措置等に関する法律（1968年6月1日法律第83号）」（以下、暫定措置法と略）と「小笠原諸島の復帰に伴う村の設置及び現地における行政機関の設置等に関する政令（1968年6月24日政令第212号）」（以下、村設置政令と略）の二つである。まずはこれらのルールに規定されている部分を以下整理分析することにしよう。

第5章　小笠原村村政審議会の概要と問題点

（1）暫定措置法

1）　概　要

　暫定措置法は、「小笠原諸島（孀婦岩の南の南方諸島（小笠原群島、西之島及び火山列島を含む。）並びに沖の鳥島及び南鳥島をいう。以下同じ。）の復帰に伴い、法令の適用についての暫定措置その他必要な特別措置を定めるもの」である（1条）。

　国及び地方公共団体は、小笠原諸島の復帰に伴い、①旧島民（1944（昭和19）年3月31日に小笠原諸島に住所を有していた者で、この法律の施行日前日において小笠原諸島以外の本邦の地域に住所を有する者）ができるだけすみやかに帰島し、生活の再建をすることができるように配慮すること、そして、②この法律の施行の際現に小笠原諸島に住所を有する者の生活の安定がそこなわれることのないように努めなければならないとされている（2条）。

　若干解説を加えると、ここの部分は、小笠原諸島の戦争史が関係している。小笠原諸島は日米戦争の激戦地であったため、1944年には6886人の島民が本土へ強制疎開させられている。戦後の米軍統治下において帰島を許されたのはわずかな欧米系島民とその家族である。「欧米系島民」とは、無人島であった小笠原諸島に1830年代から1876年以前に外国より定住しそれ以降も住み続けた人々やその子孫を意味する。したがって、米軍統治下時に父島で生活していた欧米系島民と復帰後帰島する旧島民との関係をも上記の条文は示しているといえるだろう。

2）　村の設置と村政審議会

　それでは、第4章『村の設置』の中に示される村政審議会関連の条文を以下示すことにしよう。

（機関の特例）

第21条　小笠原村の長が最初に選挙されて就任するまでの間においては、東京都知事が自治大臣の同意を得て任命した者をもつて村長の職務を行なう者（以下この章において「職務執行者」という。）とする。

　2　職務執行者は、この法律及びこれに基づく政令で定めるもののほか、村長及び収入役の権限に属するすべての職務を行なう。

163

3　小笠原村は、議会が成立するまでの間においては、政令で定めるところにより、執行機関の附属機関として村政審議会を置かなければならない。

（議会の議員及び長の任期の特例）
第22条　第20条の規定により読み替えて適用される公職選挙法第33条第3項の規定に基づいて自治大臣が指定した日から起算して四年を経過した日の前日までの間において選挙される小笠原村の議会の議員及び長の任期については、地方自治法第93条第1項及び第140条第1項の規定にかかわらず、政令で特別の定めをすることができる。

（条例の制定手続の特例）
第23条　小笠原村においては、議会が成立するまでの間は、地方自治法第96条第1項第1号の規定にかかわらず、職務執行者が村政審議会の意見をきいて、条例を設け又は改廃することができる。
2　小笠原村の長は、最初に招集された議会において、前項の規定による条例の制定について、その承認を求めなければならない。

（議決事項の特例）
第24条　職務執行者は、議会が成立するまでの間においては、その事務を管理し及び執行する場合において、地方自治法その他の法令により議会の議決を要することとされているときは、これらの法令の規定にかかわらず、当該議決に代えて村政審議会の意見をきかなければならない。

（政令への委任）
第25条　第18条から前条までに定めるもののほか、小笠原村の組織及び運営に関し必要な事項は、政令で定める。

　当該法律に規定される村政審議会を検討する前に、もう一つの重要なキーワード「村長職務執行者」を解説しておくことが村政審議会の理解に繋がるため、概要を示したいと思う。[4]

　「村長職務執行者」とは、最初の村長が選挙後就任するまでの間、東京都知事が自治大臣の同意を得て任命した者を指す（21条1項）。村長職務執行者は村政運営全般の責任を負っており、村長及び収入役などの役割も担っているし（21条2項）、教育委員会、選挙管理委員会、固定資産評価審査委員会といった行政委員会の管理執行権限も有している。

第5章　小笠原村村政審議会の概要と問題点

村長職務執行者は必ずしも支庁長がなるのが義務ではないし任期規定もない
が、現実の小笠原村村長職務執行者は、東京都小笠原支庁長が兼ねており、ほ
ぼ2年任期で、初代・染谷恒夫（1968年6月）、二代目・平山秀親（1970年7月）、
三代目・大田中（1972年8月）、四代目・佐々木鉄弥（1974年8月）、佐々木昭（1976
年8月）、六代目・八板昭一（1978年6月）が務めている（括弧内は就任年月）。

それでは、本題の「村政審議会」に話を移したいと思う。この点、暫定措置
法の規定から理解できる村政審議会の枠組みは、①村議会成立までの間、暫定
的に村政審議会が置かれること（21条3項）、②村政審議会は村長職務執行者の
諮問機関であること（23条1項、24条）、③村政審議会についての具体的な内容
は政令に委任されていることである（21条3項）。

いくつかの点について補足することにする。まず①の点の「設置選挙の特
例」に関して、「小笠原村の設置による議会の議員の一般選挙及び長の選挙に
関する公職選挙法第33条第3項の規定の適用については、同項中「地方自治法
第7条第6項（市町村の設置の告示）の告示による当該市町村の設置の日」とあ
るのは、「自治大臣の指定する日」と読み替えるものとする」という規定があ
る（20条）。

次に、②の点については、村長職務執行者との関係性がポイントとなる。村
長職務執行者は条例制定や改廃権を有するが、制定改廃を行う場合、そして地
方自治法などの法令に示される議会の議決を必要とする事例に関しては、村政
審議会の意見を聞かなければならないのである。

③の点については、後述の村設置政令を見ていくことにしよう。

（2）村設置政令

当該政令は、村政審議会の枠組みがより具体的に示されている。まず、村政
審議会の委員の定数が12人を超えない範囲内において条例で定めること（1条
1項）、委員は、小笠原村に住所を有し市町村議会議員の被選挙権を有する者
であり、市町村議会議員の選挙権を有する小笠原村の住民が選挙によって選ぶ
とする（1条2項）。ちなみに、委員の任期は1年である（1条3項）。

村政審議会の会長は会務を総理し会議を主宰する役割があるが（2条2項）、
委員の中から一人選ばれることになる（2条1項）。会長に事故があった場合、

165

事前に会長が指名した委員がその職務を行う（2条3項）。

　次は会議について。会議招集者が村長職務執行者であること（3条1項）、会議を開催するには委員定数の半数以上の委員が出席しなければならないこと（3条2項）、議事評決は市町村議会の議事評決例によるとされている（3条3項）。

　村長職務執行者は、①法及びこれに基づく政令により村政審議会の意見をきかなければならないこととされている事項、②小笠原村の事務に関し必要と認める事項について村政審議会の意見をきくことができる（4条1項）。

　村政審議会側も、小笠原村の事務について職務執行者に対し建議することができる（4条2項）。また、村政審議会の組織及び運営に関し必要な事項は、村政審議会が定めることもできるとなっている（5条）。

　小笠原村の監査委員については、小笠原村議会の同意を得て最初に選任されるまでの間は、村政審議会の委員の中から村長職務執行者が村政審議会の同意を得て選任することとされている（6条2項。任期は村政審議会委員の任期（6条3項））。

（3）国会での議論

　以上、法令に示される小笠原村の村政審議会について整理してきたが、「村民だより91号（1976年7月10日）」を見ると、「現在の村政は、変則的な制度となっています。公選の村長はいませんし、議会は村政審議会が肩代わりし、村固有職員は一人もいないというのが現状です」と村の行政の仕組をうまく示しているが、これを〝変則的な制度〟と述べている[6]。

　そしてこの変則的な制度を解消し真の自治を実現するには、①村長・村議選の実施、②村固有職員の採用、③行政委員会委員の選任の三点を実施することとも示されている[7]。しかし、復興当初、「ジャングル化した小笠原を復興するには、現在の行政形態をとらざるを得なかったのです」とその理由が示されている[8]。これは本当なのであろうか？

　この点、1968年4月24日の参議院本会議において、内閣提出の暫定措置法案の審議の際、特殊な行政形態をとる理由を赤澤正道国務大臣は以下のように答えている[9]。

第5章　小笠原村村政審議会の概要と問題点

　全島を同時に開発したらどうかという御意見でございますが、御案内のとおりに、現在日本人が住んでおるのは父島だけでございまして、これもきわめてわずかでございます。小さい島がたくさんありますけれども、統一的な開発を行なうためには、当分は行政組織は一つにしたほうがいいと考えておりますし、将来相当数の住民が住みつくことになりますれば、その時点で分村すればいいことです。また、この復興につきましては、国と都が密接に連絡をとって、実情に即した開発を行ないたいと、かように考えております。

　それから、村政の職務執行者につきましては、当分の間、都知事が自治大臣の同意を得て任命することといたしております。また、村議会にかわるものとしましては、村政審議会の意見を聞いて政務をとる、こういうことにいたしております。

　ここでは、①島はたくさんあるが、日本人が住んでいるのは父島だけであること、②それも少人数であること、③統一的な開発を行うには当分行政機関を一つにした方がいいこと、④その理由から、村長職務執行者や村政審議会が設定されていること、⑤将来帰島者が増えた場合、暫時変更していくことが示されている。

　さらに、その特例理由を示す発言が1968年5月15日の衆議院・沖縄及び北方問題等に関する特別委員会の中の長野士郎政府委員（自治省行政局長）発言の中で、より詳細に示されているので紹介することにする。[10]

　お話しの大潟村と小笠原村の設置、それに伴う機関の特例について必ずしも同じでない。その点は、一つは現在小笠原村には二百人程度の現地に住民が現在居住はいたしておるわけでございますけれども、まあ言ってみれば、それが現在すぐに選挙権、被選挙権を持つという状態ではないということが一つございます。それからもう一つは、この小笠原村ということは、現在法律上の一つの言ってみればフィクションのようなものでございまして、地方公共団体というものはその地域と住民とによって一定の地域社会というものを構成するという実質が必要なわけでございますが、こういうものがない、こういうことがございます。それからもう一つは、それにもかかわらず、従来から現地には現在の村政的なものに対してある種のカウンシルというものがあったようであります。そういうものがございますので、なるべく住民の意向を反映するために、村政議会と申しますか、そういうものを設けて、意向を反映することができるようにしたほうがいいのではないか。また同時に、大潟村と異なりますところは、とにかく非常に遠隔の地に小笠原村が所在しておるということでございます。そういう点をかれこれ考えました際に、機関の特例ということにつきましても、いま御指摘にございましたが、大潟村の場合と違った扱いということが出てきた、そして

167

それ以上の他意はないということでございます。

　……（山口（鶴）委員の質問をはさんで）先ほども申し上げましたような観点と、もう一つは大潟村と異なりまして、戦後長い間わが国から離れておりました、そして今度返ってきたわけでございます。そういう意味で国としての責任ということも考えなくてはいけない。それからまた非常に遠隔の地でもあり、そこで今後の小笠原村の措置なりいろいろな復興なりというものは国と都と村、こういうものが三者一つになって実施をしていくという体制を整えていくことが適当ではないか、こういうような考え方から機関の特例にもそういう考え方が出ておる、こういうことに御了解を願いたいと思うのであります。

　この長野政府委員の回答は、政府がかつて小笠原を直轄にしたいという地方自治の本旨を踏みにじるような見解を発表したことをふまえて、特例措置は、都道府県知事や議会の権限を不当に低く抑えさせ、結局国による直轄思想を示すものになっているのではないかという質問に対するものである（質問者は、山口鶴男地方行政委員会委員）。山口委員は、例えば、類似例である秋田県大潟村の場合は、知事が県議会の同意を得て職務執行者の任命を行うのに対し、小笠原村では知事が自治大臣の同意を得て任命するといった突如自治大臣が出てくる部分が直轄思想の現れではないかと指摘している（大潟村については後述）。
　この指摘も無論重要であるが、ここで整理したいのは、行政の特殊形態が暫定措置法に設定された政府理由である。上記の部分から読み取れる理由は、①現地に200人程度住民が居住しているがすぐに選挙権・被選挙権を持つという状態ではないこと、②地方公共団体に必要な要素である一定の地域社会が構成されていないこと、③しかし、米軍統治下において住民の意向を反映するカウンシル（後述の五人委員会）が存在したこと、④小笠原村が非常に遠隔地にあること、⑤小笠原諸島は戦後長い間日本から離れていたこと、という五点である。
　この点、「①現地に200人程度住民が居住しているがすぐに選挙権・被選挙権を持つという状態ではないこと」が少人数という点を重視しているのか、選挙権・被選挙権を持つだけの自治的な能力がないという意味なのかはこの発言だけではわからないが、③の理由としてあげられているカウンシルの存在が暫定措置法にも影響を与えていたという部分は補足が必要であろう。1968年5月9

第5章　小笠原村村政審議会の概要と問題点

日の衆議院・沖縄及び北方問題等に関する特別委員会の中で、林説明員（自治省行政局行政課長）は、大村襄治委員によるカウンシルと村政審議会の関係についての質問に対して以下のように発言している。[11]

　　現在の考え方といたしましては、現在御指摘のような自治機能がございますので、なるべくこれを生かした形で新しい機能を取り入れたいという考え方でございます。端的に申しまして、この村政審議会というのは、最初は、現在、復帰のときにおりますカウンシルを実はそのまま充てるべきではないかと考えております。それからさらに復興が進みまして、逐次住民が帰っていきますと、現在の現地住民とそれから帰島民とがだんだんと混在して新しい村を形成してまいります。いずれかの段階において自治法上のはっきりした村となりますが、その間におけるいろいろな処理を、現在持っております自治機能と帰っていかれました者との調整を考えて、その審議会その他の構成も逐次そのときどきに応じて形態を変えていく必要がある、そのように考えております。当面は村政審議会に現在のカウンシルをそのまま充てるのが妥当ではないかと考えております。

　ここでは暫定的にカウンシルの機能を若干変更した上で復興後の小笠原村の村政審議会に取り入れること、帰島民が増えればその都度調整していくことが示されている。

（4）小　括

　以上、法令に見られる小笠原村村政審議会の概要、国会にて政府側より示された特例措置の理由を検討してきた。暫定措置法案を審議する国会では、直轄思想の問題以外にも、特例措置の解消時期、大潟村や奄美における地方自治政策との相違点、憲法に示される地方自治規定との整合性、欧米系島民の住民の権利が不完全であっていいのかという問題など多くの課題が出されている。この点については別稿を設けて論じる予定であるが、興味深いのは、村政審議会がオリジナルのものではなく、米軍統治下で存在した住民自治組織「五人委員会（今後はカウンシルではなくこの用語で統一する）」の流れを受け継ぐものであったことである。この五人委員会がどういう組織でどのような活動をしていたのかについては6節（表記は6．となっている）で論じさせてもらうことにする。

169

3．条例等に描かれる村政審議会

　以上、小笠原村の村政審議会に関する法令や国会の議事録を見てきたが、村政審議会のより詳細な枠組は通常条例などに示されているはずである。したがって、条例等を検討し詳細を明らかにしたいと思う。

（1）条　例

　小笠原村の条例の中で、村政審議会という名称が付き、おそらく小笠原村村政審議会の詳細について示したと考えられる条例一覧は以下の通りである。[12) 13)]

①　昭和43（1968）年12月に行なう小笠原村村政審議会委員の定数等を定める条例（条例第14号）

②　昭和43（1968）年12月に行なう小笠原村村政審議会委員の選挙に関する条例（条例第15号）

③　昭和44（1969）年12月に選挙する小笠原村村政審議会委員の定数等を定める条例（条例第11号）

④　昭和44（1969）年12月に行う小笠原村村政審議会委員の選挙に関する条例（条例第12号）

⑤　昭和45（1970）年12月に選挙する小笠原村村政審議会委員の定数等を定める条例（条例第12号）

⑥　昭和45（1970）年12月に行う小笠原村村政審議会委員の選挙に関する条例（条例第13号）

⑦　昭和46（1971）年12月に選挙する小笠原村村政審議会委員の定数等を定める条例

⑧　昭和46（1971）年12月に行う小笠原村村政審議会委員の選挙に関する条例

⑨　昭和47（1972）年小笠原村村政審議会委員の選挙に関する条例（条例第8号）

⑩　昭和47（1972）年小笠原村村政審議会委員の定数等を定める条例（条例第9号）

⑪　昭和48（1973）年小笠原村村政審議会委員の選挙に関する条例の一部を改正する条例（条例第16号）

⑫　昭和52（1977）年小笠原村村政審議会委員の定数等を定める条例の一部を改正する条例

⑬　昭和54（1979）年小笠原村村政審議会委員の定数等を定める条例などの廃止に関する条例[14)]

第5章　小笠原村政審議会の概要と問題点

　これらの条例タイトルを見る限りでは、村政審議会委員の選挙や定数等に関して頻繁に改正が行われていたことがわかる。

　しかし、都を始め小笠原村など様々な場所に赴いたが、これらの条例の原文自体は残っていないようである。今後発見される可能性はあるにしても、現時点では、条例条文を通じて描かれた村政審議会の枠組を示すことは難しい。ただ、『村民だより』などの資料から帰納的に輪郭を掴むことは可能である。

　例えば、⑫の「昭和52（1977）年小笠原村村政審議会委員の定数等を定める条例の一部を改正する条例」については、「村民だより108号（1977年11月4日）」を見てみると、その当時5名であった村政審議会委員が6名に変更されると示されている。[15]

　したがって、『村民だより』等の資料を頼りに、小笠原村村政審議会の輪郭を描き出したいと考えるが、その作業を行うためにも、一つヒントを与えてくれる材料と考えられるのが、大潟村の村政審議会に関する条例や要綱である。大潟村は、先述の国会議事録でも登場しているが、私の知る限りでは、戦後日本の地方自治法史上、村長職務執行者の諮問機関である村政審議会が存在したもう一つの事例である。したがって、そこに示される枠組を整理した上で、『村民だより』等小笠原村の様々な資料から村政審議会に関わる部分を抽出し、小笠原村村政審議会の具体的輪郭を描きたいと考える。

（2）大潟村の条例等
　それでは大潟村の村政審議会に関わる条例や要綱を取り上げることにしよう。

　ここでは、①大潟村村政審議会条例（1969年4月30日大潟村条例第5号　改正1970年条例第2号　改正1971年条例第8号　1975年条例第3号）、②大潟村村政審議会常任委員会設置要綱（1975年6月27日施行）、③大潟村村政審議会運営委員会設置要綱（1975年6月27日施行）、④大潟村村政審議会々議要綱（1975年6月27日施行）の四つを整理していくことにする。[16]

1）大潟村村政審議会条例
大潟村政審議会設置規則（1968年3月28日大潟村規則第1号）を基にしたと思

171

われる、大潟村村政審議会条例は1969年4月30日に制定され、その後三回の改正を経ている。今回は1975年に改正された当該条例に限定して箇条書きで整理することにする。

- ・審議会設置理由（1条）：村行政に住民意志を反映させ、もつてその円滑な推進を図るため。
- ・審議会の所掌事務（2条）：村長職務執行者の諮問に応じ、以下の事項につき審議し意見を述べる。①公用及び公用施設の整備計画に関すること、②村税の賦課徴収並びに使用料及び手数料の徴収に関すること、③営農計画に関すること、④その他村長職務執行者が特に必要と認めた事項
- ・組織（3条）：委員18人
- ・任期（4条）：1年（再任も可。補欠委員の任期は前任者の残任期間）
- ・会長（5条）：会務を総理し審議会を代表する会長は、委員の内から互選（会長職務代理規定もある）
- ・会議（6条）：審議会招集は会長が行ない、審議会開催は委員の定数の半数以上の委員の出席が必要。審議会の議事は出席委員の過半数で決し、可否同数時は会長が決する。
- ・委任（7条）：この条例に定めるものの他、審議会の運営に関し必要な事項は会長が審議会に諮って定める。

---

2) 大潟村村政審議会常任委員会設置要綱

この後の要綱三つも先のようなスタイルで箇条書きで整理することにする。

- ・村政審議会常任委員会の設置（1条）
- ・常任委員会の名称、委員の定数及び所管（2条）：総務委員会6人（総務課、税務課、設置選挙準備調整室、出納室及び教育担当の所管に属する事項並びに他の委員会の所管に属しない事項）、民政委員会6人（住民課の所管に属する事項）、産業土木委員会6人（産業土木課の所管に属する事項）
- ・委員の選任（3条）：会長が会議に諮り指名（委員の申し出による所属変更も会議に諮り変更）。
- ・委員長及び副委員長（4条）：委員の中から選任された常任委員会委員長・副委員長が各1人。
- ・委員長の職務（5条）：委員会の審議事項の整理・秩序維持。

第5章　小笠原村村政審議会の概要と問題点

- 委員長の職務代行（6条）：委員長が事故にあったり、辞任した場合、副委員長が職務代行。副委員長も事故ある場合、年長の委員が代行。
- 委員長及び副委員長の辞任（7条）：会長の許可が必要。
- 会の招集（8条）：委員会は委員長が招集。委員定数の半数以上の者から招集の請求があった場合、委員長は委員会を招集せねばならない。
- 定足数（9条）：委員会会議開催には委員定数の半数以上の委員の出席が必要。
- 補則（10条）：委員会について疑義がある場合、会長が決める。但し、会長の決定に異議があるときは会議に諮り決める。

3)　大潟村村政審議会運営委員会設置要綱

- 村政審議会運営委員会の設置（1条）
- 目的（2条）：委員会の目的は、審議会の運営に関する協議懇談、委員相互の連絡協調を図ること、会議の円滑な運営を期すること。
- 構成（3条）：会長、副会長、常任委員長
- 招集（4条）：会長が招集。委員の半数以上から要求があった場合、会長は委員会を招集しなければならない。
- 委員長の権限（5条）：委員会の審議事項の整理、秩序保持。副委員長は委員長補佐で委員長に事故があるときや欠けたときに職務代行。
- 会議（6条）：委員会の会議は委員長が開閉。委員会会議開催は委員の過半数の出席が必要。
- 補則（7条）：この要綱に定めるもののほか、委員会の会議及び運営の細部の事項については、委員会が定める。

4)　大潟村村政審議会々議要綱

- 招集（1条）：審議会の招集は開会の日前7日までに行う（急施を要する場合は別）
- 参集（2条）：委員は招集日の開会定刻前に招集の場所に参集し、その旨を会長に届け出なければならない。
- 委員の欠席の届出（3条）
- 定例会臨時会（4条）：審議会は定例会（原則、毎年2、6、9、12月開催）と臨時会。

・会期（5条）：会期は毎会期の始め会長が審議会に諮り定める。
・会期の延長（6条）：会長が審議会に諮り延長。
・審議会の開閉（7条）：会長が宣告。
・発言内容の制限（8条）：発言はすべて簡明にし、議題外にわたり、またはその範囲を超えてはならない。
・質疑の回数（9条）：質疑は同一委員につき同一の議題について二回を超えることはできない（会長の許可を得たときは別）。
・発言時間の制限（10条）：必要があると認めるときは、会長が制限。
・一般質問（11条）：委員は定例会において、村の一般事務につき、会長の許可を得て質問。質問者は会長の定めた期間内に簡明な主意書を会長に提出することが必要。
・委員会付託（12条）：会長は会議に付する事項を審議会に諮り所管の常任委員会に付託することができる。
・付託事項を議題とする時期（13条）：委員会に付託した事項は、その審査や調査の終了を待って議題とする。
・委員長の報告（14条）：委員会の審査・調査事項が議題となる場合、委員長がその経緯及び結果を報告。委員長の報告には自己の意見を加えてはならない。
・委員長報告に対する委員の質疑（15条）
・会議録の記載事項（16条）：①開会及び閉会に関する事項並びにその年月日時、②出席及び欠席委員の氏名、③職務のため会議場に出席した書記の職氏名、④説明のため出席した者の職氏名、⑤会議に付した事項、⑥審議の経緯、⑦その他会長または審議会において必要と認めた事項
・会議録の署名委員（17条）：会議録に署名すべき委員は二人とし、会長が会議にて指名。
・会議要綱の疑義に対する措置（18条）：この要綱の疑義は会長が決める。但し異議がある時は会議に諮り決める。

（3）対　比

　先述の小笠原の政令と大潟村条例を対比すると、村政審議会は村長職務執行者の諮問機関であること以外にも、共通の部分があることがわかる。改めて、大潟村の条例や要綱で示したように箇条書きスタイルで整理しよう。

・委員の定数（1条）：12人をこえない範囲内において条例に規定。委員は小笠原

第5章　小笠原村村政審議会の概要と問題点

村に住所を有する者。

- **任期（1条3項）**：1年
- **会長（2条）**：会務を総理し、会議を主宰する会長は委員の内から1人互選。会長に事故がある場合、あらかじめ会長が指名した委員が職務代行。
- **会議（3条）**：職務執行者が招集し、審議会開催は委員の定数の半数以上の委員の出席が必要。審議会の議事の表決は市町村の議会の議事の表決の例による。
- **審議会の審議事項（4条）**：職務執行者は、法やこれに基づく政令により村政審議会の意見をきかなければならないこととされている事項の他、小笠原村の事務に関し必要と認める事項について村政審議会の意見をきくことができる。村政審議会は、小笠原村の事務について職務執行者に対し建議することができる。
- **委任（5条）**：1条〜4条までに定めるもの以外にも村政審議会の組織・運営に関し必要な事項は村政審議会が定める。

　審議会設置理由が小笠原村の法令では示されていない以外は、大潟村の条例と項目立てはほとんど変わらない。ただし、このように対比すると、会議の招集者、委員数、審議事項が異なる点も理解できるであろう[17]。

　さらに、大潟村の要綱に示される常任委員会や運営委員会、大潟村村政審議会々議要綱に示される諸規定も見当たらない。

　したがって、以後の節では、委員会規定などは存在したのか、はたまたそれ以外の規定も存在したのか、「村民だより」など様々な資料から、大潟村村政審議会のような輪郭を描き出していきたいと考える。

4．様々な資料から読み取れる村政審議会

（1）選　挙

　小笠原関係の様々な資料に示されている村政審議会の事項で最も多いのは選挙に関してである。まずは、この点から整理していくことにしよう。

1)　前期の選挙史——予備選挙・本選挙

　11回行われた村政審議会選挙の内、初期の4回までは予備選挙・本選挙が行われていた（ここの部分を「前期の選挙史」として把握することにする）。

175

例えば、「村民だより9号（1969年12月6日）」では、予備選挙が12月13日
(土)、本選挙が一週間後の20日(土)と告示がなされており（ちなみに、その時の投票
時間は午後1時〜8時）、さらに、投票方法が変更された告示も以下のように示
されている[18]。

　予備選挙はあとでお配りする名簿の中から、○○を選んで投票してください[19]。本選
挙は、予備選挙で選ばれた10名の中から一名を選んで投票してください。

　以前の具体的な方法自体を示す資料は今のところ見当たっていないため、ど
のような変更かはわからないが[20]、「村民だより10号（1969年12月20日）」によれば、
12月13日午後実施の予備選挙で実際に10名の委員候補者が選ばれた様子が示さ
れている[21]。また、同号では「今月は、12月20日(土)の本選挙、12月27日(土)の衆議
院議員選挙と、選挙が続きますが、内地へ行く方は、不在投票を忘れずに行
い、在島者も当日必ず選挙の投票をするよう、お願いします」という記述が見
受けられ[22]、本選挙においても不在者投票が認められていたことが理解できる[23]。

2)　後期の選挙史──母島投票（繰上投票）・父島投票

　1972年9月27日開催の村政審議会では、「村政審議会委員の選挙に関する条
例」が改正されたことにより、予備選挙・本選挙から立候補制に変更されてい
る（委員の定数5人、任期1年は変更なし）[24]。

　その変更に基づいた、直後の選挙のスケジュールを示してみると、1972年12
月17日(日)が投票の告示・立候補の受付・選挙人名簿の縦覧、12月18日(月)が立候
補の締切、12月22日(金)が母島での投票日（繰上投票）、12月24日(日)が父島での投
票日・開票日という順になっている[25]。このスケジュール一覧では、父島よりか
なり後に復興開発・帰島許可がなされた母島でも投票が行われたことも重要な
ポイントであろう[26]。

　ところで、完全な自治体になるための村政確立時期が近づいている頃の選挙
では、村政確立を意識してか以前よりも告示が詳細になっているように見受け
られる（「村民だより109号（1977年12月7日）」）。ここからも、当時の村政審議会条
例の輪郭が読み取ることができるので、告示文全文をそのまま引用することに

第 5 章　小笠原村村政審議会の概要と問題点

する。[27]

☆選挙日程（予定）☆
一．選挙公示日　12月13日
一．立候補受付　　　13日～14日
　　　　　　午前 9 時～午後 4 時
一．開票立会人・選挙立会人の届け出受付　13日午前 9 時
一．不在者投票　13日～投票日前日
一．入場券の配布（16日～18日（12月12日現在で小笠原村に三ヶ月以上住民登録し
　ている20才以上の方に配布））
一．投票日時及び場所
　父島投票区　21日午後 1 時～ 6 時・村民会館
　母島投票区　20日午後 1 時～ 6 時～村民会館
一．開票日時・場所　21日午後 7 時・父島村民会館
一．選挙会　24日午前10時から支庁会議室（選挙会終了次第当選人の告示と当選証
書の交付を行います）
一．問い合わせ先　総務課行政係
　　村政審議会委員の任期満了に伴う選挙が以上の日程で行なわれます。今回から委
員定数が 6 名になりますので、多数の方の立候補又は推せん届を希望しておりま
す。
　　選挙運動は自由です。
　　なお、投票日に旅行等で不在予定の方は村役場総務課又は母島出張所で、もれな
く不在者投票をして下さい。
　　選挙公報については、政見等を記載した公報紙は発行しませんが立候補者の氏
名・年令等は入場券と同時に配布します。
　　小笠原村の多年の念願である村長・村会議員等の公選実施を目前にひかえる大切
な選挙です。
　　小笠原村の明るい未来を築くため、村民全員がこの選挙にとりくみましょう。

　先述している部分もあるが、この告示から読み取れることは、①選挙運動が
自由であること、②不在者投票が認められていること、③委員候補者の立候補
や推薦が認められていることなどであるが[28]、一番のポイントは、④委員定数の
変更であろう（ 5 名→ 6 名）。
　また、第 8 回小笠原村村政審議会委員選挙（1975年）と最後の選挙（1978年）
は無投票当選という結果であった。この点、「村民だより84号（1975年12月25

177

日）」には、一人辞退した結果、立候補者数が「……委員定数の五名となりましたので村の選挙に関する条例第十三条により投票は行わないことになりました」とあり、無投票当選の規定が当該条例13条に示されていることが理解できる。[29]「村民だより122号（1978年12月27日）」でも、立候補者数が「委員定数の六名と同数でしたので村の選挙管理委員会は、村政審議会委員の選挙に関する条例に基づき十三日に投票は行わない旨の告示をし、二十三日の選挙会で次の六氏の無投票当選を確定し、ただちに当選証書の授与を行いました」とあり、こちらは具体的な条項は示されていないものの条例名（村政審議会委員の選挙に関する条例）が正確に示されている。

（2）村政審議会選挙日・投票者数・委員の構成

以下の資料は、「村政審議会選挙日・投票者数・委員の構成」である。[31]

1）　資料・村政審議会選挙日・投票者数・委員の構成

区　分	選挙年月日	執行当日の有権者数	投票者数	投票率	選任された委員
第1回小笠原村村政審議会委員選挙（1968（昭和43）年）	12月7日予備選	184人（男139、女45）	141人（男105、女36）	76.63%（男75.53、女80）	・上部ロードリッキ（会長） ・池田満 ・小山皓三 ・瀬堀五郎平 ・小笠原愛作 （任期） 1968年12月26日～1969年12月25日
	12月14日本選	167人（男122、女45）	137人（男104、女33）	82.03%（男85.24、女73.33）	
第2回小笠原村村政審議会委員選挙（1969（昭和44）年）	12月13日予備選	298人（男245、女53）	161人（男129、女32）	54.03%（男52.65、女60.38）	・上部ロードリッキ（会長） ・上部国男[32] ・小山皓三 ・瀬堀五郎平 ・大平京子 （任期） 1969年12月26日～1970年12月25日
	12月20日本選	298人（男245、女53）	148人（男122、女26）	49.66%（男49.8、女49.06）	

第3回小笠原村村政審議会委員選挙（1970（昭和45）年）	12月13日予備選 12月20日本選	434人（男319、女115） 434人（男319、女115）	262人（男184、女78） 266人（男183、女83）	60.3%（男57.7、女67.8） 61.3%（男57.4、女72.2）	・上部ロードリッキ（会長） ・瀬堀五郎平 ・上部国男（監査） ・大平京子 ・佐々木勝男（監査） （任期） 1970年12月26日～1971年12月25日
第4回小笠原村村政審議会委員選挙（1971（昭和46）年）	12月11日予備選 12月19日本選	563人（男395、女168） 563人（男395、女168）	287人（男195、女92） 329人（男229、女100）	50.98%（男49.37、女54.76） 58.44%（男57.97、女59.52）	・佐々木弘夫（会長）[33] ・上部ロードリッキ ・山崎貞夫（監査） ・上部国男（監査） ・佐々木勝男 （任期） 1971年12月26日～1972年12月25日
第5回小笠原村村政審議会委員選挙（1972（昭和47）年）	12月24日（母島は22日）	783人（男530、女253） 父島737人（男493、女244） 母島46人（男37、女9）	511人（男345、女166） 父島488人[34]（男320、女158） 母島33人（男25、女8）	65.26%（男65.09、女65.61） 父島66.21%（男64.91、女64.75） 母島71.74%（男67.57、女88.89）	・佐々木弘夫（会長） ・上部国男（監査） ・佐々木勝男（代理） ・森本正義 ・山崎貞夫（監査） （任期） 1972年12月26日～1973年12月25日
第6回小笠原村村政審議会委員選挙（1973（昭和48）年）	12月19日（母島は17日）		無投票当選		・佐藤直人（監査） ・築館正七 ・今井庄市（代理） ・山崎貞夫（会長） ・平野哲夫（監査） （任期） 1973年12月26日～1974年12月25日

179

第7回小笠原村村政審議会委員選挙（1974（昭和49）年）	12月22日（母島は12月20日）	1091人（男725、女366）	747人（男488、女259）	68.47%[35]（男67.31、女70.77）	・佐々木弘夫（代理） ・佐藤直人（監査） ・稲垣国次（監査） ・山崎貞夫（会長）[36] ・菊池英行（1975年8月30日辞職） （任期） 1974年12月26日～1975年12月25日
第8回小笠原村村政審議会委員選挙（1975（昭和50）年）	12月21日（母島は12月19日）		無投票当選		・佐々木弘夫（会長） ・山崎貞夫（代理） ・吉田安敬（監査） ・浅沼正夫 ・稲垣国次（監査） （任期） 1975年12月26日～1976年12月25日
第9回小笠原村村政審議会委員選挙（1976（昭和51）年）	12月20日（母島は12月17日）	1099人（男707、女392）	736人（男463、女273）	66.97%[37]（男65.49、女69.64）	・吉田安敬（会長） ・原田宝人（代理） ・山崎貞夫 ・佐々木卯之助 ・稲垣国次 （任期） 1976年12月26日～1977年12月25日
第10回小笠原村村政審議会委員選挙（1977（昭和52）年）	12月21日（母島は20日[38]）	1177人	753人	63.98%[39]	・吉田安敬 ・稲垣国次（会長） ・山崎貞夫（代理） ・佐々木卯之助 ・原田宝人 ・浅沼碩行 （任期） 1977年12月26日～1978年12月26日

第5章　小笠原村村政審議会の概要と問題点

| 第11回小笠原村村政審議会委員選挙（1978（昭和53）年） | 12月21日（母島は19日） | 無投票当選 | | ・吉田安敬（代理）
・稲垣道次（会長）
・山崎貞夫
・佐々木卯之助（監査）
・原田宝人（監査）
・浅沼碩行

（任期）
1978年12月26日～
1979年4月13日[40] |

　この資料に示された第11回小笠原村村政審議会委員選挙（1978）が村政審議会最後の選挙となった（しかも無投票改選）[41]。

　その後、1979（昭和54）年1月29日、支庁長名（村長職務執行者）で、東京都知事を経由し自治大臣宛に、小笠原村の長及び議員の一般選挙を4月下旬に予定されている統一地方選挙時に合せて行うよう要望する要望書が提出されている。同年3月5日、小笠原村の長及び議員の選挙が告示され（自治省告示第58号）、投票日が4月22日と決定[42]。母島では投票が4月20日に行われている。

2）　委員の構成

　この資料を見てみると、いくつかのことが読み取れる。委員の構成もその一つであるが、具体的には、欧米系島民が徐々に委員にならなくなったこと[43]や母島出身者が委員になっていることである。後者の部分に関して、聞き取り調査の結果や様々な資料を見る限り、母島出身の委員は、佐々木勝男、佐々木弘夫、佐藤直人、築館正七、吉田安敬である。

　また、1973年7月に行われた大田支庁長と村民との対話集会の中で委員数について議論になっている。その懇談会の中では、「村政審議委員の定員が少ない。政見もわからない」という村民の意見が出ている。この意見が適正かどうかは現時点ではわからないが、支庁長はその質問に対し、「立候補者が少なく締切り間ぎわに推せんをうけて届出るのが現状です。政見を発表し選挙戦をおこなう時期にはきていないようです。定員も今のところ五人が適当だと考えています」と回答している[44]。

181

3) 委員会の定足数や開始時刻

まず「定足数」について。村設置政令3条は、審議会開催は委員の定数の半数以上の委員の出席が必要としているが、これを示す事例が「村民だより」に掲載されていた。これは1968年1月28日招集の村政審議会のことであるが、ここでは6名中4委員出席（2委員は上京中のため欠席）でも会は開催されており、小笠原村火葬場条例の一部を改正する条例と一般会計補正予算の二つの議案が審議され承認されている[45]。

また、開始時間は夜7時のものもあったようである。例えば、1971年7月13日㈮の村政審議会は、午後7時から村役場会議室にて開催されている[46]。

（3）条　例

村政審議会では、様々な条例が審議されていたが、『村民だより』に簡単に紹介されているものから、全条文紹介されているものもある。ここではその中のいくつかを紹介したいと思う。

小笠原村消防団条例の一部を改正する条例：1971年村政審議会では、小笠原村消防団条例の一部を改正する条例（条例第7号）が承認されている。これは、「従来団員が火災風水害・警戒及び訓練その他これに準ずる職務に従事する場合の費用弁償が一回につき500円でありましたが、今回の改正により一回につき1200円」となったというものである[47]。

小笠原村キャンプ禁止地域に関する条例：1972年12月13日承認された「小笠原村キャンプ禁止地域に関する条例」は、小笠原の美しい自然や村民の平穏な生活を守ると共にキャンプのため来島する人々に不幸な事故が起こることを予防するため、制定されている。この条例に基づき、1973（昭和48）年5月7日には、第1回キャンプ禁止地域審議会（会長佐々木弘夫）[48]が開催され、その中で具体的な禁止地域を決めている（翌8日告示）[49]。この結果、聟島列島・父島列島・母島列島全域がキャンプ禁止となり、この地域でキャンプを行った場合、処罰されることになった（条例案8条では、三万円以下の罰金）。

ちなみに、この条例に対しては以下のような住民の意見募集がなされていた[50]。

第5章　小笠原村村政審議会の概要と問題点

> 「キャンプ禁止条例について」
> 　村では、キヤンプのため来島する人々の安全を図り、またキヤンプ客によつて小笠原の美しい自然や村民の平穏な生活が破壊されぬよう、キヤンプを禁止する地域を決める条例の制定を考えています。ここにその案の全文を掲げますから、ご意見やご質問などありましたら、村役場民生観光課（支庁村民課）までドシドシお寄せ下さい。[51]

　母島関係の条例：父島に続き、母島の復興が行われるようになった結果、母島に関係する条例も制定されるようになった。例えば、1973年7月30日に承認された小笠原村母島自家用発電所電気供給条例や小笠原村電気供給事業会計設置条例。また、1973年3月30日、小笠原村立学校設置条例が一部改正された結果、同年8月1日に東京都小笠原村立母島小学校と東京都小笠原村立母島中学校が設置されることになった。[52]

　自動車の投棄を規制する条例：「村民だより58号（1973年12月22日）」では「自動車の投棄を規制する条例ができました」というタイトルの記事が3頁中約1頁割かれ紹介されている。[53] この1974年4月1日施行の当該条例の立法目的は「この条例は、自動車（道路交通法（昭和三十五年法律第百五号）、第二条第九号に規定する自動車をいう。以下同じ。）の投棄を規制することにより、小笠原の自然と生活環境を守ること」にある（1条）。その後、村長の責務（2条）、自動車の所有者等の責務（3条）、投棄自動車などを発見した村民が村長に通報協力すること（8条）、罰則（10条）などが規定されている。

　この条例が作られた具体的な諸事情は、「小笠原村にはポンコツ車が約九十台道ばたに捨てられています。このままでは交通の障害になるばかりでなく、美しいこの村の自然にもそぐいません。しかも毎月この数は増え、母島までこの勢いが拡がつています」ということにある。そこで、「村は、このポンコツ車を一掃し今後廃車を放棄しないようにするため」、1973年12月20日開催の村政審議会で当該条例を審議してもらい、同意を得る結果となったという。

　村政確立後、村政審議会時に制定改廃された条例の扱い：ちなみに、暫定措置法

183

には、「小笠原村においては、議会が成立するまでの間は、地方自治法第九十六条第一項第一号の規定にかかわらず、職務執行者が村政審議会の意見をきいて、条例を設け又は改廃することができる」(23条1項)、「小笠原村の長は、最初に招集された議会において、前項の規定による条例の制定について、その承認を求めなければならない」(23条2項)という規定があるため、村長職務執行者・村政審議会時代に決められた条例についての承認が1979(昭和54)年4月28日の第1回村議会臨時会に行われ決定されている。

(4) 議事進行

1) 村政審議会の議事風景

村政審議会についての議事録は今のところ、発見されていない。この点、岩瀬雄介が、東京都小笠原支庁母島出張所長(小笠原村母島出張所長兼任)として母島に在島していた、1976(昭和51)年12月〜1977(昭和52)年12月の記録を「母島レポート1977」(2015)[54]としてまとめており、これは当時の村政を知る上での貴重な記録となっている。その中に、村政審議会の議事進行も示されているので、このレポートを中心に整理紹介したいと思う。

岩瀬のレポートには、村政審議会は父島で開催されるが、母島出張所長として参加したのは1回だけとあり(1977年1月6日(木)の村政審議会)[55]、その時の議事風景が示されている(14時50分〜16時20分)。

その審議会にて検討された議題は「会長・会長代理・監査委員選出について」で、その後、村執行部からの報告等「①昭和52年度復興事業概算要求 ②初の小笠原村固有職員5名の紹介」[56]が行われた。

議題で議論になったのは、会長選出であった。従来最高得票者が会長になるのが慣例であったが職務の重要性から会長職の持つ意味を考え直すためにも選挙による方法を提案した佐々木委員に対し、「結果として最高得票者が推薦されていたに過ぎない。推薦でいい。会長の職務は、会を主宰し総括する。小笠原諸島復興審議会の委員や昨年設置された知事の諮問機関の小笠原問題研究会の委員になる」(稲垣委員)、「わずかな人数なのだから、話し合いで決めたい」(吉田委員)など議会に見られるような議論のやりとりが見られる[57]。

また、村執行部からの報告がなされた後も、村政審議会の会議回数を月1回

第5章 小笠原村村政審議会の概要と問題点

程度に増やしてほしいこと（佐々木委員）、従来の村政審議会の報告が簡単すぎるため審議経過を詳細に公表してほしいこと（原田委員）など村長職務執行者に対し要望として出されていた。[58]

2）　島民との懇談会

　この点、山梨大学の横田忠夫の調査記録『小笠原島農漁業調査報告（人文地理学的視点から）』（1977年3月）には、横田の調査期間中（1977年2月25日～3月5日）に村政審議会開催による島民との様々な懇談会が開催されたことが示されている。横田は傍聴が認められた結果、その懇談会に参加し傍聴した内容をメモにとっており、それがこの報告書に掲載されている。先の岩瀬のレポートと同様、この報告も村政審議会を知る上での数少ない貴重な資料となっている。

　掲載されている懇談会は、①2月25日開催の『村政審議会農業者部会問題懇談会』、②2月28日開催の『村政審議会漁業部会問題懇談会』、③3月1日開催の『村政審議会観光交通部会問題懇談会』、④3月2日開催の『土地利用・自然保護・その他の問題懇談会』の四つである（場所はすべて小笠原村村民会館）。[59]

　ここでのやりとりは、資料を見る限り、村政審議会委員が島民の要望に対して回答できるものは回答している。[60]回答の仕方は、村政審の見解や都の見解を伝えるものもあれば、中には、村民の要望を疑問視する回答もなされている。例えば、『村政審議会漁業部会問題懇談会』内のやりとりでは、「（漁業組合の）借金を、たな上げしてもらいたい（5～6年）」という要望に対し、委員の回答は「なぜ1億2千万円もの借金をしたのか。漁協にも問題があるのでは」と諭す内容になっている。[61]

　それぞれの懇談会での島民の要望はどのようなものであったのか、少し紹介してみようと思う。

　一つ目の『村政審議会農業者部会問題懇談会』では、土地がないため農業ができないこと、通勤農業の問題、組合費が高いこと、父島母島に倉庫が必要なことなどが要望として出されている。[62][63]

　次の『村政審議会漁業部会問題懇談会』では、船揚げ場・防波堤などの設置、冷蔵庫が小さいため大量に魚を捕ることができず漁業に支障を来している

185

こと、住宅不足の問題などが出されている。[64]

　そして、『村政審議会観光交通部会問題懇談会』では、交通問題と観光問題の二つの側面から多くの要望が出されている。[65]

　最後の『土地利用・自然保護・その他の問題懇談会』では、公園法の問題（例えば、公園法が最初からあるせいで開墾ができないこと）、医療問題（例えば、父島に産婦人科医がいないこと）、頭の良い子は本土の高校に行ってしまうため、しっかりした高等教育を行ってほしいこと、人口と嫁問題に関係することから地元に花嫁学校を作ってほしいことなどの要望が出されている。[67]

（5）傍　聴

　1977年3月11日開催の村政審議会から傍聴が可能になっている。「村民だより99号（1977年2月28日）」には以下のようなことが記されているので、引用してみよう。[68]

　……今回から審議会の傍聴ができるようになりましたので、傍聴なさりたい方は、前日（三月十日）までに総務課行政係へお申し込み下さい。なお、今行なわれている意見交換会は、どなたでも参加できますので、ふるって出席下さい。

　ここでは、意見交換会は事前申込手続のいらない自由参加の会であるのに対し、審議会の傍聴は事前申込手続が必要であることが強調されていると考えられる。

（6）例　会

　先述の1977年1月の村政審議会にて提案された研究会開催は、毎月第三火曜日の会議「例会」として認められることになった。[69]

（7）予　算

　1974（昭和50）年度一般会計歳出予算の歳出総額5億674万円の内0.6%（約304万円）[70]、1975（昭和51）年度一般会計歳出予算の歳出総額9億6160万7千円の内0.3%（約288万5千円）[71]、1978（昭和53）年度一般会計歳出予算の歳出総額12

第5章 小笠原村村政審議会の概要と問題点

億7450万8千円の内0.2%（約255万円）が村政審議会費である。[73]

（8）行政視察

村政審議会委員は、上述の職務の他、視察や陳情を行ったり、様々なイベント（例えば、卒業式や消防団の出初式）にも参加している。ここでは、視察を取り上げたいと思うが、この視察は小笠原村と類似の自治体（人口規模や産業構造など）を訪問することであるが、村政確立への準備の参考にするために、毎年行われていた。以下、いくつか紹介しよう。

新島、式根島、西多摩郡奥多摩町：1972年9月30～10月14日までの間、新島、式根島、西多摩郡奥多摩町にて、小笠原村が今後直面するであろう項目として、観光、住宅、教育、水道、はしけ事業、交通、清掃、し尿処理場、漁業、建材業等を視察している（この間、都や国に陳情も行っている）。[74]

大潟村：1973年10月13～10月26日小笠原村と同様に村政審議会が存在した大潟村にも視察に行っている。[75]

八丈町：1974年8月24～9月27日までの間、八丈町の行政視察を行い、小笠原村がこれから直面するであろう項目として、観光、産業、水道、清掃、漁業、建材事業、発電所、病院、火葬場等を視察している。[76]そして、この期間内において、東京都知事に快速船の就航、父島～母島間の定期航路の早期実現、父島～母島間の電話の設置、村政確立などについてお願いをしたり、電信電話局に母島の電話設置、東電に発電容量の増設、法務局に法務局出張所の設置など多くの場所に陳情に行っている。[77]

沖永良部島の和泊町と知名町、奄美大島：1953（昭和28）年12月まで8年にわたる米軍統治後、奄美群島復興特別措置法による復興事業が実施された、小笠原村と非常に経緯の似ている、沖永良部島の和泊町と知名町、奄美大島にも視察に行っている（1974年6月6～20日）。[78]佐々木弘夫副会長の報告では、産業、医療、道路等土地整備などの項目を視察し検討しており、「道路等土地整備は当

187

父島の方がうまく行っていると思います。大島本島、殊に名瀬市内は既に出来上がっている集落の島だけに、昔の道路を舗装したに過ぎません。民地の関係上やむを得ないもののようです」と述べている。[79]この間、知事に父母間定期船就航、母島沖港防波堤整備、一島一集落について実情を訴え、NHKにはテレビ問題を訴えるなどしている。

　沖縄県南大東村：「村民だより119号（1978年9月14日）」では、「南大東村行政視察報告」というタイトル付けがなされ、同じ離島である沖縄県南大東村の視察報告が村民だより2頁中1頁以上かけて詳細に報告されている。[80]主な視察項目を整理すると、「南大東村の地勢」、「交通事情」、「産業」、「医療問題」、「教育関係」、「上下水道」、「通信」、「村行政」となっており詳細な分析がされている。例えば、「交通事情」の部分では、島外との交通手段が海路と空路があり、海路の部分で、港湾と呼べるものは皆無で東西南北の船着場は風波が高い時は機能せず生活物資輸送が極めて不便であると評価する反面、「うらやましいのは、村民の足の主力を担っている空路である」と率直な感想を示している。[81]

　また、「村行政」の部分では、年を通じ数十日程度しか村長が滞在できないにもかかわらず村事業が停滞を来さずに執行できている点は、①助役、収入役の行政手腕、②三役の村事務への精通度・情熱、③村民の一丸となった行政協力にあるとし、行政事務の便を図る区長制度についても評価している。まとめの部分は重要な指摘がなされているので、以下に引用したいと思う。[82]

　同じ離島といっても、離島における生活条件すべてにわたって共通しているわけではなく、それぞれの悪条件を克服する生活上の創意工夫が、急がずあわてずじっくりと図られているように思われます。

　南大東村は、昭和四十七年沖縄返還によって日本に復帰しました。復帰後日が浅いため日本の制度のすべてが定着しているとはいえず、未だ混沌とした状態だと想像していましたが、村当局、村民とも実に落ちついており、生活基盤のための住民福祉施策と、若い人達の流出をふせぎ村経済の進展に寄与する農業振興の各種施策が着実にすゝめられておりました。

第5章　小笠原村政審議会の概要と問題点

その他、伊豆諸島の三宅村と神津島村への行政視察（1976年6月12〜25日）[83]などが行われている。

（9）小　結

以上のように、限定的な職務とは言うものの、予算や条例など議案審議、陳情、視察など村議会の議員並みの活動をしていたことがわかるし、対外的には議員として見られていたのではないかとも先の行政視察など種々の資料から推察できる[84]。

この点、村政審議会内の様子について、初期の村政審議会委員であった方々（池田満氏、大平京子氏、小笠原愛作氏）に話を聞くことができたが、「会議は人数が少ないし、あまりもめなかった。時間もかからなかった」（大平氏）と述べられていた[85]。

これに対し、1977年の村政審議会の議事録をまとめている岩瀬のレポートには、「……村政審議会は、……実質的な住民代表として、住民からも行政からも「当てにされる」機関に変化してきていることがうかがえるのではないか。村政審議会委員自身もそれを意識して動き始めているようであった」という記述がある[86]。実際、この後、審議会の傍聴が認められたこと、例会や懇談会が頻繁に行われるようになったことは正にその動きの一つといえよう。

初期の議事録が存在しないので推測の域は出ないが、相異なるように見える二つの立場を整理してみると、約11年続いた村政審議会の存在はそれ自体の経験や周辺の環境変化などの理由から、これらの資料を見る限りにおいては、段階的に民主的な階段を昇って行ったのではないかと思われる。

5．母島と村政審議会

ここでは、母島出張所が発行していた『母島だより』などを中心に、母島と村政審議会の関わりを検討してみようと考える。理由は、①村政審議会は父島で行われること、そして②復興や帰島許可の遅れから母島島民が選挙に参加したのは、記録を見る限りでは、第5回小笠原村村政審議会委員選挙（1972（昭和47）年）からであることによる。

189

そこで本節で検討したいのは、この二重の困難性（①と②の点）は、母島島民と村政審議会との関係を希薄にするものなのか否かという点である。以下、様々な資料を整理していくことにしよう。

（１）行政視察や島民との懇談会

まず記録としてかなり残っていたのが、村政審議会による母島への行政視察や懇談会で、これは年１回行われていたようである。この点について具体的内容を示す資料は、『母島だより』の26号と32号である。

1) 1977年10月11〜12日

上記の日程で、村政審による母島視察（支庁長と各課長も随行）が行われ、その中で11日午後７時〜９時、懇談会が開催されている（場所は簡泊大広間）。

ここでは、島民からの要望が数多くなされ、例えば、観光地としての母島PR を父島や東京でしてほしいこと、無医村にしてもらいたくないことが要望事項として出されていた。

また、「都の方針、最初は母島農漁業、父島観光となっている。それでもよいが、産業の中心となる農業・漁業センターを母島には全然作っていない。観光も産業も父島中心、母島は見捨てている。都の方針が頭初とちがってきているのだから、会長はもっと強く都に言うべきだ」、「テレビにしても連絡船、電話、防波堤にしても、自分たちで署名をとって働きかけた。父島はすべて行政の中で解決してくれる。テレビぐらい簡単に引けるようにしてもらいたい」、「支庁が父島にあるから黙っていてもできる。支庁が母島にあれば、運動しなくてもできたと思う。おひざ元にばかり力を入れて、遠いところに知らん顔をしている行政ではいけない」という父母間格差を問題とし、父島と母島の温度差、村政審議会の役割を強く強調する意見もあった。

その他、有線テレビを引く話、急激に悪化している母島の電力事情、自然保護ばかりでなく事故を防止するための道路整備の要望もあった。

2) 1978年８月29〜31日

翌年、村政審による母島島内視察がやはり行われ、８月30日19時〜21時、村

190

民会館体育室にて、村政審島民集会が行われている。村政審委員視察者は、稲垣会長、佐々木委員、山崎委員、原田委員、随行者は八板村長職務執行者を始め各課の課長や出張所長など[89]。

3) 1978年10月13日

約2ヶ月後の10月13日には、村政審会長、支庁の総務課長、出張所長らと母島島民有志との間で「村制問題に関する懇談会」(村政審会長主催) が行われている[90]。この会は、8月30日の島民集会を受けたもので、村政移行に伴う母島の問題点を集約するために開催されている。ここでは母島の各団体代表者側から「都から父母格差を今後どのように解消してゆくかを遅くとも年内に具体的に提示してもらいその上で村政問題を考えたい旨の要望が出され、会長、総務課長とも、努力したいと答えた」とある[91]。

4) 1978年11月20日

続く11月20日にも村政審主催で村政移行問題についての第2回目の島民集会が開催されている (稲垣会長他委員3名と八板村長職務執行者が出席)。質疑時、「村財政はどのようになるのか、母島における振興は具体的にどのように進めていくのかなどを中心に活発な討議が行われ、今後開発の遅れた母島の振興を積極的に進めていくこと、村会議員の定数についても小選挙区制を設ける方向で取組むことを前提として、来年4月に村政移行するということで母島島民の意見集約がなされ」ている[92]。

5) その他の会

海運会社や関係当局に提出するため、「定期航路新船建造に伴う村民の要望事項の取りまとめ会」が1978年3月19日開催されている (父島は3月15日午後7時)。

「母島だより29号 (1978年3月25日)」では、その開催の様子が描かれ、「船内冷凍庫の拡大、父島二見港岸壁の倉庫、東京～母島間のチッキ直行便、父島～東京便の母島までの艀による延航、船内サービスの向上、島民の納得できる運賃、竹芝待合所の早朝利用等々広い分野に渉っての要望が出されました。 ま

た、東京〜父島航路も含め、父島〜母島航路の母島として最も適したスケジュールが、今後の検討課題として残されました」とある。

6) 小笠原問題研究会の視察

知事の諮問機関として誕生した小笠原問題研究会が1977年4月30日に母島視察した。これは村政審議会が直接関係しているというものではなく、村政審議会会長の吉田安敬がメンバーになっていることから、ここにまとめさせてもらっている。

ちなみに、小笠原問題研究会は、『小笠原振興の具体策について（東京都小笠原問題研究会報告書）昭和53年3月』（東京都・1978）の中で、「村政の確立等」という項目を立て、「村民の自治意識の向上」について記している。[94]

> 最近、村民有志によって村の行財政に関する研究会や検討会が頻繁に開かれるなど、村政確立に向けての村民の動きは活発である。また、村政審議会その他の選挙における村民の投票率も高く、昭和53年6月の小笠原返還10周年記念を目の前にして、村民の連帯意識は急速に高まりつつある。
>
> こうした状況の中で、本計画で示された各事業の振興策が、さらに村民の自治意識を促がし、小笠原再生への自律的活動が、いっそう生き生きと展開されるようになることを期待したい。

（2）母島に関する村政審議会の報告や要望

1) 1974年8月24日〜9月4日行政視察報告

「母島だより4号（1974年10月15日）」によると、母島から佐藤直人・築館正七の両氏が視察し、母島に関する事項（母島が当面抱えている問題）について以下のような報告をしたとある。

> 一．母島電話局設置について
>
> 八月二十八日、電信電話公社に行き話し合いました結果、五十一年度に赤電話三台を設置する方向で動いていますが、土地の確保、受託者等の問題があり今後の課

第5章　小笠原村村政審議会の概要と問題点

題となっております。
二.　父母間の船便について
　現在、小笠原支庁所属の小笠原丸及び南の島の若潮丸に頼っておりますが、大型
船の就航を求めて、陳情書を提出した訳ですが、東京都の方針としては民間委託の
線であり、海運局には現在二社の申請が出されており、この認可について検討中で
あるとの事です。見通しとしては残念ながら決して明るくはありません。

2) 「父・母航路定期船確保等に関する要望」

　小笠原村村政審議会は、1976年2月21日、「父・母航路定期船確保等に関す
る要望」を出している。[95]

一、定期船が就航するまで、チャーター船により、父・母間の航路を確保するこ
　　と。
二、父・母間に、一日も早く定期船が、就航するよう、関係方面に強く働きかける
　　こと。

（3）それ以外の関係

　上述以外で、母島と村政審議会を示す資料は、①請願、②選挙立会人の二点
である。
　まず、①の請願については、母島島民の署名を添えた、東京都に不定期航空
路開設などを求める請願が1976（昭和51）年4月19日村政審議会に提出されて
いる。[96]
　②の選挙立会人については、母島婦人会『自昭和50年2月至昭和51年1月』
の5頁には「（昭和50年）12月6日　役員会：村政審議会議員選挙時の立会人の
選出」という記載があり、この選挙では三人の立会人が母島婦人会の中から選
出されている。

（4）小　結

　資料を見る限り、母島と村政審議会の関係は一応成り立っているといえるの

193

ではないだろうか。村政確立が近づく時期、島民の要望を掬い上げる懇談会などが頻繁に開催されていたことも理解できたし、島民側も委員に対して活発に要望していることも知ることができた。これは村政審議会委員のメンバーに母島在住者がいたことも大きいかもしれない[97]。

　例えば、村政審議会委員の佐藤直人は、「母島だより7号（1975年1月30日）」の「新年によせて」において、「……青い空・青い海・汚れのない澄んだ空気の中で生活が出来るのはこの上ない喜こびですが、日常生活上に欠かすことの出来ない生活物資の問題、内地等への連絡の不便[98]、産業の島と申しながら依然完備出来ない港湾設備、一島一集落と云う建て前で差別を感じる人、生活しにくい都住専、喜こびを上回る苦労を味わっているのが現在の母島の姿ではないでしょうか」と述べ、これらを解消し島民生活の幸せの架け橋の役目を果たすのが東京都の行政のはずだが、それは現実にはできていなく、父母同時復興と言いながら、復興計画も後期に入った現在も母島復興の遅れが誰の目にも明らかであり、東京都が島民の声を重視した計画性のある政策を行うよう今後も訴えていきたいとも述べている。

　また、母島出身の佐々木弘夫は村政審議会会長時代の1976年の新年のあいさつで、「……母島の復興の遅くれを少しでも早めていきたいと思います。まだ確定していない父－母間航路の就航を一日でも早く決めたいと思います」と述べている[99]。

6．五人委員会——村政審議会との連続性と断絶性

　ここでは、村政審議会の枠組をよりよく理解するために、米軍統治下時の五人委員会を検討しようと考える。これは先述したように、国会答弁の中で村政審議会設立のモデルにしたとの発言があるため、両者の連続性と断絶性を検討する必要があるからである。

（1）概　要
　それでは、五人委員会が作られた理由は何なのであろうか。まずこの点について考えてみたい。

第5章　小笠原村村政審議会の概要と問題点

　敗戦時、小笠原諸島在住島民は米軍により本土送還されたが、欧米系を祖先
とする人たちとその家族が父島に帰島することを許されている。その結果、
1946（昭和21）年10月帰島することになった（許された135人の内129名）[100]。帰島
後、これらの島民は実際、米軍と直接接触することは難しかったため、その媒
介の役割を果たすものとして、1947年、米軍の監督下に、五人委員会（Council,
Bonin Islands Council）が設けられている[101][102]。さらに、全ての島民が参加でき、問
題に対する意見を述べることができる集会もあった[103]。
　ところで、小笠原総合事務所『小笠原諸島の概要』では、「限られた範囲の
自治が認められていた」[104]とし、五人委員会の概要を以下のように示している[105]。

---

①　委員の数、選任方法及び任期
　委員の数は、当初7人であったが、1955年（昭和30年）以降5人であった。委員
は住民の直接選挙によって選任した。すなわち、毎年6月10日、5名連記投票の方
法による予備選挙を行って10名の委員候補者を選出し、6月20日に本選挙を行って
当選者を決定することとしていた。任期は7月1日から1年間であった。

②　権　　限
　Councilは、生産物の出荷、漁獲の割当、道路の補修等、住民の秩序維持に関し
て審議し、その権限の範囲内でLocal Ruleを制定することができた。1965年（昭
和40年）7月にはおおむね次のような内容の成文法（Ordinance of the Bonin Is-
lands）が制定されている。
　1）野生生物の保護
　2）衛生及び安全
　3）所得税
　4）労働

③　運　　営
　会議は、原則的に月1回米軍司令部立会のもとに行われていた。

　まず①「委員の数、選任方法及び任期」の点について補足すると、島民の選
挙権年齢は18歳以上、そして最も得票数が多かった人が議長、二番目が財務担
当、その次の三人がメンバーになったという[106]。当初は7人の委員で構成されて
いたことから「七人委員会」と呼ばれていたが、時間的な負担の大きさや島民

も少ないとの理由から、1955（昭和30）年以後は「五人委員会」に縮小され、2年連続して委員を引き受けないなどの条件が米軍から認められたという。[107]

　次に、③「運営」の点については、米軍司令官の出席の下で月1回、10日前後に開催される会議は英語で行われ、[108][109]島内生活に関わることを話し合い決めていったという。[110]

　議長は、現地政府の業務の他、島の訪問者に会う時や島外では島の代表者として行動していた。また、旧島民の帰島問題についての協議でも同様のことがいえるようである。[111]

　その他の業務として、1951年設立の小笠原諸島裁判所（Bonin Islands Court）では、五人委員会が裁判官を選任し（裁判官は任期1年）、委員たちは裁判所の補助メンバーを務めている。[112]警察署長に関しても、五人委員会が指名し島民から1名が選任されていたという。[113]

　残る②「権限」の補足は次の「成文法」の所において検討することにしよう。

（2）成文法

　この点、五人委員会の委員らは様々な取り決めを行っていたようであるが、[114]発足後かなり経ってから成文法が制定されている。[115]五人委員会の委員を1961（昭和36）年から返還前まで2期6年勤めた瀬堀五郎平は、成文法（瀬堀に対する質問者は「小笠原布令」と言っている）の制定理由について以下のように語っている。[116]

　▼島の生活もだいぶ落ち着きはじめて来た昭和39（1964）年に、米軍司令官の発意が五人委員会に提案され、漁獲規制、動植物保護、衛生の保全、納税及び作業分担に関することを議論し、決めたと思います。自治の形ができあがりつつあったということでしょう。（西暦年補足は筆者）

　ここでは、①20年近く経過して島の生活が安定してきたこと、②自治の形が整いつつあったことの二点が示されており、その結果、成文法の制定に繋がっていることが理解できる。②の"自治の形"という言葉は、①の時間経過や五

第5章　小笠原村村政審議会の概要と問題点

人委員会での経験によって、彼らなりの"自治の形"ができあがってきたということを含意しているかもしれない。

　ところで、成文法の具体的内容は、1969年3月発行の『小笠原諸島の概要』に示されているので、ここの内容を整理し紹介させてもらうことにする[117]。

　「野生生物の保護」の項目の具体的内容は、㋐爆発物によって漁獲をしてはならないこと、㋑6～7月にかけて海亀の卵をとってはならないこと、㋒5月15日～7月31日迄の間は、エビの捕獲、所有、売買をしてはならないこと（例外は漁民が食用のため食用する場合）、㋓警察署長の発行したライセンスを持たない者は狩猟をしてはならないこと、㋔柑橘類は3月1日～11月30日迄の間はとってはならないこと、の5点である。

　「衛生及び安全」の項目の具体的内容は、㋐人糞を肥料にすることを禁止、㋑台所から出るゴミは蓋で密封できる容器を使用、㋒警察署長や米海軍軍医は毎週金曜日、ごみ容器や室外トイレの衛生検査を行うこと、㋓火器使用は警察署長と軍政府代表に登録しなければならないこと、㋔火器の装填、使用、射撃は居住区から3600ヤード以内では禁止、㋕犬を飼うには許可証が必要で、許可証がある犬には米軍軍医が予防注射を無料で行うこと、㋖山羊の放牧は警察署長の許可が必要、の7点である。

　「所得税」の項目の具体的内容は、1ヶ月5ドル以上収入がある場合、該当月の全所得中2％の税を納めることというものである。

　「労働」の項目の具体的内容は、㋐住民は漁業協同組合作業班か地域共同作業班のいずれかの作業を正しく分担しなければならないこと、㋑病気により医師の治療を受けている期間中は就労しなくてもよいこと、の2点である。

　さらに、この成文法には、罰則規定もあったようで、上記の条項のいずれかに違反した場合、罰則適用されるものでもあった[118]。

（3）五人委員会に対する評価

　それでは、五人委員会に対する評価はどうであったのだろうか。

　染谷恒夫・有馬敏行『小笠原村──初代村長と校長の記録』には、以下のような記述がある[119]。

197

在来島民は、明治憲法下の日本の統治制度から、米軍統治下の制度に移って生活して　きた。たしかに米軍統治下に彼らは自治組織をもっていた。しかし五人委員会の会議も米軍立会のもとに行なわれ、彼らの生活の基盤である電気や水道は、米軍管理の施設であった。診療所や学校も米軍のものであった。そうした意味では、米軍政下の彼らの自治は与えられた自治であったといってよく、戦前からの「お上におすがりする自治」「お上の下請けの自治」の引き続きであった。[120]

　ここでは戦前地方制度からの連続性が五人委員会時にも続いていることが示されている。この部分を読むと、帰島許可が下りなかった「旧島民」の方々の戦前から復帰前までの自治意識も気になるところであるがこの点は今後の検討課題として、本書では続いて、村政審議会との比較も行っている記述がある。[121]

　　返還によって五人委員会は村政審議会と名称が改まり、その任務も村議会のように、村政の重要な問題について意見がいえるようになった。それは「監視される立場にあった彼らが、監視する立場に変わった」といってよく、不完全ながら主権者としての自治権をもつようになったといってよいであろう。

　これは実際に現場に携われた方の意見として尊重したいと思うが、①聞き取り調査時に、米軍からの完全な言いなりになるだけでなく五人委員会メンバーからの提案もあったという意見があったこと、②それに加えて、米軍自体も気を遣って住民から反対がないか聞いてくることもあり、一応住民の声も反映されていたこと、③30年近く運営された五人委員会の経験値をどう捉えるのかということ、④村政審議会（この著書の発行年に合せるならば、前期の村政審議会）自体も支庁長である村長職務執行者の諮問機関である以上上記に示されるような転換が本当にあったといえるのか、などの疑問点が湧く。

　この点、エルドリッヂの著書によると、五人委員会に対する軍政府代表らの評価は、「統率力」の点を問題視し、「彼らの中には、進んで統率しようとする者がいない。あらゆる集団活動が極めてまとまり難い。指導者は必然的に嫌われる可能性があるという理由で、誰一人指導者を務めたがらない。もし唯一つでも強い個性があるならば、島民の統率に関わる多くの問題を解決できるだろう」という、ある軍政府代表の意見が報告書に示されている。[122]また、島民の態

第5章　小笠原村村政審議会の概要と問題点

度に対しては、日本人が全て決定を行い命令に従ってきた長年の影響によるもので、軍政府が繰り返し点検・指摘することで委員会を任せることが可能になったとも示されている。[123]

　この見解は1958年3月20日の米軍政府の覚書に示されているようであるが、他方で1955年11月23日にロバートソン国務次官補に直接渡した五人委員会の意見を示した旧島民の帰島に反対する請願書の中に、「島民は、自治への段階的な進歩（gradually progress into self-government）の機会と、その方向での海軍当局の援助に感謝している」と示す部分がある。[124]この記述部分から読み取れることは、委員らは、「段階的な進歩」と述べていることから、五人委員会の運営や米軍とのやりとりを通じて自治能力の進化があったと実感していたと考えられる。

（4）小　括

　以上、五人委員会について見てきたが、確かに予備選・本選といった選挙方法については前期村政審議会との連続性が見受けられる。しかし他方で、会議が毎月開催されていること、そして、行政全般にわたる広範囲な権限を担っていた点は、村長職務執行者の諮問機関としての位置づけにしか過ぎなかった村政審議会とは異なるものであり、語弊があるかもしれないが、どちらかといえば、村長職務執行者が行ってきた職務内容に近いことを行ってきたと思われる。

7．当時の印象や評価

　以上、村政審議会や五人委員会について見てきたが、何よりも気になるのは村政審議会時代の人々の声である。より詳細に言うならば、「この"限定的な自治"を島民たちはどの程度受け入れていたのか」、「逆に"完全な自治"を望む声があったのか」、「あった場合はいつからか」という点であり、この問いを検討するために本節を設けている。

　この点、2015年と2016年の調査において、村政審議会選挙の様子について、当時を経験された父島・母島の方々に話を伺う機会があったが、「あまり印象がない」、「覚えていない」という意見が大半であった。

その他、その存在があったことは覚えてはいるものの、「村政審について全く意識していなかった」、「周りもあまり騒いでいなかった」という話もあった。

立候補者のポスター掲示、戸別訪問、演説会についての質問もしたがそれもなかったようであるし、現在の一般的な選挙のような形ではなく、粛々と進んでいったという印象を持たれた方もいた。また、当時の在島民の中には、村政審議会をそれほど特異なものと思わなかった人もいた。

また、復興当初、完全な自治体として議会を作るべきだと支庁に訴えた例もあった。一方で、昭和50年代だと、「委員が5人から6人に変更され1人増えた告知が公報でなされたからそこで関心を持った」とか、「あの人正直だから委員になるよう今度声をかけてみようよ」という井戸端会議が行われたという意見もあった。また、村政確立に関して、復興初期時は人口の3分の2位が公務員、その後新島民も入ってきたし、まとまりがなかったことから、「この時期の村政確立についてはまだ早いのではないかと思った」という意見もある。

これらの意見が調査時に聴き取った声であるが、以下は様々な資料から当時の印象や評価を検討してみることにしよう。

（1）選挙データに見る印象

当時の選挙に対する関心を示す資料が「村民だより」のいくつかに示されている。例えば、「予備選挙の投票率は……全体で54％で、あまりよい成績とはいえません」（第2回選挙）[125]、「投票率はそれぞれ前年を上回っています」（第3回選挙）[126]、「当日は幸い天候に恵まれ、投票率の上昇が期待されましたが、意外に伸び悩み、結果的には去年の投票率を下回る形となりました」（第4回選挙）[127]。

3つの内2つがあまり良い評価ではないため、それだけを見る限りの印象では誤解を招く可能性があるが、全11回の村政審議会選挙の投票率を見ると[128]、投票率が約50％だったのが2回（第2回予備選・本選と第4回予備選）だけで、それ以外はすべて6割を超えている（7割や8割の時もあった）。「村民だより」で悪い評価をしているのもこの二つだけである。

また、四回行われた予備選・本選時に限定して分析しても、第1回と第3回の投票率は高いので（第1回は予備選・本選共に8割近い！）、島民の方々が村政

200

第5章　小笠原村村政審議会の概要と問題点

審議会選挙に全く関心がなかったとはいえないであろう。

　したがって、この投票率の傾向から読み取れることは、あくまでも大雑把な把握になってしまうが、村政審議会やそれに関わる選挙に対して当時の島民はかなり関心を持っていただろうということである。[129]

（2）島民と「自治」

　それでは、当時の島民は「自治」についてどのように考えていたのであろうか。

　この点、1915（大正4）年に父島で生まれ、1972（昭和47）年小笠原に帰島し後に小笠原村教育長になった田中斎一郎は自著において、以下のように述べている。[130]

　……村政が民政に移還されるのは、何時になるか見当もつかないが、住民にその才が足りないとしても、責任ある生活を考えさせるためにも早すぎはないと思われる。

　役所が片付けてくれるだろう。役人が考えてくれる筈だと、何時も思い続けている住民には、復興の構想すら湧かないし、ましてや己れの微力が大復興の一石であるその自覚もない。他力本願の真髄が現れている。

　役所を批判し、役人を罵倒する口の裏に、俺はそんなことに関係がない。あれは対岸の火事であると、はっきり言明している。責任体制に移行すること以外、住民の自覚を求める手段はないだろうと思われる。……

　この文書を字面通り読み取るならば、島民の役所への依存性を無くすには〝完全な自治体〟に移行する以外手段はないとして、彼らの自治意識の低さの改善策を示していると思われる。この意識の低さが1972年以降のいつの話なのかは不明であるが、他方で1979（昭和54）年度以降の小笠原をどうするかの基本構想が1978年4月5日、東京都小笠原問題研究会（太田和男会長）から東京都知事宛に提出され、以下のようなことが示されている。[131]

V　村政の確立等
1．村民の自治意識の向上
　53年6月の小笠原諸島返還十周年を目前にして、村民の連帯意識は急速に高まっており、本計画で示された各事業の振興策が、さらに村民の自治意識を促がし、小笠原再生への自律的活動が、いっそう生き生きと展開されるよう期待しています。

　この資料の引用部分から読み取れることは、①この時期は村政確立する前年であること、②小笠原諸島返還十周年を目前にし村民の連帯意識が高まっていること、③更なる村民の自治意識が促されることを期待することが示されている。したがってここの部分は、五人委員会の箇所でも説明したような「自治への段階的な進歩」が示されているように見受けられる。

　これらの資料に示される"依存"と"自治意識"と相反するキーワードは何を意味しているのか、より詳細に考察するため、いくつかの資料を分析し検討してみることにする。

（3）『村政確立討議資料』について

　小笠原村が1975年12月に出した『村政確立討議資料』がある。ここでは、当該資料から当時の声を読み取ってみたいと考える。[132]

1)　資料作成理由

まずこの資料が作成された理由を「はじめに」の部分から引用してみたい。[133]

　昭和43年6月26日…「小笠原村」が設置された。
　しかし、小笠原諸島は、戦後20余年にわたって米軍の直接統治下にあり、殆んど無人島に近い状況にあった。したがって、一般の町村と同様に地方自治法の規定を適用して村政を組織運営することは不可能であった。[134]

　この資料は、その後、上記の理由から暫定措置法が設けられ村政が施行されていると述べているが、以下の状況変化が起きていることを示している。[135]

第5章　小笠原村村政審議会の概要と問題点

> 　ところで、小笠原諸島の復興事業の進捗に伴い、旧島民の帰島が進み、必然的に
> 小笠原村の果たすべき役割も著るしく重くなってきており、この村政の組織及び運
> 営に関する特例が地方自治の本旨なかんずく住民自治の障害となってきている。
> 　返還後7年を経過した現在、実質的な村政を確立することについて、国、都及び
> 小笠原村をあげて検討し、具体的なスケジュールを決める時期を迎えたと思われ
> る。
> 　そこで、小笠原村の組織及び運営の実態を、そこから生ずる問題点を明らかに
> し、実質的な村政確立にあたっての課題及びこれを解決するための態勢、スケ
> ジュール等にいれて考え方をまとめてみた。

　要するに、①初期の頃は諸事情から変則的な制度でも致し方なかったが、復
帰から7年経過した現在ではその制度が憲法に示される住民自治の障害になっ
ていること、②したがって、"完全なる自治体"へ移行するための検討を国・
都・村で決めスケジュール化する必要があること、③そのためにも村の組織運
営の実態やそこから生ずる現在の問題点を明らかにする必要があることが示さ
れている。

2)　現在の問題点

　この問題点とは何なのであろうか。当該資料は、「行政の組織及び運営の特
例から生ずる問題点」と「村政確立にあたっての問題点」の二点をあげている。
　まず、「行政の組織及び運営の特例から生ずる問題点」を見てみよう。[136]

> ①　村政審議会が住民の代表者によって構成されているとはいえ、村長職務執行者
> 　の附属機関であることから、村政の運営の基本的事項を決定する場合にも十分に
> 　議論がつくされず、結果的に住民の意思が満足には反映されていないという実状
> 　にある。　そのため、村長職務執行者が村政運営の全面的な責任を負う結果と
> 　なっている。
>
> ②　村長職務執行者が支庁長と同一人物であり、また村事務を処理する職員が支庁
> 　職員であるため、復興計画の策定等にあたり、村と都とで利害が対立するような
> 　場合にそれぞれの立場からの意見や考え方が出ず、中途半端な形で問題が片付け
> 　られ村民が納得しにくい事務処理が行なわれる場合がある。

203

③　村長職務執行者が、支庁長であると同時に、行政委員会の権限に属する職務を
　管理執行しなければならないため多忙となり、先どり行政を必要とする小笠原村
　の現状にマッチした動きがとれないことが多い。

④　村長職務執行者が東京都職員であるため、村政の重大事項、例えば村有地の処
　分、取得等の場合思い切った手を打つことが不可能であり、今日的な仕事の処理
　を中心に物事に対応せざるを得ないことが多い。

⑤　村事務の処理は、支庁職員が行なっているので、村事務が支庁の事務処理の片
　手間に処理されるような場合がある。　また、支庁の事務処理体制が人員不足も
　あり十分でないため、都総務局（小笠原復興課）が国土庁との折衝を含む村予算
　の編成を行っている。従って、電話連絡による不十分なやりとりの中で時間ぎれ
　となり村予算がきまっていくこととなる。

　これら五点の問題点は、議事機関ではない村政審議会の性格、村長職務執行
者＝支庁長という問題とそれ故の多忙さ、村事務よりも支庁の事務処理が優先
される傾向など村行政の当時の現状を正確に捉えたものと考えられるだろう。
さらに当該資料は、住民自治の観点から、この村政の組織では、①村政への住
民の意思が十分反映されているとはいいにくい点、②政策の決定にあたり長期
的視点や村民の利益という点からの選択がしにくい点、③効率的な事務処理が
期待できない点の三点の問題点に集約することができるとしている。[137]
　この点、「村民集会の開催について（1978年11月10日午後7時～　母島村民会
館）」というチラシには、現在の行政体制が村民の声を反映しないものである
ため、村政審議会が村民集会開催を計画したという告知がなされていることも
紹介する必要があろう。当時の声を知る上で重要な文章なので以下引用してみ
ることにする（下線部は筆者）。

　小笠原村は、発足以来十年を経過しましたが、未だに小笠原諸島の復帰に伴う法
令の適用の暫定措置等に関する法律により、地方自治法に規定されている村長や村
会議員も公選されておらず、法定の委員会の委員も任命されておりません。
　小笠原の現状は、村長の代わりとして、東京都知事が自治大臣の同意を得て任命
した者をもって村長の職務を行うものとし、村長及び収入役の権限に属するすべて

の職務を行っております。

村議会に代るものとしては、執行機関の附属機関として村政審議会が置かれており、政令により、任期は一年で、現在六名の定数となっております。諮問機関ですので議決権は有りません。

行政委員会については、政令で委員が最初に選任されるまでは、村長職務執行者が管理し、執行するものとされております。

このように村の政治はすべて村長職務執行者の権限に属しております。

このような行政体制がいつまでも続きますと、日本で唯一の不完全な自治体として変則的な村の政治がつづき、村民の声が直接村政に反映できないおそれがあります。

又、村復興の原動力である小笠原諸島復興特別措置法が来年三月三十一日で失効になりますので、東京都では、小笠原問題研究会の答申を盛りこんだ小笠原諸島の振興特別法の制定を政府に申し入れ、目下立案中とのことであります。そこで私共村政審議会では、この新法が発行するのを機会に村政確立すべきであるとの結論に達しましたので、この度、村民集会の開催を計画致しました。……

この村民集会の開催は、後述する「住民の自治意識の高揚」のための一つの手法として採用されたと考えられるが、この時期の村政審議会が積極的に村民の声を汲み取るための工夫をしていることが理解できる。

3) 改善すべき問題点

話を『村政確立討議資料』の内容に戻したいと思う。当該資料は、先述した制度的な問題である現在の特例的な村政組織から実質的な村政確立を図る必要があるとし、これを実現するには、①住民の自治意識の高揚を図ること、②実質的な村政の運営を支える人材、特に職員を確保すること、③実質的な村政の運営を可能とする財源が確保されることが不可欠であるが、それもまた簡単に解決できる問題でないという（「村政確立にあたっての問題点」[18]）。

① 住民の自治意識の高揚
ア．小笠原村は、孤島という環境から、その生活は閉鎖的、自己完結的であり、住民の自治意識は決して高いとはいえない。これをどのようにして行政への参加意

欲に結びつけるか。
　イ．住民の構成は、返還前からの在来島民、旧島民及び新島民となっており、この
　　コンセンサスをどうまとめ、行政に位置づけるか。
　②　人材の確保について
　ア．村長、議会議員、各行政委員会等の委員等になり得る人をどのように育てる
　　か。
　イ．村役場の職員をどう確保し育てるか。特に近代的施設の整備に伴い必要となる
　　技術職員の確保はどうするか。
　ウ．支庁の現地採用職員の処遇。
　エ．給与、手当等はどの程度の水準とするか。
　③　財源の確保について
　ア．復興計画の進行中及び復興計画完了後の財政需要及び収入の把握について長期
　　的な財政計画を立てることが必要である。
　イ．恒久的な財源不足が見込まれる村財政の補完をどうするか。例えば、復興事業
　　に関連する村債の元利償還金は57年度にはピークに達し約1億5千万円というぼ
　　う大な額になる。

　本節で注目する「住民の自治意識」の部分は、出された時期の問題もある
が、小笠原問題研究会が1978年4月に示した先述の基本構想と比べると、評価
は高くない。この二つの資料の関連性を読み解くならば、1975年12月時点では
あまり高くなかった自治意識がわずか約2年半で醸成されていったともいえる
かもしれない。そうだとするならば、この醸成は村政確立の動きを村や都など
が示し続けていったことが原因ではないかと思われる。

　ところで、『村政確立討議資料』は、先の①～③の問題点の解決を図るため
には、国や都の態勢を早急に固める必要があるとしている。

　さらに、「村民の自治意識の高揚」については、今後の村政のあり方につい
てのアンケートの実施、村民だよりなどで自治意識の高揚を図ること、実質的
な村政確立を推進するために必要な村民間の組織化や盛り上がりを期待するこ
とが示されている。また、「人材の確保について」の部分では、1976（昭和51）
年度村固有職員を約5名採用する予定であること、村長や議員などの人材育成
として可能な限り早く公選時期を明らかにし準備期間を設定し初めての選挙に
対するムード作りに努めること、「財源の確保について」の部分では、長期的
な財政計画がプロジェクトチームにて検討中であること、村債の元利償還金は

第5章　小笠原村村政審議会の概要と問題点

今後も国の助成を要望していくこと、上下水道や診療所の運営は村財政により
かなりの負担になっているので都の助成を要望していくことが示されている。[140]

（4）村民アンケート

　この点、『村政討議資料』が出されてから約十ヶ月後の1976年10月、東京都
は「小笠原島民意識実態調査結果」という村民アンケート結果を出している。[141]

　この島民意識調査の目的は「島民生活の現状と将来に対する意見を問い、小
笠原の現状に対する認識の程度と将来の小笠原のあり方についての島民の意識
を把握する」ことにある。そして、①調査対象は小笠原に居住する満15才以上
（1976年3月31日現在）の男女個人（ただし短期滞在者は除く）、②標本抽出は悉皆
（住民基本台帳に基く）、③対象者数は738人（父島575人、母島163人）、④調査方法
は調査員による訪問面接聴取法というものである。回収結果は、合計616（回
収率83.5%）であった（父島：473（回収率82.3%）・母島：143（回収率87.7%））。こ
こでは、その結果を基に「住民の自治意識」を探ってみることにする。

　村政に対する島民の意識調査の部分（Ⅱ　調査結果の概要　1　島民意識調査）を
問毎に抜き出しそれぞれ整理分析してみることにする。[142]

問3　村政への関心

島別 \ 区別	大変関心が ある	少しは関心 がある	あまり関心 がない	全く関心が ない	わからない	無回答
父　島	33.8%	31.5%	19.9%	5.7%	8.5%	0.6%
母　島	41.3%	23.8%	21.0%	9.8%	4.2%	0.0%
全　体	35.6%	29.7%	20.1%	6.7%	7.5%	0.5%

　この部分を見る限りは、「大変関心がある」と「少しは関心がある」を併せ
て、65.3%と決して低い数字とはいえない。更に興味深いのは、「大変関心が
ある」という回答を見る限りにおいては、父島よりも母島島民の関心が高いこ
とである。それでは続いて、「問4．村政への参加意思　(1)村長・村会議員・行
政委員として　(2)村職員として」を見てみることにする。[143]

207

問4　村政への参加意思

(1)村長・村会議員・行政委員として

区別 島別	ぜひやってみたい	場合によってはやってみたい	そういう気持はない	わからない	無回答
父　島	4.2%	9.9%	76.7%	9.1%	0.0%
母　島	6.3%	9.1%	79.0%	5.6%	0.0%
全　体	4.7%	9.7%	77.3%	3.3%	0.0%

(2)村職員として

区別 島別	ぜひやってみたい	場合によってはやってみたい	そういう気持はない	わからない	無回答
父　島	8.9%	16.7%	67.7%	6.1%	0.6%
母　島	9.8%	21.0%	62.2%	7.0%	0.0%
全　体	9.1%	17.7%	66.4%	6.3%	0.5%

　問3の村政への関心の高さに比して、問4(1)の回答「ぜひやってみたい」「場合によってはやってみたい」併せて（全体部分14.4％）、(2)の回答「ぜひやってみたい」「場合によってはやってみたい」併せて（全体部分26.8％）という結果になっており、公務員として村政に参加することについて、島民らの関心があまり高くないという結果になっている。それでは村政審議会も含む小笠原村行政に対する評価はどうなのであろうか。[14]

問5　現在までの行政形態の評価

区別 島別	村が復興する途中の段階では当然のやり方だ	村が復興する途中の段階ではやむをえない	初めから村として確立させておくべきだった	わからない	無回答
父　島	28.8%	47.4%	7.6%	15.2%	1.1%
母　島	35.0%	40.6%	12.6%	11.9%	0.0%
全　体	30.2%	45.8%	8.8%	14.4%	0.8%

　私が現地で聴き取り調査をした際、「復帰当初、完全な自治体ではないのはおかしいと思った」という意見もあったが、このアンケートを見る限りでは、

第 5 章　小笠原村村政審議会の概要と問題点

それは少数説であることがわかる。それよりも国や都の考え方と同様に、復興を優先する考え方を持った島民が多かったことがわかる（「村が復興する途中の段階では当然のやり方だ」と「村が復興する途中の段階ではやむをえない」を併せると合計76％）。特に「村が復興する途中の段階ではやむをえない」が多数を占めていることからすると、特殊な行政体制に対して諸手を挙げて大賛成しているわけではないこともここの部分からは読み取れると考えられる。

次以降は、村政確立以後のことを問う質問が続いている。[145]

問 6　村長・村会議員の選挙の時期

区別 島別	今すぐ	復興事業が終った頃	復興事業が終って2・3年のうちに	それ以降様子をみて	その他	わからない	無回答
父　島	7.8%	27.7%	12.7%	19.0%	5.1%	27.3%	0.4%
母　島	11.9%	27.3%	11.2%	29.4%	5.6%	14.7%	0.0%
全　体	8.8%	27.6%	12.3%	21.4%	5.2%	24.4%	0.3%

ここの部分に関しては、「今すぐ」という回答が少ないこと、「（3年後の）復興事業が終った頃」「復興事業が終って2・3年のうちに」「それ以降様子をみて」が計61.3％を占めていることから、ここでも村政確立よりも復興優先の態度が見受けられる。

次に、「問 7　村政確立への期待感」が質問されている。[146]

問 7　村政確立への期待感

区別 島別	大変期待している	少しは期待している	どちらともいえない	あまり期待していない	まったく期待していない	わからない 無回答
父　島	19.2%	24.1%	20.5%	29.8%	3.4%	3.0%
母　島	30.8%	14.0%	20.3%	26.6%	7.7%	0.7%
全　体	21.9%	21.8%	20.5%	29.1%	4.4%	2.4%

期待枠で括ると43.7％、期待していない枠で括ると33.5％となる。確かに「期待している」の数値の方が高いが圧倒的というわけではない。この点、次の問 8 の回答にこの数値の一つの解があるかもしれない。[147]

問8　村政確立後の村行政への不安

区別　　島別	村の財政が破綻するのではないか	村の行政の運営ができないのではないか	生活水準が落ちるのではないか	その他	特に不安を感じない	わからない	無回答
父　島	21.1%	44.8%	6.3%	3.6%	14.4%	9.5%	0.2%
母　島	30.1%	39.2%	11.9%	4.2%	7.0%	7.7%	0.0%
全　体	23.2%	43.5%	7.6%	3.7%	12.7%	9.1%	0.2%

　ここでは、「村の財政が破綻するのではないか」という回答も高い数値を示しているが、それよりも「村の行政の運営ができないのではないか」が圧倒的に高い。設問者の意図が示されているわけではないので、この質問回答区別をどう解釈したらよいか難しいが、ここの部分を回答した島民側とすれば、国・都・村が一体となって行っている行政体制から村単独行政に急激に変化することは難しいという想いがいい意味でも悪い意味でも示されているかもしれない[148]。

　この点、1978年6月12日付朝日新聞記事「復帰十周年迎える小笠原」には、この点に関係する、村政審議会委員の吉田安敬の発言が示されている。

　　これまでの行政の進め方には勝手もあったからね、村長や議会が置かれれば、今度は村人の意見が尊重されるでしょう。でも、だからっていま都や国から手を引かれたら、私らやっていけっこない。

　この発言は、現在の行政に対する不満もふまえつつ、復興事業を主として考えた場合それらの必要不可欠性を意識して発言していると考えられる[149]。

（5）小　括

　以上、様々な資料を見てきたが、自治意識が高揚するのは村政確立の動きが近づいてくる1975年前後と思われる。これは、村政審議会が積極的に行動するようになった時期とも重なるし、島民側でも青年会や婦人会などが設立され活動し始めていた時期とも重なる（例えば、小笠原青年協議会が1971年12月、母島青

年会が1973年10月発足している[150]）。

　だからといって、それ以前の村政審議会の経験が無意味なものであったとは
いえないだろうし、その経験があったからこそ、急速な自治意識の高揚に繋
がったともいえるかもしれない。

　この点、初期の村政審議会委員を務めた上部ロードリッキの話では、「返還
当初、村政審議会委員として村民の意見を聞き取り美濃部知事に伝えていた。
何がどうなっているのかということでなく、とにかく無我夢中であった」とあ
る。上部ロードリッキは第1回〜4回まで初期の村政審議会の委員であった方
で、この発言から、懇談会か個別訪問なのかどのような方法かわからないが、
初期の村政審議会でも村民の意見を吸い上げる方法を採用していたのがわか
る[151]。

　また、支庁長側から自治意識高揚を促す発言も見受けられるのでいくつか紹
介したいと思う。まずは、「村民だより41号（1972年4月27日）」（前掲『村民だ
より』（1979）、78頁）を見てみよう（下線部筆者）。

「昭和四十七年度を迎えて」平山秀親
…（母島復興開始が示された後）
　更に、本年度は、小笠原村が、完全な地方自治体となるためにも大事な年度であ
ろうと存じます。
　四十七年四月一日の登録人口は八百六十七人です。
　これは、四十六年四月一日からみますと百二十六人の増加であります。
　もうそろそろ村民が村民の力で村の発展のための方向を決めてゆかなければなら
ないのではないでしようか。
　そのような意味で村民の意見が集中的に表現される場をつくつてゆく必要がある
と存じます。
　村の人たちの意見を出し合いながら村の発展のための一礎石をきずきあげようで
はありませんか。
　本年度も、昨年度と同様に手をとりあつて、豊かで平和な小笠原の復興のために
各人の力をつくそうではありませんか。

　これは人口数増加による状況変化から、村民の自治意識の高揚を望む発言と
思われるし、村民の意見が集中的に表現される場を作っていく必要があるとも

述べている。また、別の所ではこのような発言もしている（下線部筆者）[152]。

「小笠原諸島返還四周年記念式典開かれる」
…（昭和47年6月26日の式典にて）平山村長職務執行者は、小笠原村に真の自治の確立するために、四十九年ごろまでには、村長と村議会議員の公選を実現し、村の財政の強化を計ることの必要であることをのべられました。そのためには、村民の団結と協力が一番大切であるとあいさつされました。

発言内容は先のものと重なるが、村政確立の希望時期を示したことが重要なポイントとしてあげられよう。さらに、自治意識高揚のために、父島村民会館を設置したことも以下の文章に示されている（下線部筆者）[153]。

「返還三周年におもう」平山秀親（支庁長・村長職務執行者）
父島村民会館のねがい
　幼いかたから、おとしをめした方々までの村のみな様の話し合いの場所、なれあいの場所として、村民会館は、この十九日におひろめをいたします。
　会館の運営につきましては、村民各戸のご意見をうけたまわって、その基本的な考え方を決めたわけですが、私はこの会館が、小笠原の過去と思い、小笠原の現在を語り、そして小笠原の将来を創る場となることを願わずにはいられません。
　完全な地方自治体としての小笠原の一日も早い実現のための談論が、ここから起ることを期待してやみません。

　ここの部分は、平山支庁長が提起した「村民の意見が集中的に表現される場」の一つの形が村民会館での談論であるようにも見受けられる（村民会館のお披露目は“場発言”より一年早いため、これが念頭に置かれた上での発言かもしれない）。

　上記に見てきたように、昭和40年代後半の時期、支庁長が自治意識の高揚を図る努力をした点は重要な資料となる。これに対して村民がどう考え行動したのか、先述の瀬堀が示した村政審議会側の行動と照らし合わせて今後検討していく必要があろう。

8．結　語

　以上、小笠原村の村政審議会について、様々な資料や聞き取り調査の記録から整理してきた。村政審議会の枠組や当時の声などについては、各節で十分示してきたと思うので、疑問点、そして今後の検討課題を述べたいと思う。

　様々な資料を見る限り、村政審議会存在時の島民の自治意識があまり高くないという評価がいくつかあった。繰り返しになってしまうかもしれないが、果たして、このような考え方は正しいのだろうか？　欧米系島民は、米軍統治下において限定的な制度ながらも五人委員会を長らく経験してきた。そして、米軍に帰島を許されなかった旧島民は、少なくとも1968年まで本土において何らかの形で市町村レベルの地方自治を体験してきたはずではないか。この経験を国や都はどのように考えたのであろうか。

　これらの疑問に解を与えるためには、今後いくつかの研究を行わなければならない。

　第一に、本章で若干ふれた大潟村の村政確立までの歴史を整理検討することである。大潟村は八郎潟を埋立て新村が設置された場所であり、村民は全国から募集して集められている。しかし、小笠原村と同じように、大潟村に移住してからは“不完全な自治体”の中で暮らすことになった。したがって、大潟村の村政確立に至る歴史や当時の住民意識などを明らかにしていくことは重要であろう。

　第二に、「下からの自治」がどうであったかという点である。小笠原村では、青年会や婦人会などの自治組織が存在していた。これらの組織の設立経緯や活動から当時の村政との関係を考察する必要もある。

　第三に、戦前の地方制度と島民の自治意識である。戦前の小笠原は1940年に町村制が敷かれている。戦後は米軍統治下に置かれているため、日本での自治経験があるとすれば、1940〜1945年までのほんのわずか五年の期間しかなかったということになる。しかし、この五年は言うまでもなく、小笠原諸島も戦時下にあった時期である。したがって、ここで検討すべきは、「戦前の地方制度と小笠原諸島」を分析し、戦前の小笠原諸島民には自治意識というものがあっ

たのかを明らかにする必要がある。[154]

　第四に、国や都が小笠原村＝"不完全な自治体"と設定した理由の一つとして、「人口が少ない」という点もあげられていたが、人口数が仮に問題とすると、東京都の類似の島々はどうなるのかという問題点が発生する。「村民だより第4号（1969年5月10日）」には、住民基本台帳に基づき、少ない方から数えて、伊豆諸島の御蔵島村221人、青ヶ島村245人、利島村284人と人口数が示されており、小笠原村は345人で四番目と示されている。[155]人口数を理由とする以上、なぜ小笠原村より人口数が少ない村が"完全な自治体"として取り扱われるのか調査検討し、"不完全な自治体"として位置づけられてしまった小笠原村と比較考察する必要もあろう。

　最後の検討課題として、上記の検討事項と憲法や地方自治法に示される「自治」との関係、憲法に示される「特別法」との関係などを考察しなければならない。

　以上、村政審議会の全容、そして憲法との整合性を明らかにするには今後より一層の調査が必要になる。がしかし、疑問なのは現在も、暫定措置法などの法令は改正され続け、その中に、村長職務執行者や村政審議会の規定が残っている。これはなぜなのだろうか……。[156]

　※1）　本研究は、2015年度名古屋学院大学現代社会学部研究奨励金を助成していただいた成果の一部である。
　※2）　今回の研究に関しては、父島に2015年3月4～15日、母島をメインに同年8月19～30日に調査に行ってきた。

［注］
　1）　1979年3月8日付読売新聞記事20—21面。
　2）　復帰直後の1968年、中間の1973年、村政確立時の1979年の人口数を示しておく。因みに、戦前の1944年人口は計7711人（男性4463人・女性3248人）であった。

年	世　帯	父　島	母　島	男　性	女　性
1968年	145	285人	—	196人	89人
1973年	530	965人	49人	643人	371人
1979年	806	1239人	309人	935人	613人

第 5 章　小笠原村村政審議会の概要と問題点

3）　加藤一彦「地方自治特別法の憲法問題」東京経済大学現代法学会誌（2009）、51頁に
若干記述がある。

4）　小笠原村には、村機関以外に、都の現地機関として「小笠原支庁」、国の現地機関と
して「小笠原総合事務所」がある。

5）　ちなみに、最初に招集される委員の選任は村長職務執行者が行うという規定がある
（1条4項）。また、同条同項には、その任期やその任期終了までの間の定数は、東京都
知事の承認を得た上で、職務執行者が定めるとしている。

6）　小笠原村民生観光課編『「村民だより」縮刷版（第1号～第118号）』（小笠原村民生観
光課・1979）、188頁。その他、小笠原村『「村民だより」縮刷版第3集（第119号～第
267号）──村政確立10周年を記念して』（小笠原村・1989）もあるが、以下、縮刷版表
記は、前者を『村民だより』（1979）、後者を『村民だより』（1989）とする。

7）　前掲注6）・『村民だより』（1979）、188頁。

8）　前掲注6）・『村民だより』（1979）、188頁。

9）　議事録は国会会議録検索システム〈http://kokkai.ndl.go.jp/〉に示される「本文表示」
と PDF ファイルを確認。以下、引用表示する発言番号は「本文表示」のもの。第58回
参議院本会議15号（1968年4月24日）議事録の27番目の発言。

10）　第58回衆議院沖縄及び北方問題等に関する特別委員会地方行政委員会連合審査会1号
（1968年5月15日）議事録の124と126番目の発言。

11）　第58回衆議院沖縄及び北方問題等に関する特別委員会14号（1968年5月9日）議事録
の109番目の発言。

12）　ここの部分の大半は、小笠原総合事務所『小笠原諸島の概要』（1969─1979）、『村民
だより』（1979）、『村民だより』（1989）に依拠している。

13）　読みやすくするため、条例名にはないが西暦年を括弧内に入れることにする。

14）　当該条例は、小笠原村初の村長・村議選が行われた後の第1回臨時会の議事日程
（1979年4月28日（土曜日）午後1時30分開議）の第4号議案としてあげられたもので
あるが、それ以上の詳細な内容はわからない。小笠原村議会事務局編『小笠原村議会会
議録』（1979）

15）　前掲注6）・『村民だより』（1979）、219頁。「村民だより109号（1977年12月7日）」
（前掲注6）・『村民だより』（1979）、221頁）では、「今回から委員定数が6名になりま
すので、多数の方の立候補又は推せん届を希望しております」と条例規定変更の告知も
なされている。

16）　この四つに限定する理由は、①秋田県大潟村を設置する際、「大規模な公有水面の埋
立てに伴う村の設置に係る地方自治法等の特例に関する法律（1964年6月18日法律第
106号）」が制定され（以下、特例法と略）、大潟村が誕生することになるが、ここに村
政審議会の規定はないこと、②先の条例と3つの要綱が村政審議会について示すもので
あること、③施行年月日が最新のものであるからである。

17）　ここの部分に関連して、両村の行政体制で決定的に異なる点を指摘する発言が、国会
で何度も登場するのでそこの点も紹介しておくことにする。例えば、1968年4月19日の
衆議院本会議では、日本社会党の依田圭五が、村長職務執行者の選任手続が両村では異
なると指摘した後、「……条例制定権につきまして前に申し上げました大潟村の場合
は、知事の承認を得て、条例の制定、改廃をすることにしておりますが、小笠原の場合

215

は知事の権限がはずされておるのであります。 これらの知事権限、都議会権限の縮小
は、小笠原を東京都に帰属させました地方自治の理念と矛盾すると思うが、一体、どう
いう説明をなさりますか。」と内閣提出の暫定措置法案に対する疑問点を提示してい
る。第58回衆議院本会議26号（1968年4月19日）議事録、26番目の発言。

18) 前掲注6）・『村民だより』(1979)、18頁。同告示には、12月11日に小中学校で説明会
を開催することも示されている。

19) この部分（○○）は、おそらく「委員」と思われるが判読不能。

20) 後述の五人委員会時のものを受け継いでいれば、今までの予備選は5名連記投票と推
測される。

21) 前掲注6）・『村民だより』(1979)、20頁。

22) 前掲注6）・『村民だより』(1979)、20頁。

23) 翌年の「村民だより24号（1970年12月28日）」では、投票の状況が詳細に示されてお
り、予備選挙と本選挙の不在者投票者数（総数、不受理の決定を受けた者の数、拒否の
決定を受けた者の数）、棄権者数も示されている。前掲注6）・『村民だより』(1979)、
42頁。

24) 前掲注6）・『村民だより』(1979)、88頁。

25) 前掲注6）・『村民だより』(1979)、92頁。同頁の「村民だより48号（1972年12月15
日）」は、「この選挙は、村長職務執行者が村の仕事を進めて行くうえで意見を聞くため
の村民の代表者を選ぶものですから、投票日には、村民の皆さんは棄権しないようにお
願いします」と記されている。
　1973年の第6回選挙は、12月10日が選挙の告示、12月10—11日が立候補届出、選挙の
期日が母島12月17日・父島12月19日という日程。前掲注6）・『村民だより』(1979)、
112頁。

26) 岩瀬雄介が母島出張所長時代に記した日記帳やメモ等をまとめた資料（以下、岩瀬雄
介「母島レポート1977」(2015)とする）では、母島での繰上投票日の翌日である1976
年の「〈12月18日（土）〉10時出港の連絡船第2弥栄丸で、施錠をした「村政審委員選挙
繰り上げ投票の母島投票箱」を父島へ送る」という記述がある。同レポート、4頁。

27) 前掲注6）・『村民だより』(1979)、221頁。「母島だより14号（1975年11月13日発行）」
には、1975年12月の村政審議会委員選挙について、母島と父島それぞれの日程が示され
ている。並び順通りに示すと、立候補受付は、母島・父島双方とも12月13～15日、不在
者投票は母島が12月16～18日、父島が12月16～20日、投票日が母島12月19日、父島が12
月21日となっている。

28) 「村民だより83号（1975年11月27日）」（前掲注6）・『村民だより』(1979)、168頁）で
は、第8回小笠原村村政審議会委員選挙の日程告示の際、「……多くの立候補、又は推
薦の届出を期待しております。ただし、年令二十五歳以上で、当村に選挙権がある方に
限ります」と記されている。また、「村民だより96号（1976年11月29日）」（前掲注6）・
『村民だより』(1979)、196頁）では、「……二十五歳以上の本村の有権者は、だれでも
立候補できます（ただし、公職にあるもの等は除かれます）」とも記されている。

29) 前掲注6）・『村民だより』(1979)、170頁。

30) 前掲注6）・『村民だより』(1989)、5頁。

31) ここの部分は小笠原総合事務所『小笠原諸島の概要』に示されるデータを基にした上

第5章　小笠原村村政審議会の概要と問題点

で、「村民だより」などを参考にし若干修正。基にしたデータは、小笠原総合事務所『小笠原諸島の概要』（1977）の61頁と小笠原総合事務所『小笠原諸島の概要』（1979）の71頁。

32）「村民だより24号（1970年12月28日）」では、上部国雄となっている。前掲注6）・『村民だより』（1979）、42頁。

33）「村民だより24号（1976年1月31日）」（前掲注6）・『村民だより』（1979））、173頁には、佐々木の略歴の中に、"母島出身"という記述がある。

34）ここの部分は、「村民だより49号（1973年1月31日）」に基づいているが、父島の投票者総数（488人）と父島男女投票者総数（478人）が異なる。どちらが正しいか不明であるし、その当時の有権者数や投票者数が大まかに分かればよいので、そのまま引用することにする。前掲注6）・『村民だより』（1979）、94頁。

35）「母島だより6号（1974年12月26日）」には、父島の投票率（66.11％）と母島の投票率（79.79％）と二島の内訳が記されている。

36）「村民だより72号（1975年2月5日）」には、山崎の経歴が示されているが、その中に"硫黄島出身"という部分がある。前掲注6）・『村民だより』（1979）、144頁。

37）「母島だより21号（1976年12月21日）」によれば、母島の投票率は73.83％、父島の投票率は65.40％であった（無効票が7票）。

38）「母島だより26号（1977年12月1日）」によれば、告示が12月13日㈫、立候補締切日が12月14日㈬、母島の投票日12月20日㈫午後1時〜6時となっている。

39）「村民だより110号（1977年12月26日）」（前掲注6）・『村民だより』（1979）、223頁）では、投票率64.03％（男61.90％、女67.86％）となっている。ちなみに、白紙9票、無効票4票であった。
　　「母島だより27号（1978年1月6日）」では、母島分の内訳が示されている。有権者数221人（男135人・女86人）中、投票数166人（投票率75.11％）で男94人（69.63％）・女72人（83.72％）。

40）具体的に任期終了を示す資料が見当たらないが、小笠原協会編集発行の「小笠原の生活と保健・医療——小笠原開拓から今日まで」小笠原56号（2011）の48頁には、「昭和54年4月13日、最後の村政審議会が開催され、解散会が行なわれた」とあることから、これを参考に、この日を任期終了と位置づけさせてもらった。

41）「村民だより122号（1978年12月27日）」（前掲注6）・『村民だより』（1989）、5頁）には、「十二月十二日に告示がありました村政審議会委員の選挙は、最初の村議会議員選挙につながるものとして、十名近くの立候補者がとりざたされておりましたが、十二日の立候補者が五名、十三日の立候補者が一名、合計六名という予想に反した低調なものとなりました」と記されている。

42）「村民だより124号（1979年3月6日）」（前掲注6）・『村民だより』（1989）、8頁）には、公職選挙法卜において初めて行われる選挙ということで、総務課総務係より、立候補予定者やその関係者のための事前説明会の告知がなされている（父島は3月11日、母島は3月13日）。
　　また、「村民だより123号（1979年2月5日）」（前掲注6）・『村民だより』（1989）、7頁）には、村政確立後、村長の職務権限から独立して機能する行政委員会（教育委員会や監査委員など）を解説する「村政コーナー」が設けられている。

217

43) 仕事が忙しいとか生活上の理由から、村政審委員の職務を引き受けられないという例もあったようである。

44) 「村民だより56号（対話集会特集号）（1973年10月1日）」（前掲注6）・『村民だより』(1979))、111頁。この質問は「父島における問題　復興事業・村政」に分類されるが、その他、父島と母島別村、一島一集落主義修正などの質問が出ていた。前者の質問に対して支庁長は、「財政その他を考えるとむずかしい課題です。しかし、村民の皆さんの多くが分離すべきだと考えるならそれもいいでしょう。村民自身が決めるべき問題です」とし、後者の質問に対しては「復興事業を効率的に実施するために、国と都は従来どおりの方針をうちだしています」と回答している。また、「小笠原に永住する者にとつてこの島の将来が心配である。最近支庁は自然保護を強調しているが、復興事業のペースを落す手段ではないのか。小笠原の将来について村民の意見をよくきいて政策を考えてほしい」という意見に対し、「復興事業は後期五ヵ年計画を立案中で、事業の縮少は全く考えていません。しかし、自然保護はそれ自身価値のあるものですから今後も重視していきます。村民の皆さんの意見はどんなことでもどしどしお寄せください。なお、自治大臣の諮問機関である小笠原諸島復興審議会（復興計画を定めるとき必ず意見をきかなければならない組織）に、村民代表を加えるよう自治省・都と相談しているところです」と回答している。

45) 前掲注6）・『村民だより』(1979)、226頁。

46) 前掲注6）・『村民だより』(1979)、61頁。

47) 前掲注6）・『村民だより』(1979)、42頁。

48) 承認された条例原文自体は入手できていないため、「村民だより46号（1972年9月30日）」に掲載されている条例案がそのまま承認されたと仮定した場合、該当条文は9条である。この規定は、村長がキャンプ禁止地域指定や廃止を行う場合、小笠原村キャンプ禁止地域審議会の意見を聞かなければならないとするもので、その組織は村長が委嘱又は任命する委員7名以内で構成される（農業、漁業又は商業を営む者3名以内、村政審議会の委員3名以内、小笠原村役場の職員2名以内）。審議会は村長の諮問に応じ調査審議し、その結果を答申したり意見を具申したりする。前掲注6）・『村民だより』(1979)、88頁。

49) 前掲注6）・『村民だより』(1979)、100頁。この部分の「村民だより52号（1973年5月10日）」は、処罰の説明の後、「キヤンプをしそうな人を見かけましたら、みんなで注意してあげてください」と記している。

50) 前掲注6）・『村民だより』(1979)、88頁

51) 「村民だより55号（1973年9月29日）」には、変更された支庁（村役場）の組織一覧が示されている。村政審議会は、総務課村政係（総務課行政係）の主要な仕事に該当する（括弧内の課・係は村役場）。この係のそれ以外の仕事は、税金の決定、小中学校、選挙、村政移行の準備である。前掲注6）・『村民だより』(1979)、106頁。

52) 開校十年記念特別行事委員会編『開校十周年記念誌　ブーゲンビリア』（東京都小笠原村立母島小学校、東京都小笠原村立母島中学校・1984)、5頁。

53) 前掲注6）・『村民だより』(1979)、114頁。「村民だより63号（1974年4月16日）」（前掲注6）・『村民だより』(1979)、126頁）では、「オートバイも自動車です——廃車条例の解説」と廃車条例（自動車の投棄を規制する条例）の解説が引き続きなされている。

218

第5章　小笠原村村政審議会の概要と問題点

また、「村民だより71号（1974年12月28日）」（前掲注6）・『村民だより』（1979）、142頁）にも簡単な説明がある。条例に基づき、自動車の届出をし、ステッカーの交付を受けなければならないという告知については、「村民だより80号（1975年8月30日）」（前掲注6）・『村民だより』（1979）、162頁）。

54）　当時岩瀬が記していた「日誌」、「会議記録等のノート」などを中心に、必要に応じて手元に残るその他の関連資料で補いながら、事項別に記録を復元した研究ノート。

55）　この時の村政審議会委員は、吉田安敬、原田宝人、山崎貞夫、佐々木卯之助、稲垣国次。

56）　岩瀬のレポートには、「返還以来、村役場の仕事は、都の職員が担ってきたが、村の"独立"に向けて、昭和51年秋に、第1回目の小笠原村職員採用試験が行われた。一般事務5名採用のところ、454名（91倍）の応募があり、その人気ぶりがマスコミの話題になった。試験は10月24日に父島村民会館と新宿区の都立外山高校の2か所で行われ、実際の受験者、大卒程度・高卒程度併せて325名（65倍）の難関を突破した……5名が11月19日に発表された」とある。岩瀬雄介「母島レポート1977」（2015）、8頁。

57）　岩瀬雄介「母島レポート1977」（2015）、7頁。

58）　岩瀬雄介「母島レポート1977」（2015）、8頁。

59）　同報告書、25—35頁。

60）　ただ、かなりの要望が出されており、全てに回答した記録が示されているわけではないので、回答していない部分は村政審議会が懇談会以後どう処理したのか気になる部分である。例えば、①の『村政審議会農業者部会問題懇談会』では、37の要望中4つのみ回答。

61）　同報告書、29頁。

62）　同報告書、25—27頁。

63）　村民の意見として、「島に害となる法は、改めるべきである」と書かれているが、これについては何を指すのか不明である。今後の検討課題としたい。

64）　同報告書、28—30頁。

65）　同報告書、31—33頁。

66）　この点に関係あると思われる背景が、小笠原支庁のホームページの以下の『小笠原国立公園の概要』に示されているので紹介しておくことにする。〈http://www.soumu.metro.tokyo.jp/07ogasawara/nature/summaryofpark.html〉

　　「小笠原国立公園は、昭和47年10月16日に指定された亜熱帯の国立公園であり、南北約250kmにわたって散在する島々とその周辺の海域が公園区域となっています。詳しく見ると、父島・母島の集落及び農業地域並びに硫黄島、南硫黄島、南鳥島、沖の鳥島を除いた全域及び周辺海域が指定されています。小笠原諸島は、固有動植物等をはじめとする生き物の宝庫であり、これらの貴重な自然環境や景観の保全と持続的な利用を両立するため、様々な公園事業を行っています。」

　　この点、公園法問題を指摘する文献として、田中斎一郎『思いつき記——故田中斎一郎遺稿集』（田中うめ・1987）、113—118頁。この書では、「公園指定に対する反論」として、「①民有地を規制から除け、②公園法の規制で、島の風俗の乱れが救える筈がない、③現状で指定するのは法の精神にもとる、④帰島が進み、民政が布かれた時点で、あらためて公園問題を取り上げるべきである」という章を立ててそれぞれ検討してい

219

る。

67)　同報告書、34—35頁。

68)　前掲注6)・『村民だより』(1979)、201頁。

69)　「村民だより99号（1977年2月28日）」（前掲注6)・『村民だより』(1979))、201頁。

70)　前掲注6)・『村民だより』(1979)、146頁。

71)　前掲注6)・『村民だより』(1979)、178頁。

72)　前掲注6)・『村民だより』(1979)、230頁。

73)　前掲注6)・『村民だより』(1979)、204頁では、1977（昭和52）年度一般会計歳出予算の歳出総額18億1034万7千円の内3.5％が商工費・村政審議会費・消防費・諸支出金・積立金・予備費・農林水産業費と一括になっているため、村政審議会費の内訳は不明である。

74)　前掲注6)・『村民だより』(1979) 90頁。

75)　小笠原村『村政確立討議資料』(1975) の23頁には、大潟村の「村民は全国から選び抜かれて入植しており自治意識は高い」という評価が示されている。
　　　ちなみに、「村民だより94号（1976年10月5日）」（前掲注6)・『村民だより』(1979) 193頁）では、「「村政だより」4　財政のしくみ②」のところで、1976年9月5日秋田県大潟村で村長・村議選が行われたこと、その結果、村長・村議のいない自治体は全国で小笠原だけになったことが示されている。

76)　「村民だより68号（1974年10月1日）」（前掲注6)・『村民だより』(1979) 136頁）。1974年9月1日付南海タイムス1714号の2面にも、八丈町の視察の様子が描かれている。その記事中には、「……完全な村政確立の準備の一端とすべく、小笠原村政審議会（委員五人）を発足させ。」とも書かれている。

77)　前掲注6)・『村民だより』(1979)、136頁。

78)　前掲注6)・『村民だより』(1979)、153頁。

79)　「村民だより77号（1975年7月7日）」（前掲注6)・『村民だより』(1979)、136頁）。また、菊池英行委員は、「小笠原と奄美」と題して視察や両島の比較をした上で、小笠原の観光立島化、大企業の属島にならないようにすること、奄美群島の島々が飛行場を持っているのが羨ましいことなどを述べている。そして、最後の部分で「自然を保護しながら訪れる人に喜ばれ住む者に楽しい島創を皆で考え、実現に邁進しよう」と締めくくっている。ただし、この記事の後にも示されているが、菊池委員は委員を辞職し島を離れている。「村民だより80号（1975年8月30日）」（前掲注6)・『村民だより』(1979)、162頁）。

80)　前掲注6)・『村民だより』(1989)、1頁。

81)　前掲注6)・『村民だより』(1989)、1頁。

82)　前掲注6)・『村民だより』(1989)、2頁。

83)　「村民だより91号（1976年7月10日）」（前掲注6)・『村民だより』(1979)、187頁）では、1979年4月の村政確立に向けて、今後益々伊豆諸島の町村と連帯していく必要があると示されている。

84)　この点は、大潟村の村政審議会委員を務められた方から直接話を伺ったことを参考にした推察でもある。

85)　池田満氏と小笠原愛作氏は第1回の村政審議会委員、大平京子氏は第2・3回の村政

第5章　小笠原村政審議会の概要と問題点

審議会委員であった。この他の委員を務められた方は、島の方々に確認したところ、皆鬼籍に入られてしまったという。帰島者が増えた時期や選挙方法も変わった時期など村政審議会にそれぞれどのような変化をもたらしたのか、当事者がご存命であれば伺うこともできたが、今後は何らかの資料が出てくるのを待つしかない。

86)　岩瀬雄介「母島レポート1977」（2015）、23頁。

87)　「母島だより26号（1977年12月1日）」

88)　「母島だより26号（1977年12月1日）」。岩瀬雄介「母島レポート1977」（2015）では、この懇談会の議事録、そして、これ以前の懇談会の議事録（例えば、1977年3月28〜29日の「村政審議会と母島島民との意見交換会」）が描かれている。3月28日のやりとりで村政審が主催する会の意味や村政審の性質転換などが示されている。同レポート、11頁。吉田委員は当該会を開いた意味として「村政審が、諸問題に対して答弁するために開いた会ではない。小笠原問題研究会に島民の意見を反映するために開いたのだ」という発言をしている。

89)　「母島だより31号（1978年8月26日）」には、懇談会開催告知の記事が掲載され、「村政移行にあたって、その時期、財政、村役場の組織、人員、支庁との関係、父母関係をどうするのか等難問は山積みしています。どのように村政に移行し、どんな村づくりをしたら、母島を含めた小笠原村全体がよくなっていくのか、島民一人一人の声を聞いて、それを反映させようと、懇談会が持たれることになりました。みなさんぜひ御出席下さい」とある。

　　開催時、島民側から村政移行には総論として賛成としつつも、「入島後5年しか経ていない母島の現状からは時期尚早ではないかとの意見が出され、村政に移行した場合の財政、組織、父母格差是正等具体的な問題について活発かつ核心的な討議が行われた」とある。「母島だより32号（1978年10月25日）」。

　　この点、稲垣国次「小笠原の思い出」（財小笠原協会・小笠原諸島返還30周年記念誌編集委員会『小笠原諸島返還30周年記念誌——過去と現在から未来を展望する』（小笠原諸島返還30周年記念事業実行委員会・1998）、149頁では、「村政審議会へも若輩者の身で参加させていただき、昭和五十四年の村長、村議会選挙で新しい「小笠原村」が誕生するに至るまで、微力ではありましたが活動させていただきました。母島での村民集会で「母島は返還五年目、父島だけで村になれ。」と叱られた事が今でも思い出されます。」という記述がある。

90)　当時のチラシは「村制」となっているが、「母島だより32号（1978年10月25日）」では「村政問題懇談会」となっている。

91)　「母島だより32号（1978年10月25日）」

92)　「母島だより33号（1978年12月26日）」

93)　『母島だより23号』（昭和52年4月25日）

94)　同報告書、9頁。ここの項目は「村民の自治意識の向上」の次に「村財政の確立」が検討されている。

95)　1976年5月知事視察にあたって、村政審議会は『小笠原諸島復興に関する要望』を出しており、「……小笠原村の自治権を確立すべく村民の期待は高まっていますが、職員養成、財政問題等の条件整備を早期に解決する必要がある等問題が山積しております。我が村民一同も平和で豊かな自然の島「小笠原村」を建設するために島民自身による自

治意識の高揚を図るなど種々努力してまいる所存ですが、行政当局におかれましても、小笠原諸島復興のため、当面、次の措置を講じて頂きたく要望いたします」とあり、所要時間一昼夜程度の高速船就航（この時期、本土から海路二昼夜）、空港建設、診療所や医療体制の整備と保健所出張所設置の早期実現、都営住宅の増設、農業振興のため集落外農業地域に電気を供給してほしいこと、郵便局以外の金融機関等の誘致、補助金などの要望をしている。

96)　「母島だより18号（1976年4月30日）」

97)　これは、村政確立時の選挙でもあてはまる。記念誌編集委員会編『10周年記念誌'85 ははじま』（小笠原村母島婦人会・1986）、28頁によれば、年表中の1979年4月20日の所に「初めての村長と、村議会議員選挙の繰上投票が行われる。（母島三議席確保）」とある。

98)　母島に限定される話ではないが、小笠原高校の子どもらはセンター試験を受験するために、船便の都合で船中泊と内地泊と計24泊25日しなければならないという離島である小笠原特有の問題が小笠原村議会の一木重夫議員のブログで明らかにされた（同ブログ「センター試験で24泊25日」（2016年1月12日）の記事〈http://blogs.yahoo.co.jp/ichikishigeo_07/69079449.html〉）。また、同ブログには、私大受験の場合、最短で22泊23日という記事もある（「私大受験で22泊23日」（2016年1月21日）〈http://blogs.yahoo.co.jp/ichikishigeo_07/69102419.html〉）。

99)　「村民だより85号（1979年1月31日）」（『村民だより』（1979）、173頁）。この新年のあいさつでは、村政確立のために村職員の養成を充実化することや公園法問題に取り組んでいきたいとも示している。ちなみに、「村民だより89号（1979年5月31日）」（前掲注6）・『村民だより』（1979）、182頁）では、「「父島－母島間定期航路」決る‼」という記事がトップにきている。

100)　国土交通省都市・地域整備局特別地域振興官『平成17年度　小笠原諸島の自立的発展に向けた歴史・文化探訪観光開発基礎調査報告書（平成18年3月）』（2006）、62頁によれば、1966（昭和41）年の小笠原は欧米系島民176人と米軍関係者30人ほどが暮らしていたとある。

101)　国土交通省都市・地域整備局特別地域振興官・前掲注100) 62頁。ロバート・D・エルドリッヂ『硫黄島と小笠原をめぐる日米関係』（南方新社・2008）の235頁では、設立時期が1946年10月19日と示されている。同書210頁には、10月19日、選挙で選ばれた5人のメンバー（戦前からの欧米系の主な五家族の代表）は、住宅建設・建造、船等の修理、教育・福祉、家畜・食料生産、警察といった再建プログラムそれぞれの部門の責任者になっていること、若いメンバーも五人委員会の「准議員（assistant councilmen）」として加えられていたことも示されている。

102)　Council の日本語訳は、小笠原総合事務所の『小笠原諸島の概要』では「小笠原島評議会」や「5人委員会」、エルドリッヂは「島民代表委員会」など人によって若干訳し方が異なっている。また、総務局行政部地方課『小笠原諸島概況（昭和42年6月）』（1967）の53頁では、「相談会（コンサルティング、ミーティング）」という言い方をしているし、鈴木高弘「米軍支配下の小笠原諸島とチリ地震津波」研究紀要（東京都立小笠原高等学校）6号（1992）の50頁では、「COUNCIL MEETING」（評議会、相談会）という言い方をしている。本章では、とりあえず「五人委員会」に用語を統一し使用し

222

第5章　小笠原村村政審議会の概要と問題点

たいと思う（人数的には「七人委員会」の時期もあるが……）。

　　また、山口遼子『小笠原クロニクル──国境の揺れた島』（中央公論新社・2005）の
144頁に「五人委員会」の写真、そして145頁に五人委員会の旗の写真が掲載されてい
る。

103)　エルドリッヂ・前掲注101）235頁。

104)　五人委員会委員であった瀬堀五郎平は、当該委員会について「米軍の司令官の招集で
小笠原に関するいろいろな取り決めを行い実施していました」と述べた後、「小さな自
治とでも言いましょうか」と続けている（瀬堀五郎平氏へのインタビュー部分「小笠原
49号」（2004）129頁）。

　　山口・前掲注102）の143頁には、戦後小笠原に帰郷できた、当時の様子を語る野沢
ジェフレの発言の中に五人委員会の話が出てくる。「みんなで漁業、農業を共同で行っ
て暮らしていました。そうやって得た食料や生活物資は、家族の人数に応じて平等に分
けた。山で捕ったブタ、ヤギの肉も波止場へ持っていって分配していたね。『五人委員
会』もこのころにできた。われわれの中から男性五人が代表になって、島の中のいろい
ろなことを決める機関です。月に一回集まって、住宅、農業・漁業、そのほか生活に必
要なこと全般について話し合いをしました」とある。ここの部分に示される「男性五
人」というのは、女性は五人委員会の委員にはなれないという言い方にも見える。この
点も今後調べていく必要があろう。

105)　例えば、小笠原総合事務所『小笠原諸島の概要』（1986）、63頁。

106)　エルドリッヂ・前掲注101）235頁。鈴木・前掲注102）の50頁によると、「返還当時の委
員長（議長）は小俣和夫氏、委員（議員）は池田満、古堅守、ジェリー・セーボレー、
瀬堀五郎平の各氏」であり、上部ロードリッキ氏が委員を14回務めたことも示されてい
る。

107)　鈴木・前掲注102）50頁。この点に関連することとして、長く委員を務めていた池田氏
によると、委員が2年続いたら1年休むように提案をしたと述べていた。これは同じ人
が委員をやっても発展性がないため、それを解消するための工夫とのことだった。

108)　鈴木・前掲注102）50頁。

109)　ダニエル・ロング編『小笠原学ことはじめ　小笠原シリーズⅠ』（南方新社・2002）
の303─304頁は、英語で行われた五人委員会の審議についていけないメンバーの一人が
抱えているコミュニケーション問題について分析している。

110)　鈴木・前掲注102）の50頁では、「軍の命令を島民に周知徹底させることを主としなが
ら、島内生活の秩序維持に当たった自治的組織である」とある。

　　池田氏の話によれば、五人委員会の仕事は無償であったし、会議は夜行われていたよ
うである。

111)　エルドリッヂ・前掲注101）235─236頁。詳細を示すと、「一九五五年一一月に米国
へ、一九六八年二月に東京へ、返還に関わる国家の中央の役人と会うために出かけた時
には、島の代表を務めた」（236頁）とある。

112)　エルドリッヂ・前掲注101）236頁。

113)　小笠原総合事務所『小笠原諸島の概要』（1969）、47頁。

114)　山口・前掲注102）の189頁には、「住宅は島の人同士がお互いに助け合って造った。当
時（アメリカ軍統治下時）は「Bonin Island Council」という臨時行政府があり、島民

223

にはどこに家を建ててもいいとの許可を与えた」と記されている。ここに示される
"Council" が五人委員会を指すのか否かは不明である。

115）　鈴木・前掲注⑩2）の50頁では、「ちなみに、小笠原諸島の支配は米軍政官布告「小笠
　　　原・火山諸島及び南鳥島司法及び刑法典」に基づき、この布告によって与えられた権限
　　　により、5人委員会が制定した「小笠原諸島規則」によって行われた」という記述があ
　　　る。「小笠原諸島規則」は本章の「成文法」のことを指すが、成文法制定の根拠となっ
　　　ている米軍政官布告については今後の検討課題としたい。

116）　瀬堀五郎平氏へのインタビュー「小笠原49号」（2004）129―130頁。

117）　小笠原総合事務所『小笠原諸島の概要』（1969）、46―47頁。

118）　小笠原総合事務所『小笠原諸島の概要』（1969）、47頁。

119）　染谷恒夫・有馬敏行『小笠原村――初代村長と校長の記録』（福村出版・1972）、44―
　　　45頁。

120）　東京府『小笠原島總覧』（一成社・1929）、165頁には、1902（明治35）年頃から各村
　　　に町村制か島嶼町村制を施行する案が屢々検討されているが、地域が狭小であること、
　　　戸口が少ないこと、交通不便などの理由から実現していないといった記述がある。

121）　染谷・有馬・前掲注119）45頁。

122）　エルドリッヂ・前掲注101）236頁。

123）　エルドリッヂ・前掲注101）236頁。

124）　エルドリッヂ・前掲注101）230頁。ただし、同書はこの請願文自体が五人委員会に
　　　よって書かれてない可能性が高いことを省察している部分がある（227―228頁）。とは
　　　いえ、この請願文が作成されたのが、1955年11月であることを考えると、五人委員会が
　　　作られてから約9年が経過している。単純計算になってしまうが、この期間があれば、
　　　自治意識の変化はあったと考えられるし、それが成文法制定にも繋がっていると考えら
　　　れるため、請願文の同箇所が誰が作成したかどうかはさておき内容的には必ずしも間違
　　　いではないように思われる。

125）　「村民だより10号（1969年12月20日）」（前掲注6）『村民だより』（1979）、20頁）

126）　「村民だより24号（1970年12月28日）」（前掲注6）『村民だより』（1979）、42頁）

127）　「村民だより37号（1971年12月28日）」（前掲注6）『村民だより』（1979）、70頁）。

128）　本文の「3．（2）村政審議会選挙日・投票者数・委員の構成」を参照。

129）　ここの部分は、無論、本土でもあったように、なんとなく投票に行く場合や町内会長
　　　や上司に頼まれていく場合もあるかもしれないので、6割以上という数字だけで見た場
　　　合の推測である。

130）　田中・前掲注66）110―111頁。

131）　前掲注6）『村民だより』（1979）、233頁。小笠原問題研究会は、1971（昭和51）年11
　　　月都知事の諮問機関として発足。村民代表として、村政審議会委員の吉田安敬がメン
　　　バーに加わっている。

132）　前掲注75）『村政確立討議資料』は、地域福祉センター内の父島図書室、母島村民会
　　　館の図書室で閲覧できる。母島の図書室には郷土資料棚が設置されており、その中に婦
　　　人会資料がまとめて収納されている重箱がある。その中にこの資料があった。これはあ
　　　くまで推測の域を出ないが、収納されている他の資料も、母島婦人会の規約や要望書
　　　（例えば、1975（昭和50）年7月28日付小笠原支庁宛の「旧石切場を公園化に関する要

第 5 章　小笠原村村政審議会の概要と問題点

望書」や1975（昭和50）年 7 月21日付「母島僻地保育所設置に関する要望書」）などで
あることから、婦人会で村政確立について議論したように思われる。

133)　前掲注75）『村政確立討議資料』、1 頁。

134)　前掲注75）『村政確立討議資料』の 4 頁では、復帰当時の村民は200人前後で「住民の
側から行政需要が比較的少なかった時点では、やむを得ず、また経済的な面からも妥当
なものであったと思われる」とも記されている。

135)　前掲注75）『村政確立討議資料』、1 頁。

136)　前掲注75）『村政確立討議資料』、4 ― 5 頁。

137)　前掲注75）『村政確立討議資料』、5 頁。

138)　前掲注75）『村政確立討議資料』、6 ― 7 頁。

139)　前掲注75）『村政確立討議資料』、7 頁。

140)　前掲注75）『村政確立討議資料』、7 ― 8 頁。

141)　東京都『小笠原島民意識実態調査結果要旨（昭和51年10月）』（1976）。この資料は頁
数が示されていない。

142)　東京都・前掲注141)。

143)　東京都・前掲注141)。

144)　東京都・前掲注141)。

145)　東京都・前掲注141)。

146)　東京都・前掲注141)。

147)　東京都・前掲注141)。

148)　続く問 9 は「村民の連帯感・協調感の有無」に対する質問である。

区別（→） 島別（↓）	ある	あまりない	どちらとも いえない	わからない	無回答
父　島	15.4%	51.6%	20.1%	12.7%	0.2%
母　島	23.8%	49.0%	21.0%	6.3%	0.0%
全　体	17.4%	51.0%	20.3%	11.2%	0.2%

149)　この朝日新聞の記事は、島民の視点のみならず、都側の視点も以下のように示してい
る。「都小笠原支庁の目からは、村人の「甘え」が気になる。何かにつけ行政の援助を
当たり前と考えがちで、自ら切り開く気迫、たくましさに欠ける――というわけだ。十
年の時限立法だった小笠原諸島復興特別措置法の期限切れ、そして村政の自立の問題
は、こうした「行政と住民」「都や国と村」の関係を、いま問いただしている。都はす
でに「一島一集落」の緩和や、新島民への援助などを含む、今後五ヵ年の振興計画作り
を進め、他方で村民へ「自立の精神」を訴えている」。1978年 6 月12日付朝日新聞記事。

150)　ただし、入手できている資料がこの時期のものが圧倒的に多いからという点も念頭に
入れておかなければならない。

151)　上部ロードリッキ「終戦から五十年（聞書）」㈶小笠原協会・小笠原諸島返還30周年
記念誌編集委員会『小笠原諸島返還30周年記念誌――過去と現在から未来を展望する』
（小笠原諸島返還30周年記念事業実行委員会・1998年）、150頁。

152)　「村民だより48号（1972年 6 月30日）」（前掲注 6 ）『村民だより』（1979））、82頁。

225

153）「村民だより31号（1971年 6 月 1 日）」（前掲注 6 ）『村民だより』（1979））、58頁。

154）　この点、東京都総務局渉外観光部観光課『小笠原諸島観光開発のための観光診断と開発の手法報告書（昭和46年 9 月）』（東京都・1971）の58頁には、「歴史的展望において指摘したごとく、自治力を持った地域主体が存在せず、行政体成立以前の基盤的共同体の存在も稀弱な小笠原においては、個性的な地域環境が形成されているとはいえない」という記述があり、この検討課題の参考になるかもしれない。

155）　前掲注 6 ）『村民だより』（1979）、 8 頁。

156）　最終改正された法令は、暫定措置法が2011年 5 月25日号外法律第53号、村設置政令が2002年12月18日号外政令第385号という形になっている。

■著者紹介

榎澤　幸広（えのさわ　ゆきひろ）

1973年生。専門は、憲法学、マイノリティと法、島嶼と法。早稲田大学大学院法学研究科修士課程修了。専修大学大学院法学研究科博士後期課程修了。博士（法学）。現在、名古屋学院大学現代社会学部准教授。

〔主要業績〕

『緊急事態条項で暮らし・社会はどうなるか』（現代人文社・2017／共編）
『安保法制を語る！　自衛隊員・NGO からの発言』（現代人文社・2016／共編）
『これでいいのか！　日本の民主主義』（現代人文社・2016／共編）
『映画で学ぶ憲法』（法律文化社・2016／共著）
『憲法と時代』（敬文堂・2014／共著）
『憲法未来予想図』（現代人文社・2014／共編）

Horitsu Bunka Sha

離島と法
——伊豆諸島・小笠原諸島から憲法問題を考える

2018年5月25日　初版第1刷発行

著　者　榎澤　幸広
発行者　田靡　純子
発行所　㈱会社　法律文化社

〒603-8053
京都市北区上賀茂岩ヶ垣内町71
電話 075(791)7131　FAX 075(721)8400
http://www.hou-bun.com/

＊乱丁など不良本がありましたら、連絡ください。
送料小社負担にてお取り替えいたします。

印刷：中村印刷㈱／製本：㈱藤沢製本
装幀：奥野　章

ISBN978-4-589-03932-3

ⓒ2018 Yukihiro Enosawa Printed in Japan

JCOPY 〈(社)出版者著作権管理機構　委託出版物〉

本書の無断複写は著作権法上での例外を除き禁じられています。複写される場合は、そのつど事前に、(社)出版者著作権管理機構（電話 03-3513-6969、FAX 03-3513-6979、e-mail: info@jcopy.or.jp）の許諾を得てください。

石埼 学・遠藤比呂通編

沈 黙 す る 人 権

四六判・292頁・3200円

人権の定義・語り自体が人間を沈黙させる構造悪であることを指摘し、根底にある苦しみに寄り添い、その正体に迫る。言いたいことを言い出せない構造や日本社会の差別の現状を批判的に分析。人権〈論〉のその前に。

ガイ・スタンディング著／岡野内 正監訳

プ レ カ リ ア ー ト
―不平等社会が生み出す危険な階級―

Ａ５判・310頁・3000円

不安定で危険な階級「プレカリアート」。底辺に追いやられ、生きづらさを抱えている彼／彼女らの実態を考察し、不平等社会の根源的問題を考える。不安定化する社会の変革の方法と将来展望を提起する。

遠藤比呂通著

不 平 等 の 謎
―憲法のテオリアとプラクシス―

四六判・248頁・2700円

パウル・ティリッヒが問うた「不平等」という最大の謎への解き明かしの試み。研究者から弁護士へと転身した著者の理論変遷を展開。憲法訴訟における通説的な理解に根底から疑問を呈し、実務に沿った考え方を提示する。

志田陽子編

映 画 で 学 ぶ 憲 法

Ａ５判・210頁・2300円

映画を題材に、憲法について考え学ぶための入門書。現実そのものでない〈映画〉と現実の歴史から生まれた〈憲法〉を行き来する作業を通じて、憲法の抽象的な規範をリアルな現実から捉える思考力と想像力を養う（約50作品を所収）。

石埼 学・笹沼弘志・押久保倫夫編

リ ア ル 憲 法 学〔第２版〕

Ａ５判・288頁・2500円

人びとの言葉にならない声を汲みとり、憲法の世界の言葉に翻訳。抽象的で難解な憲法学を具体的にイメージするために最適な入門書の最新版。知識だけではなく、リアルな世界に刺激され生成・展開する人権の理解を促す。

━━━━━法律文化社━━━━━

表示価格は本体（税別）価格です